LMD Référence
COLLECTION

Entreprises, concurrence et Europe

4e ÉDITION

À l'initiative de la FEDE (Fédération Européenne des Écoles)

- Parthenia AVGERI, avocate au barreau d'Athènes, consultante internationale
- Michaël KARPENSCHIFF, agrégé de droit public, professeur à l'université de Savoie
- Thierry VAISSIÈRE, DEA de droit international, formateur
- Olivier WIESIKE, Rechtsanwalt inscrit aux barreaux de Lyon et de Francfort-sur-le-Main

Sous la direction de :
- Parthenia AVGERI, avocate au barreau d'Athènes, consultante internationale
- Marie-Pierre MAGNILLAT, directrice du centre européen d'examens

FEDE
Fédération Européenne Des Écoles

Sup'FOUCHER

ISBN 978-2-216-11850-2 nouvelle édition
ISBN 978-2-216-03380-4 première édition

Préface

Pourquoi un ouvrage consacré en totalité aux problèmes de concurrence en Europe ?

La législation européenne à ce sujet, et les modalités de son application, sont probablement le cadre le plus important pour assurer un développement dynamique et harmonieux de l'économie européenne, dépassant une étroite vision public-privé, et la formation non justifiée de divers monopoles plus ou moins transparents.

Quelles que soient les origines des différents dirigeants politiques des 27 pays membres de l'Union Européenne, aucun ne conteste l'absolue nécessité de l'existence de tels rouages au niveau européen.

Les auteurs ont su présenter un ouvrage clair et précis, qui s'adresse aux lecteurs avertis ou non, spécialistes ou non.

Dans un premier temps, les concepts concernés : entreprise, concurrence, marché sont définis. Trop souvent des prises de position définitives sont arrêtées sans une connaissance suffisante des notions de base.

Les règles essentielles d'une bonne concurrence sont ensuite abordées.

Enfin, le problème délicat de l'application de ces règles aux actions des états membres est expliqué.

Au total, on comprend mieux pourquoi il est nécessaire que la Commission Européenne fasse appliquer une réglementation qui peut parfois apparaître lourde, mais qui n'est pas contestée par les états et les grandes entreprises dans son principe, même si sa mise en œuvre soulève de nombreux remous dans certains cas.

Une mise à jour régulière devrait amener ce livre à devenir une référence incontournable dans toute bibliothèque d'étudiant, d'entreprise, de juriste travaillant sur l'économie d'entreprise en Europe.

Edouard JAGODNIK
Président Fédération Européenne Des Écoles

Sommaire

section 1 L'entreprise et la concurrence en droit européen des affaires

A - Le concept d'entreprise

1. *La notion d'entreprise : la qualification d'activité économique*
2. *Le groupe d'entreprise : les accords entre entreprises d'un même groupe*

B - Le concept de concurrence

1. *La nature de la concurrence protégée*
2. *Les formes de concurrence*
3. *Les restrictions de concurrence*

La notion d'« entreprise » est retenue par la Commission et la Cour de justice de l'Union européenne (CJUE). Pour comprendre pourquoi le mot « entreprise » a été utilisé, on peut citer les dispositions du Traité de Lisbonne, entré en vigueur le 1er décembre 2009, et plus spécifiquement, l'un des deux textes le composant : le Traité sur le fonctionnement de l'Union européenne (TFUE). Par exemple, dans l'article 101 TFUE, référence est faite aux **« accords entre entreprises ».** ***Selon l'article 102 encore,*** **« est incompatible avec le marché intérieur et interdit, dans la mesure où le commerce entre États membres est susceptible d'en être affecté, le fait pour une ou plusieurs entreprises d'exploiter de façon abusive une position dominante sur le marché intérieur… ».**

Toutefois, cette notion n'est définie ni par le Traité ni par les textes adoptés pour l'application de celui-ci. Il s'agit d'un terme qui s'est implanté progressivement. La raison de cette implantation progressive est que le mot

« entreprise » sert à regrouper différents types d'activités. Les articles 101 (ex-article 81) et 102 (ex-article 82) du Traité de Lisbonne concernent par ailleurs le comportement anticoncurrentiel des entreprises. Or il n'existe pas de définition unique de la concurrence. L'accent peut être mis sur la liberté d'action des entreprises, ou s'attacher à sauvegarder une structure de concurrence offrant aux tiers un nombre suffisant d'alternatives. Dans ce cas, on parle de concurrence « efficace ».

Les articles 101 et 102 du Traité de Lisbonne ne concernent que des comportements d'entreprise. Par conséquent, les instances communautaires ont été amenées à définir la notion d'entreprise, ce que nous allons étudier dans une première partie. La seconde partie est consacrée au concept de concurrence.

A - Le concept d'entreprise

Deux interprétations au moins sont possibles face au silence du droit européen des affaires :

• tout d'abord, l'usage du mot « entreprise » peut apparaître comme un simple compromis terminologique. Il permet de désigner sous un vocabulaire extensible toutes les entités nationales auxquelles les droits respectifs de chaque État membre reconnaissent la qualité de personne juridique (société, trust etc.).

• le terme peut aussi avoir une signification propre au système communautaire. Son contenu n'est donc pas fixé par référence aux diverses législations nationales mais inspiré directement par les principes qui fondent le Marché commun.

Les principes d'autonomie, d'unité et de primauté du droit européen militent en faveur de cette option. Les décisions de la Commission et les arrêts de la Cour de justice de l'Union européenne (CJUE) l'appliquent également à partir de la fin des années 60.

1. *La notion d'entreprise : la qualification d'activité économique*

Le but économique est un élément fondamental de la notion d'**entreprise**.

En effet, l'alternative est la suivante :

– ou bien l'activité en cause est exercée dans un but économique et c'est une activité d'entreprise,

– ou bien elle est étrangère au but économique qui caractérise l'entreprise et échappe aux règles du droit européen.

Les définitions suivantes sont nécessaires à la compréhension de cette section. Il conviendra toutefois de se référer aux autres sections pertinentes pour approfondir l'analyse.

Définitions

Les termes utilisés se trouvent dans le Glossaire des termes employés dans le domaine de la politique de concurrence de l'Union européenne, *Antitrust et contrôle des opérations de concentration*, Commission européenne, Direction générale de la concurrence, Bruxelles, juillet 2002.

• **Entreprise**

On entend par entreprise toute entité exerçant une activité économique.

• **Activité économique**

On entend par activité économique une « *activité consistant à offrir des biens ou des services sur un marché donné. Son statut juridique et son mode de financement sont indépendants* ».
« Pour que ces conditions soient remplies, il n'est pas obligatoire que cette entité ait pour vocation de dégager des bénéfices ; de même, les organismes publics ne sont pas exclus d'office ».

• **Entente**

Il s'agit des arrangements entre entreprises concurrentes destinés à limiter ou à éliminer la concurrence s'exerçant entre elles. Ces arrangements ont pour but d'augmenter les prix et les bénéfices des entreprises participantes, sans produire d'avantages compensatoires objectifs.

EXEMPLE Dans la pratique, ces arrangements consistent généralement à fixer les prix, à limiter la production, à partager les marchés, à attribuer des clients ou des territoires, à manipuler des procédures d'appel d'offres ou plusieurs de ces éléments en même temps.
La Commission considère les ententes comme très préjudiciables aux consommateurs et à la société dans son ensemble : les entreprises impliquées appliquent des prix plus élevés et réalisent des bénéfices plus importants que sur un marché concurrentiel.

Définitions

• **Exemption individuelle**

La Commission (en application de l'article 101, paragraphe 3, du Traité TFUE), exempte des accords notifiés de l'interdiction prévue à l'article 101, paragraphe 1, TFUE, sur la base d'une appréciation individuelle. D'une manière générale, les accords restrictifs peuvent bénéficier d'une exemption si leur contribution au bien-être général (amélioration de la production, progrès technique ou économique et avantages pour le consommateur) compense leurs effets restrictifs sur la concurrence.

• **Exemption catégorielle**

Le règlement, arrêté par la Commission ou par le Conseil (en application de l'article 101, paragraphe 3, TFUE), énonce les conditions dans lesquelles certains types d'accords peuvent bénéficier d'une exemption à l'interdiction générale prévue par l'article 101, paragraphe 1, TFUE. Lorsqu'un accord remplit les conditions prévues dans un règlement d'exemption par catégorie, il n'est pas soumis à l'obligation de notification individuelle : il est automatiquement valide et exécutoire.

EXEMPLE Il existe des règlements d'exemption par catégorie pour les accords verticaux, les accords de recherche et de développement, les accords de spécialisation, les accords de transfert de technologie et les accords de distribution automobile.

En ce qui concerne la notion d'entreprise, le critère utilisé par les autorités communautaires est un critère fonctionnel : il déborde le cadre des activités industrielles, commerciales ou artisanales auxquelles se livrent habituellement les entreprises, puisqu'il s'applique à toute entité offrant des biens ou des services sur un marché et qu'il s'étend à toute activité susceptible d'avoir une incidence sur le marché.

a. Approche positive : l'activité économique

Les autorités communautaires développent une conception nouvelle de l'entreprise. Cette entité économique sera détachée de toute référence aux catégories traditionnelles.

EXEMPLE Constituent des entreprises au sens du droit communautaire :
- les inventeurs qui concèdent et commercialisent leurs brevets ;
- les artistes qui exploitent et commercialisent leurs œuvres ;
- les sociétés d'auteurs ;
- les organismes chargés de la gestion des régimes complémentaires de retraite ;
- les fonds de pension ;
- les professions libérales.

Une association, un groupement d'intérêt économique, une coopérative peuvent également constituer des entreprises au sens du traité.
Des salariés ne peuvent pas être considérés comme des entreprises.

À maintes reprises, la Commission a qualifié d'entreprises des personnes physiques, de simples particuliers exerçant une activité économique.

EXEMPLE Un agriculteur est une entreprise. De la même manière, on a qualifié d'entreprise(s) les professions libérales : des expéditeurs en douane, des mandataires agréés auprès de l'Office européen des brevets lorsqu'ils exercent une profession en tant qu'indépendants, des avocats exerçant leur profession à titre libéral, un ingénieur exploitant son brevet au moyen d'un contrat de licence, un particulier agissant en qualité de conseil d'entreprises, des chanteurs exploitant commercialement leurs prestations artistiques, des médecins qui fournissent des services médicaux de manière indépendante, contre rémunération et en supportant les risques financiers de leur activité, des clubs professionnels de football exerçant des activités économiques (ex. : l'UEFA, les associations nationales et les clubs de football membres).

• Les premiers fondements de la notion

La définition donnée par la Cour en 1962 dans l'affaire Mannesmann (CJUE, 13 juillet 1962, affaire 19/61, *Rec.*, p. 675 – les dispositions du traité CECA étaient en cause) permet de distinguer les fondements de la notion d'entreprise. La Cour a défini l'entreprise comme :

> *« étant constituée par une organisation unitaire d'éléments personnels, matériels et immatériels, rattachés à un sujet juridiquement autonome, et poursuivant d'une façon durable un but économique déterminé ».*

• Une nouvelle définition

En 1984, dans l'affaire Hydrotherm Gerätebau (CJUE, 12 juillet 1984, affaire 170/83, *Rec.*, p. 2999) la Cour a donné une nouvelle définition qui n'exigeait plus l'existence d'un sujet juridiquement autonome.
Une exemption catégorielle (voir définition ci-dessus) au bénéfice de certains accords d'exclusivité conclus entre deux entreprises était prévue par le règlement 67/67. Les faits sont les suivants : les deux parties de l'accord sont, d'une part Hydrotherm, d'autre part le fabricant – distributeur italien du matériel objet de l'exclusivité. Le matériel objet de l'exclusivité est constitué des radia-

teurs en alliage d'aluminium de marque « Ghibli ». La particularité du fabricant – distributeur consiste en ce qu'il est constitué de trois personnes distinctes : la personne physique inventeur du matériel et deux sociétés qu'elle contrôle entièrement.

La question qui se pose est la suivante :

doit-on admettre que plus de deux entreprises participent à l'accord ? Dans ce cas, l'accord ne peut pas bénéficier de l'exemption catégorielle. Ou faut-il ignorer les personnalités juridiques distinctes du fabricant – distributeur et considérer qu'il constitue « une entreprise » ? Dans ce cas, l'accord peut bénéficier de l'exemption catégorielle.

La Cour a opté pour cette deuxième solution et a donné la réponse suivante :

> *« La notion d'entreprise, placée dans un contexte de droit de la concurrence, doit être comprise comme désignant une unité économique du point de vue de l'objet de l'accord en cause, même si, du point de vue juridique, cette unité économique est constituée de plusieurs personnes, physiques ou morales ».*
>
> Tel est le cas lorsqu'une des parties à l'accord est constituée par *« des sociétés qui ont un intérêt identique et sont contrôlées par la même personne physique, également partie à l'accord » : ces « personnes participent simultanément comme une seule partie à l'accord ».*

Dans d'autres affaires (par exemple, CJUE, 23 avril 1991, Höfner et Elser contre Macrotron, affaire C-41/90, *Rec.*, p. 1979), la Cour a indiqué que :

> *« La notion d'entreprise comprend toute entité exerçant une activité économique, indépendamment du statut juridique de cette entité et de son mode de financement ».*

• Conséquences

La notion d'entreprise est une notion fonctionnelle.

Elle est définie par son activité économique.

Elle n'est pas définie par son statut juridique.

Le mode de financement de l'entreprise est indifférent.

Cette approche est indispensable : les opérateurs économiques pourraient se soustraire aux règles de concurrence des entreprises s'ils donnaient aux entreprises un statut juridique qui les exclurait de ces règles. Grâce à la définition de la Cour, les règles de concurrence des entreprises leur seront appliquées.

L'affaire FENIN contre la Commission (11 juillet 2006, C-205/03 P) a complété la définition de la notion d'entreprise. L'arrêt rappelle que la notion d'entreprise en droit communautaire comprend toute entité exerçant une activité économique, indépendamment de son statut juridique et de son mode de financement. Il précise que c'est l'activité consistant à offrir des biens ou des services sur un marché donné qui caractérise la notion d'activité économique, de sorte que, aux fins d'apprécier la nature de celle-ci, il n'y a pas lieu de dissocier l'activité d'achat du produit de l'utilisation ultérieure qui en est faite et que c'est l'utilisation ultérieure du produit acheté qui détermine nécessairement le caractère de l'activité d'achat.

• Le cas des entités publiques

Dans le contexte européen, l'entreprise désigne toute unité économique qui opère de manière indépendante sur le marché.

EXEMPLE A été qualifié d'entreprise un organisme d'État, l'« Administrazione autonoma dei monopoli di Stato », organisme qui dépend du ministère des finances italien (CJUE, 16 juin 1987, Commission contre Italie, *aff.* C-118/85, *Rec.*, p. 2599). La Cour prend en compte sa fonction qui consiste en :

> *« des activités économiques de caractère industriel ou commercial consistant à offrir des biens ou des services dans le marché... l'existence ou non d'une personnalité juridique distincte de celle de l'État, attribuée par le droit national, est sans pertinence pour décider si un organe peut être considéré comme entreprise ».*

Sont ainsi visées les entreprises publiques, les entreprises auxquelles sont accordés des droits spéciaux ou exclusifs ainsi que les entreprises chargées de la gestion de services d'intérêt général ou présentant le caractère d'un monopole fiscal dans la mesure où l'application des règles de concurrence ne fait pas obstacle à l'accomplissement en droit ou en fait de la mission particulière qui leur est impartie.

Une **entité publique** doit être considérée comme une entreprise lorsqu'il est établi qu'à travers cette entité l'État exerce des activités économiques de caractère industriel ou commercial consistant à offrir des biens ou des services sur le marché. Peu importe à cet égard que l'État agisse directement par le moyen d'un organe faisant partie de l'administration publique ou par le moyen d'une entité qu'il a investie de droits spéciaux ou exclusifs.

EXEMPLES En application de ces principes, la Commission a qualifié d'entreprise au sens du droit communautaire de la concurrence :

• l'administration de l'aviation civile finlandaise dont l'activité principale est la fourniture aux compagnies aériennes, de services liés à l'accès aux infrastructures aéroportuaires civiles en contrepartie de redevances (décision de la Commission n° 1999/98, 10 février 1999, *JOUE*, n° L 69) ;

• l'« Amministrazione autonoma dei monopoli di Stato », organisme intégré à l'administration financière de l'État italien qui, outre différentes activités administratives, exerce également une activité de production, d'importation, d'exportation et de distribution en gros de tabacs manufacturés (décision de la Commission n° 98/538, 17 juin 1998, *JOUE*, n° L 252) ;

• les organismes publics de télévision dans la mesure où ils exercent une activité économique (décision de la Commission n° 2000/400/CE, 10 mai 2000, Eurovision, *JOUE*, n° L 151) ;

• « Aéroports de Paris », établissement public doté de l'autonomie financière, inscrit au Registre du commerce et des sociétés de Paris et exerçant des activités d'aménagement, d'exploitation et de développement de l'ensemble des installations de transfert civil aérien ayant leur centre dans la région parisienne. Les « Aéroports de Paris » ont pour objet de faciliter l'arrivée et le départ des avions, de guider la navigation, d'assurer l'embarquement, le débarquement et l'acheminement à terre des voyageurs, des marchandises et du courrier transportés par air. Dans sa décision, la Commission a déclaré qu'au titre de ses activités de gestion des aéroports d'Orly et Roissy-Charles-de-Gaulle, « Aéroports de Paris » détermine les conditions d'activité des prestataires d'assistance en escale qu'il agrée, et que ses activités sont des activités d'entreprise au sens de l'article 82 du traité (Décision de la Commission n° 98/513, 11 juin 1998, Alpha Flight Services c/ Aéroports de Paris, *JOUE*, n° L 230).

Le Tribunal a précisé qu'il convient de faire une distinction entre, d'une part, les activités purement administratives d'Aéroports de Paris (notamment les missions de police, qui échappent aux règles de concurrence), et d'autre part, les activités de gestion et d'exploitation des aéroports parisiens qui sont rémunérées par des redevances commerciales variant selon le chiffre d'affaires réalisé (activités qui, elles, sont soumises aux règles de concurrence) [Tribunal, 12 décembre 2000, Aéroports de Paris c/ Commission, *aff.* T-128/98, *Rec.*, p. 3933].

La jurisprudence a exclu de la notion d'entreprise deux catégories d'activités :
– les activités de puissance publique,
– les activités qui poursuivent un but exclusivement social.

b. Approche négative : l'activité non économique

Une activité n'est pas économique si elle se rattache :
– soit à l'exercice de prérogatives de puissance publique,
– soit à une fonction exclusivement sociale.

• L'exclusion des prérogatives de puissance publique

Cette exception peut s'analyser à la lumière de l'arrêt Eurocontrol (CJUE, 19 janvier 1994, SAT / Eurocontrol, *affaire* C-364/92, *Rec.*, p. 43). Cet arrêt a eu un impact sur la distinction des activités d'entreprise et des fonctions d'autorité. Les faits sont les suivants : Eurocontrol est un organisme international investi de diverses missions. Plus particulièrement, Eurocontrol :
– assure la formation de contrôleurs aériens. C'est pourquoi elle a des attributions en matière de recherche, de coordination des politiques nationales et de formation des personnels ;
– assure la police de l'espace aérien, activité de puissance publique. C'est pourquoi elle dispose de prérogatives et de pouvoirs de coercition ainsi que du droit d'établir et de percevoir pour le compte des États contractants, auxquels elles sont reversées, des redevances sur les usagers de l'espace aérien. Le financement du fonctionnement d'Eurocontrol ne provient pas de ces redevances mais des contributions des États qui en sont membres.
L'apport de cet arrêt se situe dans l'extrait suivant. La Cour de justice analyse les missions confiées à Eurocontrol. Elle constate que :

> *« prises dans leur ensemble, les activités d'Eurocontrol, par leur nature, par leur objet et par les règles auxquelles elles sont soumises, se rattachent à l'exercice de prérogatives relatives au contrôle et à la police de l'espace aérien, qui sont typiquement des* ***prérogatives de puissance publique****. Elles ne présentent pas un caractère économique justifiant l'application des règles de concurrence du Traité ».*

Cette conclusion contient les critères d'une distinction des activités d'entreprise et des activités d'administration.
Pourquoi Eurocontrol n'est pas une entreprise ? Plusieurs éléments sont pris en compte :
• Le premier élément est l'objet de sa mission :
– Eurocontrol doit garantir la sécurité des passagers et des populations des territoires survolés, en assurant une coordination avec les nécessités de la défense nationale.

– Cette activité de police de l'espace aérien est liée à l'exercice de la souveraineté étatique. Elle ne peut être par définition de nature économique.

• Le deuxième élément concerne les conditions dans lesquelles cette mission est assurée : Eurocontrol est investie de prérogatives de puissance publique.

• Le troisième élément est le fait que les différents volets de l'activité de cet organisme sont indissociables.

De la même manière, l'activité de police environnementale, dite surveillance antipollution, exercée dans le port pétrolier de Gênes dans le domaine maritime a été qualifiée par la CJUE de prérogative de puissance publique, de par sa nature, son objet et les règles qui la régissent (CJUE, 18 mars 1997, Diego Cali, *aff.* C-343/95, *Rec.*, p. 1587) :

> *« L'article 82 du traité CE (article 102 TFUE) doit être interprété en ce sens qu'une activité de surveillance antipollution qu'une entité de droit privé a été chargée par les pouvoirs publics d'exercer dans un port pétrolier d'un État membre ne relève pas du champ d'application de cet article, même dans l'hypothèse où les usagers du port doivent acquitter une redevance destinée à financer cette activité ».*

• L'exercice d'une fonction exclusivement sociale

L'**exercice d'une fonction exclusivement sociale** est la deuxième exception à la notion d'entreprise. Elle peut s'analyser à la lumière de l'arrêt Höfner (CJUE, 23 avril 1991, C-41/90, *Rec.*, p. 1979), qui constitue la première prise de position de la Cour de justice.

Le gouvernement allemand soutenait que les règles de concurrence ne pouvaient pas s'appliquer à un office public pour l'emploi qui n'était pas une entreprise *« dans la mesure où les services de placement étaient fournis à titre gratuit »*. Les activités étaient principalement financées par les contributions des employeurs. Ceci n'affectait pas leur gratuité, selon le gouvernement allemand, car il s'agissait de contributions générales qui n'ont aucun lien avec chaque service concret rendu.

Dans cette affaire, la Cour de justice a voulu appliquer le droit communautaire. Elle a précisé que :

> *« dans le contexte du droit de la concurrence, […], la notion d'entreprise comprend toute entité exerçant une activité économique, indépendamment du statut juridique de cette entité et de son mode de financement ».* Par conséquent, *« […] l'activité de placement est une activité économique ».*

Pourquoi la Cour a-t-elle raisonné ainsi ?

En premier lieu, les activités de placement sont normalement confiées à des offices publics. Cette circonstance ne peut pas affecter la nature économique de ces activités *« qui n'ont pas toujours été et ne sont pas nécessairement exercées par des entités publiques ».*

En deuxième lieu, la Cour n'est pas disposée à écarter l'application des règles de concurrence.

Les régimes de protection sociale se trouvent par la suite au cœur du débat : les caisses de maladie ou les organismes qui concourent à la gestion du service public de la sécurité sociale remplissent une fonction de nature exclusivement sociale interdisant de les assimiler à des entreprises.

Comment la Cour a procédé pour qualifier l'activité des organismes de sécurité sociale ?

Le premier indice retenu est le **caractère obligatoire** de la protection sociale instituée sous forme de régimes légaux.

Le deuxième indice est l'objectif social de ces régimes qui *« obéissent au* ***principe de solidarité*** *»* : ces régimes *« visent, en effet, à assurer à l'ensemble des personnes qui en relèvent une couverture des risques de maladie, de vieillesse, décès et invalidité, indépendamment de leur condition de fortune et de leur état de santé lors de l'affiliation ».*

En conséquence, l'affiliation obligatoire et le principe de solidarité (qui implique la redistribution du revenu entre les assurés) sont étrangers à la nature d'une entreprise.

Toutefois, selon les autorités communautaires, une entreprise n'a pas nécessairement un but lucratif.

Il reste que l'absence de but lucratif ne suffit pas à enlever à un fonds de pension sa qualité d'entreprise au sens des règles de concurrence du traité (CJUE, 21 septembre 1999, Albany International BV, *aff.* C-667/96, C-115 à 117/97 et C-219/97, *Rec.*, p. 6121) et que la gestion d'un régime complémentaire de retraite est une activité économique lorsqu'elle est en concurrence avec les prestations offertes par les compagnies d'assurance-vie (CJUE, 16 novembre 1995, Fédération française des sociétés d'assurances, *aff.* C-244/94, *Rec.*, p. 4013).

Saisie d'un recours préjudiciel par le Conseil d'État dans le cadre d'un litige relatif à la qualification de la Caisse centrale de mutualité sociale agricole, la CJUE affirme que :

> *« Un organisme à but non lucratif, gérant un régime d'assurance vieillesse destiné à compléter un régime de base obligatoire, institué par la loi à titre facultatif et fonctionnant, dans le respect de règles définies par le pouvoir réglementaire, notamment en ce qui concerne les conditions d'adhésion, les cotisations et les prestations, selon le principe de la capitalisation, est une entreprise au sens des articles 81 et suivants du traité CE (articles 101 et suivants TFUE) ».*

Les instances communautaires (Commission européenne, CJUE, Tribunal) mettent l'accent sur l'objectif économique en tant qu'élément fondamental de la notion d'entreprise. Une deuxième interrogation est pourtant soulevée : est-ce que les accords conclus à l'intérieur d'un **groupe d'entreprises** seraient constitutifs de comportements anti-concurrentiels (ententes) ?

2. *Le groupe d'entreprise : les accords entre entreprises d'un même groupe*

Deux conceptions s'affrontent :

• selon la première conception, une société mère et ses filiales sont des personnes juridiques distinctes. Par conséquent, les relations entre elles doivent être regardées de la même façon que celles entre des sociétés étrangères l'une à l'autre. Elles peuvent être les auteurs de comportements anti-concurrentiels.

• La deuxième conception prône que la caractéristique du groupe est l'unité. Par conséquent, sous certaines conditions, les rapports internes à un groupe échappent à l'application des règles de la concurrence. L'accord entre société mère et filiale ne constituera pas un comportement anti-concurrentiel.

La solution choisie par le droit européen repose sur l'**autonomie réelle au sein du groupe** et l'exercice du **pouvoir de contrôle**.

a. L'« autonomie réelle » au sein du groupe

Une véritable **autonomie de la filiale** est nécessaire pour que les règles de la concurrence s'appliquent. Il ne suffit pas que deux entreprises distinctes opèrent sur un même marché.

• La décision de la Commission « Christiani et Nielsen »

Dans cette décision du 18 juin 1969 (69/195 CEE), la Commission considère que :

> *« l'applicabilité [...] du traité suppose, entre les entreprises en cause, l'existence d'une concurrence susceptible d'être restreinte [...] ». « [...] cette condition n'est pas nécessairement remplie dans les rapports entre deux entreprises qui exercent leur activité dans le même secteur, par la seule constatation de l'existence d'une personnalité juridique pour chacune de ces entreprises [...] ». « [...] à cet égard il est déterminant de savoir, en fonction des éléments de fait, si une action autonome de la filiale par rapport à la société mère est possible sur le plan économique ».*

Le raisonnement de la Commission s'articule ainsi : tout d'abord, l'accent est mis sur l'absence de concurrence entre la société mère et la filiale. Ensuite, tout lien concurrentiel entre la société mère et la filiale est inexistant parce que la société mère a crée cette filiale dans une optique de stratégie de marché et en suivant des considérations de gestion.

Finalement, ces considérations de gestion empêchent la filiale d'entrer en concurrence avec la société mère. L'accord n'est pas susceptible de fausser la concurrence puisqu'il correspond à une pure mesure d'organisation interne. En effet, la société Christiani et Nielsen était une société de droit danois de travaux publics qui avait ses filiales dont elle détenait la totalité du capital dans différents pays. Plus spécifiquement, l'accord qui liait sa filiale néerlandaise organisait la collaboration entre les deux sociétés et tendait à la répartition des marchés entre les sociétés du groupe.

• La décision de la Commission « Kodak »

Dans cette décision du 30 juin 1970, la Commission indique que :

> *« lorsqu'il est établi [...] que les sociétés filiales dont il s'agit sont dans la dépendance exclusive et complète de leur société mère, et que cette société exerce effectivement son pouvoir de contrôle en leur adressant des instructions précises, il leur est impossible de se comporter d'une manière indépendante les unes vis-à-vis des autres dans les domaines réglés par la société mère ».*

Dans « Kodak », la Commission met l'accent sur la **dépendance exclusive** de la filiale dans ses rapports avec la société mère. Il s'agit de la pratique des conditions de vente rigoureusement identiques par des filiales se conformant à des instructions de leur société mère. Cette dépendance débouche sur l'absence de concours de volontés.

Par conséquent, l'accord ne peut pas tomber sous le coup de l'interdiction de Traité : l'identité des conditions de vente ne résulte ni d'un « accord » ni d'une « pratique concertée » entre la société mère et ses filiales ou entre les filiales elles-mêmes.

Par la suite, la Cour a confirmé le point de vue de la décision Christiani / Nielsen en particulier dans les arrêts Centrafarm (CJUE, 31 octobre 1974, *aff.* 15/74, *Rec.*, p. 1147) :

> *« L'article [81] (101 TFUE) ne vise pas des accords ou pratiques concertées entre des entreprises appartenant au même groupe en tant que sociétés mères et filiales, si les entreprises forment une unité économique à l'intérieur de laquelle la filiale ne jouit pas d'une* ***autonomie réelle*** *dans la détermination de sa ligne d'action sur le marché et si ces accords ou pratiques ont pour but d'établir une répartition interne des tâches entre les entreprises ».*

Il résulte de cette jurisprudence qu'un groupe de sociétés installées dans plusieurs États membres de l'Union européenne peut, en toute légalité, échapper au droit communautaire de la concurrence même s'il met en œuvre une politique de cloisonnement des marchés nationaux consistant dans l'interdiction imposée par la société mère à ses filiales d'exporter en dehors de leur marché national respectif.

Ce groupe échappe à l'article 102 TFUE (ex-article 82) dès lors qu'il ne détient pas une position dominante sur son marché.

b. L'exercice du pouvoir de contrôle

• L'arrêt « Viho »

Le Tribunal de l'Union européenne a jugé dans l'arrêt Viho Europe BV contre/ Commission (Tribunal, 12 janvier 1995) que :

> *« lorsque la filiale, bien qu'ayant une personnalité juridique distincte, ne détermine pas de façon autonome son comportement sur le marché, mais applique les instructions qui lui sont adressées, directement ou indirectement, par la société mère, qui la* ***contrôle*** *à 100%, les interdictions édictées par [...] le traité sont inapplicables dans les rapports entre la filiale et la société mère avec qui elle forme une unité économique ».*

La Cour de justice (CJUE, 24 octobre 1996, Viho Europe BV c/ Commission, C-73/9 P5, *Rec.*, p. 5482) a approuvé le Tribunal d'avoir jugé que dans l'espèce dont il était saisi, le groupe de sociétés examiné constituait une entreprise unique et ce, pour des raisons suivantes :

– les filiales établies en Allemagne, en France, en Belgique et aux Pays-Bas étaient contrôlées à 100 % de leur capital par leur société-mère ;

– les activités de vente et de marketing des filiales étaient dirigées par une équipe régionale désignée par la société-mère ;

– cette équipe régionale contrôle notamment les objectifs de vente, les marges brutes, les frais de vente, le « cashflow » et les stocks ;

– la même équipe prescrit la gamme des produits à vendre, contrôle les activités publicitaires et donne des directives en ce qui concerne les prix et les remises.

• La notion d'autonomie

Quand on parle d'autonomie, on parle d'**autonomie réelle**, par seulement formelle, juridique. La plupart du temps, la société mère laisse délibérément une marge d'autonomie pour que les filiales se concurrencent entre elles. Les filiales connaissent mieux le marché.

Se demander si la société filiale a une autonomie réelle signifie qu'il faut rechercher l'influence de la société mère en ce qui concerne la détention du capital social, les modalités de désignation des organes de direction de la filiale, les modalités de vote au sein des assemblées, etc.
L'autonomie réelle s'apprécie en fonction d'un marché donné : marché des produits ou services (où les entreprises opèrent).
Il faut qu'il y ait une possibilité de rencontre de volontés indépendantes dans la stratégie commerciale de la société mère et de ses filiales pour que les règles de la concurrence s'appliquent. Il ne peut y avoir de concertation au sein d'un groupe dont le comportement est déterminé par la maison mère et appliqué suivant ses instructions. On ne saurait envisager que les filiales prennent des mesures économiques autonomes en matière de concurrence lorsque la société mère contrôle et détermine entièrement leur comportement, comme c'est ici le cas.

• Un groupe de sociétés peut constituer une entreprise unique

Dans l'affaire Commercial Solvents (CJUE, 14 juillet 1972, « Matières colorantes », *affaire* 54-69, *Rec.*, p. 851), la société ICI avait décidé des hausses de prix applicables aux clients de l'Union européenne. Elle avait imposé cette décision à ses filiales établies dans l'Union européenne en se prévalant de son pouvoir de direction. Le comportement anticoncurrentiel est donc adopté par les filiales établies dans le Marché commun. Est-ce que ce comportement peut être également imputé à la société mère qui les contrôle, même si la société mère est établie dans un État tiers ?
La Commission affirme que :

> *« lorsque la filiale ne jouit pas d'une autonomie réelle dans la détermination de sa ligne d'action sur le marché, les interdictions édictées par [...] (le Traité) peuvent être considérées comme inapplicables dans les rapports entre elle et la société mère, avec laquelle elle forme une unité économique ».*

La société mère et sa filiale constituent une seule et même entreprise dans leur relation avec un client. Les sociétés sont condamnées pour abus de position dominante. Le comportement incriminé leur est imputable solidairement.
Dans le cas d'une entreprise constituée par un groupe de sociétés agissant comme une entité économique unique (Tribunal, 20 mars 2002, HFB e.a. c/ Commission, *aff.* T-9/99, *Rec.*, p. 1487), le Tribunal décide que :

> *« seul le chiffre d'affaire cumulé des sociétés composantes peut constituer une indication de la taille et de la puissance économique de l'entreprise en question ».*

B - Le concept de concurrence

Le concept de concurrence au sens du droit européen peut être examiné en trois axes :
- la nature de la concurrence protégée par le Traité ;
- les formes de concurrence ;
- les restrictions de concurrence qui sont condamnées par le droit communautaire.

1. *La nature de la concurrence protégée*

a. Définitions

Les termes utilisés se trouvent dans le Glossaire des termes employés dans le domaine de la politique de concurrence de l'Union européenne, *Antitrust et contrôle des opérations de concentration*, Commission européenne, Direction générale de la concurrence, Bruxelles, juillet 2002.

Définitions

• **Concurrence**

Il s'agit d'une *« situation de marché dans laquelle les vendeurs d'un produit ou d'un service, agissant en toute indépendance, essaient de capturer la clientèle d'acheteurs en vue d'atteindre un objectif commercial précis, tel qu'un certain niveau de bénéfices, de volumes de ventes et / ou de parts de marché.*

Cette concurrence entre entreprises peut porter sur les prix, la qualité, les services ou sur plusieurs de ces facteurs en même temps, ainsi que sur d'autres éléments déterminants pour les clients.

Une concurrence loyale et non faussée constitue la pièce maîtresse d'une économie de marché ».

• **Concurrence intermarques**

Il s'agit de la *« concurrence entre entreprises ayant mis au point des marques ou des labels pour leurs produits afin de les distinguer des autres marques vendues sur le même segment de marché. Bien qu'ils ne soient pas considérés comme totalement équivalents par les consommateurs, les produits de marque se font toutefois concurrence, mais normalement dans une moindre mesure ».*

C'est le cas par exemple entre Coca-Cola et Pepsi.

• **Concurrence intramarque**

C'est la *« concurrence que se livrent, en termes de prix ou autres, les distributeurs ou les détaillants sur un produit de même marque ».*

EXEMPLE *« un jean Levi's peut être vendu moins cher dans un magasin de rabais par rapport à un grand magasin, mais souvent sans les facilités de service proposées par ce dernier ».*

Définitions

• **Monopole (marché monopolistique)**

C'est la *« situation d'un marché sur lequel il n'existe qu'un seul vendeur (monopoleur) qui, étant donné l'absence de concurrence, possède un pouvoir de marché extrêmement fort, équivalent à l'existence d'une position dominante. Dans un cas de monopole, la production est normalement inférieure et les prix sont supérieurs à ce qu'ils seraient dans des conditions concurrentielles ».*

• **Oligopole (marché oligopolistique)**

« La structure du marché est caractérisée par un nombre très limité de vendeurs qui ont conscience de leur indépendance lorsqu'ils adoptent des décisions stratégiques concernant par exemple le prix, la production et la qualité des produits en cause. Au sein d'un oligopole, chaque entreprise sait que son comportement sur le marché affectera sensiblement les autres vendeurs et leur comportement sur le marché. En conséquence, chaque entreprise tiendra expressément compte des éventuelles réactions des autres acteurs ».

Dans les affaires de concurrence, le terme « oligopole » est également souvent utilisé pour désigner *« des situations où un petit nombre de gros vendeurs dominent ensemble la structure concurrentielle et où les quelques vendeurs restants, de petite taille, s'adaptent à leur comportement. Le terme d'oligopoleurs est alors fréquemment utilisé pour qualifier les gros vendeurs ».*

b. La concurrence « efficace » ou « effective »

La concurrence protégée par les institutions de l'Union européenne est la **concurrence « efficace »** ou « effective » (***workable competition***).

L'article 3g du Traité CEE vise d'établir :

> *« un régime assurant que la concurrence n'est pas faussée dans le marché intérieur ».*

Dans l'arrêt Metro (CJUE, 25 octobre 1977, *affaire* 26/76, *Rec.*, p. 1875), la Cour utilise la théorie de la **concurrence effective** et en donne une définition synthétique :

> *« La concurrence non faussée visée aux articles 3 et 85 du traité CEE (105 TFUE) implique l'existence sur le marché d'une concurrence efficace, c'est-à-dire de la dose de concurrence nécessaire pour que soient respectées les exigences fondamentales et atteints les objectifs du traité et en particulier la formation d'un marché unique, réalisant des conditions analogues à celles d'un marché intérieur. Cette exigence admet que la nature et l'intensité de la concurrence puissent varier en fonction des produits ou services en cause et de la structure économique des marchés sectoriels concernés ».*

En d'autres mots, dans le cadre de la concurrence efficace, on s'attache à sauvegarder une structure de concurrence offrant aux tiers un nombre suffisant d'alternatives.

EXEMPLE Il arrive que la Commission commence par déclarer qu'un accord restreint la concurrence, au motif qu'il restreint la liberté d'action des parties. Elle exempte cependant cet accord, au motif qu'il améliore la concurrence en permettant l'entrée d'un nouvel opérateur ou le maintien d'un opérateur existant sur le marché.

À la question de savoir en quoi s'apprécie la concurrence, les instances communautaires répondent par le recours aux **objectifs du Traité** : la réalisation d'un marché unique est un objectif primordial.
L'article 3 du Traité de Lisbonne assigne à la construction européenne des objectifs ambitieux, tant d'ordre économique que d'ordre social et politique.

EXEMPLES • Le développement harmonieux des activités économiques ;
• le relèvement accéléré du niveau de vie ;
• le progrès technique ;
• la protection des intérêts des consommateurs ;
• la protection de l'environnement ;
• la promotion des PME ou PMI.

La politique de concurrence vise ainsi à accroître la prospérité de l'économie de l'Union et le bien-être de l'ensemble des citoyens européens.
• Dans une vieille décision de la Commission (décision SABA du 15 décembre 1975), *« une clause interdisant aux grossistes de vendre les produits SABA directement aux consommateurs »* n'a pas été considérée comme contraire aux règles de la concurrence.
De telles ventes *« sautées »* constituaient des actes de concurrence déloyale à l'égard des détaillants. Les grossistes n'étaient pas soumis par la législation nationale à des obligations aussi contraignantes que ces derniers. Dans ce cas, on fait référence à la **concurrence illicite**.

• La concurrence efficace peut se présenter sous diverses formes.
Deux éléments distinguent ces diverses formes : l'**intensité** mais aussi la **nature de la concurrence**. Celles-ci peuvent varier. Par conséquent, il peut y avoir des types de concurrence différents.
• L'intensité peut être variable selon la **nature des produits en cause** mais aussi selon la **structure du marché**. Par exemple, la concurrence ne sera pas la même sur un marché oligopolistique que sur un marché ouvert.
Comme nous verrons dans la partie sur les ententes, l'accord ou la pratique concertée ne doit pas donner aux entreprises intéressées la possibilité d'éliminer la concurrence pour une partie substantielle des produits en cause.
D'ailleurs, la Commission a parfois élargi le concept de « non-élimination » de la concurrence de manière à pouvoir accorder une exemption à une entente, dont elle désirait le maintien pour des raisons de politique industrielle ou sociale.

EXEMPLE Dans l'affaire « Fibres synthétiques » (décision de la Commission, *JOUE*, n° L 207 du 2 août 1984), la Commission a accordé une exemption à un cartel de crise qui avait été créé pour réduire la surcapacité structurelle de ce secteur. Ce cartel réunissait les dix plus grands producteurs européens de fibres synthétiques. Il avait pour objectif de réduire de 18% leurs capacités de production pour six catégories de fibres textiles synthétiques.
Toutefois, la Commission a estimé que la concurrence n'était pas éliminée pour les raisons suivantes :
• l'accord avait une durée limitée ;
• des produits importés de pays tiers ainsi que des produits de substitution, tels que la laine et le coton, étaient présents sur le marché ;
• l'accord ne visait pas à coordonner le comportement commercial des parties ;
• la réduction coordonnée des surcapacités ne concernait qu'un des éléments de la stratégie concurrentielle des entreprises.

Une condition importante apparaît dans la décision de la Commission :

> *« que les signataires s'abstiennent de toute communication des données individualisées sur la production et les livraisons de fibres synthétiques, effectuées soit directement entre eux ou certains d'entre eux, soit par l'intermédiaire d'un organe fiduciaire ou d'une personnes tierce ».*

Comme les commentateurs de l'affaire le soulignent, *« la Commission autorise seulement les parties à échanger des informations sur la réduction de leurs capacités de production respectives et non sur leurs productions réelles ».*
• Cette concurrence efficace est également susceptible de varier dans le temps. Par conséquent, l'appréciation sur une pratique anticoncurrentielle pourra être plus ou moins sévère selon le moment où elle intervient.

EXEMPLE Les affaires Metro I et II constituent un exemple représentatif de la **variation de la concurrence dans le temps**.

La société SABA avait organisé en 1975 un système de distribution sélective (distribution seulement par des commerçants spécialisés). Les grandes surfaces étaient donc exclues du système car elles ne satisfaisaient pas aux exigences du réseau de distribution SABA (surtout conseil avant vente).

La Commission avait validé le système SABA. Metro a réagi et a attaqué la décision de la Commission. La Cour a rejeté le recours de Metro et le système de distribution de SABA a été exempté pour une dizaine d'années. Après dix ans, SABA redemande une exemption sans changer son système et la Commission l'accorde de nouveau. Metro attaque de nouveau la décision. Metro dira que le marché en cause en l'espace de dix ans a changé et que d'ailleurs SABA appartient désormais à Thomson. Suite à la multiplication des systèmes sélectifs, il y a eu une diminution sensible de l'intensité de concurrence.
Les arguments de Metro n'ont pas convaincu la Cour et la Commission. Mais ce qui est important, c'est que la Cour n'a pas exclu que le système de SABA, le même qu'en 1976, aurait pu devenir restrictif de concurrence :

> *« un système de distribution sélective peut dans certaines circonstances ne pas être restrictif au niveau de la concurrence.*
> *Dans ce cas, il n'y aurait même pas besoin d'exemption. Il en est ainsi lorsque la sélection s'opère en fonction de critères exclusivement objectifs en rapport avec la qualité des produits et que ces critères sont appliqués sans aucune discrimination. Si ces critères sont réunis, il n'y a pas de restriction de la concurrence [...] à condition que la structure du marché soit suffisamment concurrentielle ».*

2. *Les formes de concurrence*

a. Les types de concurrence protégée

La concurrence peut prendre des formes diverses. La Cour souligne que la nature et l'intensité de la concurrence peuvent varier.

• On peut avoir une concurrence intermarques et une concurrence intramarque (voir définitions ci-dessus).

• On peut avoir une concurrence actuelle et une concurrence potentielle.

La **concurrence actuelle** est la concurrence qui existe ou qui devrait exister entre entreprises sur un marché donné à un moment donné.

La **concurrence potentielle** est l'aptitude d'un opérateur à pénétrer sur un marché sur lequel il n'est pas encore présent.

EXEMPLES L'entreprise A accepte qu'elle ne fera pas de recherche pour pénétrer le marché de l'entreprise B et vice versa. Dans ce cas, la concurrence potentielle serait mise en cause.
Dans la décision « Fibres optiques », précitée, la Commission considère que, malgré leurs ressources financières considérables, les partenaires n'étaient pas des concurrents potentiels, car l'entrée d'une des entreprises sur le marché de l'autre n'était pas une *« extension naturelle et raisonnablement prévisible de leurs activités respectives »*.

• On peut également avoir une concurrence interne et concurrence externe.

La **concurrence interne** est la concurrence qui doit exister entre des entreprises qui participent à un accord.

La **concurrence externe** est la concurrence qui doit exister entre des entreprises participant à un accord et des entreprises tierces à cet accord.

Toutes ces formes de concurrence sont protégées par le droit européen.

• En revanche, la **concurrence illicite** n'est pas protégée.

EXEMPLE Une clause interdisait aux grossistes de vendre les produits SABA directement aux consommateurs (décision SABA, 15 décembre 1975). Cette clause n'était pas contraire aux règles de la concurrence, parce que de telles ventes constituaient des actes de concurrence déloyale à l'égard des détaillants : les grossistes n'étaient pas soumis par la législation nationale à des obligations aussi contraignantes que ces derniers.

b. La concurrence par les prix

• La **concurrence par les prix** est très importante.

Dans les décisions de la Commission et des juridictions communautaires, on constate qu'un minimum de concurrence par les prix est toujours nécessaire.

EXEMPLE Dans l'affaire des « Matières colorantes » (précitée), la Cour se prononce de la manière suivante :

La fonction de la concurrence en matière de prix est :

• de maintenir les prix au niveau le plus bas possible ;

• de favoriser la circulation des produits entre les États membres ;

• de permettre une répartition optimale des activités en fonction de la productivité et de la capacité d'adaptation des entreprises.

Le comportement des participants à l'accord avait abouti à des conditions de concurrence qui ne correspondaient pas aux conditions normales du marché.

En particulier, leur comportement leur avait permis la recherche d'un équilibre des prix à un niveau différent de celui qui aurait résulté de la concurrence.

Leur comportement avait également cristallisé des situations acquises au détriment de la liberté effective de circulation des produits dans le Marché commun et du libre choix par les consommateurs de leurs fournisseurs.

En effet, les institutions européennes favorisent le comportement indépendant et non uniforme des entreprises dans le Marché commun. La raison est qu'un tel comportement favorise la poursuite d'un des buts essentiels du Traité : l'interpénétration des marchés nationaux et, par-là, l'accès direct des consommateurs aux sources de production de toute la Communauté.

Chaque producteur peut modifier librement ses prix et tenir compte à cet effet du comportement de ses concurrents.

Toutefois, il est contraire aux règles de concurrence :

• qu'un producteur coopère avec ses concurrents pour déterminer une ligne d'action coordonnée relative à un mouvement de prix ;

• qu'un producteur coopère avec ses concurrents pour en assurer la réussite, après avoir éliminé l'incertitude quant au comportement réciproque. Ce comportement concerne les éléments essentiels de cette action, tels que taux, objet, date et lieu de tels mouvements.

• On déduit souvent du comportement des instances communautaires que la restriction de la concurrence par les prix est plus grave qu'une restriction portant sur les conditions de vente ou sur le service après-vente.

EXEMPLE *« des accords de recherche en commun, de publicité en commun, d'utilisation de marques ou de labels en commun, ne sont pas interdites par les règles de la concurrence si les parties conservent la liberté de faire des recherches, de la publicité ou de produire des articles non couverts par l'accord ; en revanche, un accord de vente en commun est considéré comme restrictif même si les parties conservent la faculté de* *vendre indépendamment, dans la mesure où il supprime toute concurrence par les prix pour les produits vendus en commun ».*

Toutefois, dans l'arrêt Metro, précité, la Cour reconnaît que la concurrence par les prix ne constitue pas la seule forme efficace de concurrence :

> *« Il est exact que, dans ces systèmes de distribution, l'accent n'est généralement pas mis de façon exclusive ni même principale sur la concurrence par les prix.*
> *Il en est notamment ainsi lorsque, comme en l'espèce, l'accès au réseau de distribution est subordonné à des conditions allant au-delà des nécessités d'une distribution des produits conforme à la nature de ceux-ci.*
> *La concurrence par les prix, pour importante qu'elle soit (de sorte qu'elle ne peut jamais être éliminée) ne constitue toutefois pas la seule forme efficace de concurrence ni celle à laquelle doit, en toutes circonstances, être accordée une priorité absolue.*
> *Les compétences accordées à la Commission par l'article 85, paragraphe 3 (101, § 3 TFUE), démontrent que les nécessités du maintien d'une concurrence efficace peuvent être conciliées avec la sauvegarde d'objectifs de nature différente, et que, dans ce but, certaines restrictions de concurrence sont admissibles lorsqu'elles sont indispensables à la réalisation de ces objectifs et n'aboutissent pas à éliminer la concurrence pour une partie substantielle du marché commun.*
> *La préoccupation, s'agissant de grossistes et détaillants spécialisés, de maintenir un certain niveau de prix correspondant à celle du maintien, dans l'intérêt du consommateur, de la possibilité pour ce canal de distribution de subsister à côté de formes de distribution nouvelles axées sur une politique concurrentielle de nature différente, rentre dans le cadre des objectifs qui peuvent être poursuivis sans tomber nécessairement sous l'interdiction de l'article 85, paragraphe 1 (101, paragraphe 1 TFUE), et si tel était en tout ou en partie le cas, dans le cadre de l'article 85, paragraphe 3 (101, paragrahe 3).*
> *Tel est, d'autant plus, le cas si ces conditions contribuent, en outre, à une amélioration de la concurrence pour autant qu'elle porte sur d'autres éléments que le prix ».*

3. *Les restrictions de concurrence*

Les notions suivantes sont nécessaires à une première approche des restrictions de concurrence. Toutefois, il conviendra de se référer à la section sur les comportements anticoncurrentiels des entreprises pour un approfondissement utile.

a. La notion de restriction à la concurrence

Les règles de la concurrence interdisent les accords qui ont pour effet :

> *« d'empêcher, restreindre ou fausser le jeu de la concurrence ».*

• Quand le jeu de la concurrence est-il empêché ?

On parle de « **jeu de concurrence empêché** » lorsque la concurrence entre les entreprises est éliminée totalement. Les entreprises peuvent être des parties dans un accord ou des tiers.

• Quand le jeu de la concurrence est-il restreint ?

On parle de « **jeu de concurrence restreint** » lorsque la concurrence entre les entreprises est éliminée ou réduite.

• Quand le jeu de la concurrence est-il faussé ?

On parle de « **jeu de concurrence faussé** » lorsque les entreprises concurrentes sont placées dans des conditions de concurrence inégales, à cause de l'accord.

Dans l'affaire General Motors (6 avril 2006, C-551/03, Rec. P. I-3173), la Cour a rappelé qu'un accord peut être considéré comme ayant un objet restrictif même s'il n'a pas pour seul objectif de restreindre la concurrence, mais poursuit également d'autres objectifs légitimes. Afin de déterminer s'il poursuit un objet de cette nature, il y a lieu de tenir compte non seulement des termes dudit accord, mais également d'autres facteurs, tels que les buts poursuivis par l'accord en tant que tel, à la lumière du contexte économique et juridique.

La Cour a jugé qu'un accord en matière de distribution a un objet restrictif au sens de l'article. 81 CE (101 TFUE) s'il manifeste clairement la volonté de traiter les ventes à l'exportation d'une manière moins favorables que les ventes nationales et conduit ainsi à un cloisonnement du marché en cause. Elle a souligné qu'un tel objectif peut être atteint non seulement à travers des restrictions directes aux exportations, mais également à travers des mesures indirectes, telle la mise en œuvre par un fournisseur de véhicules automobiles, dans le cadre de contrats de concession, d'une mesure excluant les ventes à l'exportation du système de primes accordées aux concessionnaires, dès lors qu'elles agissent sur les conditions économiques de ces transactions.

La Cour a également jugé que, pour apprécier si un accord doit être considéré comme interdit en raison des altérations du jeu de la concurrence qui en sont l'effet, il faut examiner le jeu de la concurrence dans le cadre réel où il se produirait à défaut de l'accord litigieux. Concrètement, dans une situation telle que celle de la mise en œuvre par un fournisseur de véhicules automobiles, dans le cadre de contrats de concession, d'une mesure excluant les ventes à l'exportation du système de primes accordées aux concessionnaires, il y a lieu d'examiner le comportement de ces derniers et la situation concurrentielle sur le marché en cause, dans l'hypothèse où les ventes à l'exportation n'auraient pas été exclues de la politique des primes.

b. Ententes horizontales et ententes verticales

Quelles sont les **ententes horizontales** ?

Les ententes horizontales sont celles par lesquelles des entreprises concurrentes limitent leur concurrence mutuelle.

Ce sont par exemple :

– les accords sur les prix ;

– le partage des marchés ;

– la limitation de la production.

La Commission a souligné qu'une coopération horizontale peut être un moyen de partager les risques, de réaliser des économies de coût, de mettre en commun un savoir-faire et de lancer des innovations sur le marché plus rapidement. Pour les petites et moyennes entreprises, la coopération est un important moyen d'adaptation à l'évolution des marchés.

Quelles sont les **ententes verticales** ?

Les ententes verticales sont celles par lesquelles des entreprises se trouvant à des stades différents de la production ou de la distribution limitent la concurrence entre l'une d'elles et les tiers.

Ce sont les :

– accords d'approvisionnement exclusif ;

– accords de distribution exclusive : dans le cadre de la distribution exclusive, une entreprise accorde un droit exclusif sur ses produits ou services à une autre entreprise.
Par exemple : le droit exclusif sur un territoire, par lequel un seul distributeur est autorisé à commercialiser le produit d'un fournisseur sur un territoire donné ;
– accords de distribution sélective : dans le cadre de la distribution sélective, un fournisseur conclut des accords avec un nombre limité de distributeurs choisis dans la même zone géographique ;
– accords de prix de revente imposés.
Par conséquent, les ententes verticales concernent essentiellement les conditions dans lesquelles les parties peuvent acheter, vendre ou revendre certains biens ou services.

EXEMPLE D'UNE ENTENTE ET DES AMENDES ÉLEVÉES IMPOSÉES PAR LA COMMISSION

La Commission européenne a infligé des amendes pour un montant total de 1 106 000 000 € à E.ON AG et sa filiale E.ON Ruhrgas AG (Allemagne), d'une part, et à GDF Suez SA (France), d'autre part, pour avoir conclu un accord de répartition des marchés en violation des règles du traité CE réprimant les ententes et les pratiques restrictives des entreprises (article 81 CE/101 TFUE)). E.ON/E.ON Ruhrgas et GDF Suez se voient chacune infliger une amende de 553 000 000 €. En 1975, lorsque Ruhrgas AG (aujourd'hui E.ON Ruhrgas, faisant partie du groupe E.ON) et Gaz de France (qui fait aujourd'hui partie de GDF Suez) ont décidé de construire conjointement le gazoduc MEGAL à travers l'Alllemagne pour importer du gaz russe en Allemagne et en France, elles ont convenu de ne pas vendre le gaz acheminé par ce gazoduc sur le marché national de l'autre partie. Elles ont maintenu l'accord de répartition des marchés après la libéralisation des marchés européens du gaz et n'y ont définitivement renoncé qu'en 2005. Il s'agit des premières amendes infligées par la Commission pour une infraction aux règles en matière d'ententes dans le secteur de l'énergie. Cette affaire est totalement distincte du dossier d'entente pour lequel GDF Suez a présenté récemment des engagements.

c. Les restrictions « caractérisées »

Les termes utilisés se trouvent dans le Glossaire des termes employés dans le domaine de la politique de concurrence de l'Union européenne, *Antitrust et contrôle des opérations de concentration*, Commission européenne, Direction générale de la concurrence, Bruxelles, juillet 2002.

Définition

On appelle « **restrictions caractérisées** » les restrictions de concurrence qui sont très graves et qui ne produisent généralement aucun effet positif. C'est pourquoi elles enfreignent presque toujours le droit de la concurrence.
Ce sont :
– les accords sur les prix ;
– le partage des marchés ;
– la limitation des quantités de biens ou de services devant être produites, achetées ou fournies.
En un mot, il s'agit des ententes horizontales.

Après nous être intéressés aux concepts de l'entreprise et de la concurrence, la deuxième section portera sur l'examen du marché pertinent ou « marche en cause ».

◆ Textes

Décision de la Commission n° 69/195/CEE du 18 juin 1969, Christiani / Nielsen, *JOUE*, n° L 165.
Décision de la Commission n° 70/332/CEE du 30 juin 1970, « Kodak », *JOUE*, n° L 147.
Décision de la Commission n° 76/159/CEE du 15 décembre 1975, SABA, *JOUE*, n° L 28.
Décision de la Commission n° 84/380/CEE du 2 août 1984, « Fibres synthétiques », *JOUE*, n° L 207.
Décision de la Commission n° 98/513, 11 juin 1998, Alpha Flight Services c/ Aéroports de Paris, *JOUE*, n° L 230.
Décision de la Commission n° 98/538 du 17 juin 1998, *JOUE*, n° L 252.
Décision de la Commission n° 1999/98 du 10 février 1999, *JOUE*, n° L 69.
Décision de la Commission n° 2000/400/CE du 10 mai 2000, Eurovision, *JOUE*, n° L 151.

◆ Jurisprudence

CJUE, 13 juillet 1962, *Mannesmann, aff.* 19/61, *Rec.*, p. 675.
CJUE, 14 juillet 1972, *Commercial Solvents (« Matières colorantes »), aff.* 54-69, *Rec.*, p. 851.
CJUE, 31 octobre 1974, *Centrafarm, aff.* 15/74, *Rec.*, p. 1147.
CJUE, 25 octobre 1977, *Metro, aff.* 26/76, *Rec.*, p. 1875.
CJUE, 12 juillet 1984, *Hydrotherm Gerätebau, aff.* 170/83, *Rec.*, p. 2999.
CJUE, 23 avril 1991, *Höfner et Elser c/ Macrotron, aff.* C-41/90, *Rec.*, p. 1979.
CJUE, 16 juin 1987, *Commission c/ Italie, aff.* C-118/85, *Rec.*, p. 2599.
CJUE, 19 janvier 1994, *SAT c/ Eurocontrol, affaire* C-364/92, *Rec.*, p. 43.
Tribunal, 12 janvier 1995, *Viho Europe BV contre/ Commission*, T-102/92, *Rec.*, p. 17.
CJUE, 16 novembre 1995, *Fédération française des sociétés d'assurances, aff.* C-244/94, *Rec.*, p. 4013.
CJUE, 24 octobre 1996, *Viho Europe BV c/ Commission*, C-73/9 P5, *Rec.*, p. 5482.
CJUE, 18 mars 1997, *Diego Cali, aff.* C-343/95, *Rec.*, p. 1587.
CJUE, 21 septembre 1999, *Albany International BV, aff.* C-667/96, C-115 à 117/97 et C-219/97, *Rec.*, p. 6121.
Tribunal, 12 décembre 2000, *Aéroports de Paris c/ Commission, aff.* T-128/98, *Rec.*, p. 3933.
Tribunal, 20 mars 2002, *HFB e.a. c/ Commission, aff.* T-9/99, *Rec.*, p. 1487.
CJUE, 6 avril 2006, *General Motors*, C-551/03, Rec. P. I-3173.
CJUE, 11 juillet 2006, *FENIN c/ Commission*, C-205/03 P.

◆ Bibliographie

Bouvier Y., *La politique de la concurrence communautaire : origines et développement : années 1930 - années 1990*, A. Colin, 2008.

Decocq A., Decocq G., *Droit de la concurrence interne et communautaire*, 2e édition, LGDJ, Paris, 2004.

Farhi E., Lambert N., *Les entreprises face à la politique européenne de la concurrence*, Presse de l'École des mines de Paris, 2006.

Mercier P., Mach O., Gillieron H., Affolter S., *Grands principes du droit de la concurrence*, Coll. Dossiers de droit européen, Helbing et Lichtenhahn – Bruylant, 1999.

Souty F., *Le droit de la concurrence de l'Union européenne*, Montchrestien, 1999.

Van Bael I., Bellis J.-F., *Droit de la concurrence de la CEE*, Bruylant – Bruxelles, 1991.

section 2 Le marché en cause

A - L'importance de la définition du marché en cause

1. *Les objectifs*
2. *L'importance de la définition du marché en cause dans le cadre d'une entente et dans celui d'un abus de position dominante*
3. *Définitions*

B - Le marché des produits

1. *La substituabilité*
2. *L'utilisation des critères par la Cour pour définir le marché des produits*

C - Le marché géographique

D - La démarche de la Commission

1. *Les étapes de l'analyse*
2. *Comment la Commission constitue-t-elle les preuves concernant le marché ?*
3. *Autres éléments pris en compte pour définir le marché en cause*

***Dans une Communication (C 372/03), la Commission affirme que* « le concept de marché en cause est étroitement lié aux objectifs poursuivis dans le cadre de la politique communautaire de la concurrence ».**
Nous trouvons également les termes :* « marché pertinent » *ou* « marché de référence »*,* « marché en cause »*, « relevant market » (en anglais).
Cet espace a fait l'objet d'une riche jurisprudence en absence d'une définition dans les traités. L'étude de la jurisprudence nous fournit une multiplicité des critères

utilisés dans la détermination de la notion. Malgré les efforts de la part des autorités communautaires, ces critères ne présentent pas une hiérarchie apparente et ne montrent pas toujours une préférence logique. Cette situation peut prêter à confusion.
Il est vrai que dans un certain nombre d'affaires traitées, les découpages opérés par les autorités ont fait l'objet des plus vives contestations. Ces sérieuses difficultés peuvent être attribuées au caractère souvent délicat de l'opération consistant à isoler de façon incontestable le marché à prendre en considération.
Afin de mieux envisager le problème qui se pose, nous exposerons la délimitation du marché pertinent, à savoir le marché des produits ou des services et le marché géographique, à travers une grille de critères utilisés par les autorités communautaires.

A - L'importance de la définition du marché en cause

1. *Les objectifs*

En cas d'infraction présumée aux règles de la concurrence, la Commission et la Cour de justice prennent en compte, entre autres, le marché en cause. Elles attribuent à cet élément une grande importance. Définir le marché en cause signifie :

> *« délimiter le cadre à l'intérieur duquel s'appliquent les règles de la concurrence relatives aux ententes, aux abus de position dominante mais également les règles relatives aux concentrations ».*

La Commission a entrepris une analyse (Communication sur la définition du marché en cause aux fins du droit communautaire de la concurrence) pour la définition du marché en cause. Cette analyse permet de déterminer s'il existe des concurrents réels capables de peser sur le comportement de l'entreprise en cause et de relever le degré de concurrence effectif sur le marché.
Grâce à la **définition du marché** en cause par les institutions communautaires, les entreprises peuvent prévoir si une opération pose des problèmes sous l'angle de la concurrence. Lorsqu'elles projettent la conclusion de certains accords, une acquisition ou la création d'une entreprise commune, elles peuvent tenir compte de difficultés éventuelles avant la prise de la décision.
Le marché en cause est délimité tant au niveau des produits que dans sa dimension géographique. Il faut rechercher si deux entreprises opèrent sur le même marché ; si oui, elles sont dans une relation de concurrence.
Le marché des produits et le marché géographique constituent le marché en cause ou le marché pertinent.

2. *L'importance de la définition du marché en cause dans le cadre d'une entente et dans celui d'un abus de position dominante*

La nécessité de la définition du marché en cause est confirmée dans les deux cas. En revanche, ainsi que le Tribunal de première instance l'a démontré dans l'arrêt Wolkswagen (Tribunal, 6 juillet 2000, *aff.* T-62/98, *Rec.*, p. 2707), le caractère anticoncurrentiel d'une entente demeure incontestable quel que soit le marché où elle est mise en œuvre. C'est pourquoi, la délimitation du marché en cause peut être moins fine.

> « ... *la définition adéquate du marché en cause ne joue pas le même rôle selon qu'il s'agit d'appliquer l'article 85 ou 86 du traité [articles 101 et 102 TFUE]. Dans le cadre de l'application de l'article 86 du traité, la définition adéquate du marché en cause est une condition nécessaire et préalable au jugement porté sur un comportement prétendument anticoncurrentiel. En effet, avant d'établir l'existence d'un abus de position dominante, il faut établir l'existence d'une position dominante sur un marché donné, ce qui suppose que celui-ci ait été préalablement délimité. En revanche, dans le cadre de l'application de l'article 85 du traité (101 TFUE), c'est pour déterminer si l'accord, la décision d'entreprise ou la pratique concertée est susceptible d'affecter le commerce entre États membres et a pour objet d'empêcher, de restreindre ou de fausser le jeu de la concurrence à l'intérieur du marché commun qu'il faut, le cas échéant, définir le marché en cause* ».

En effet, effectuer les études économiques nécessaires pour définir le marché de référence peut être long et coûteux, « *de sorte que l'on peut être tenté de s'en passer quand l'atteinte portée à la concurrence paraît pouvoir être constatée sans procéder à une délimitation du marché* ».

3. *Définitions*

Définitions

• Le marché de produits en cause
Il comprend « *tous les produits et/ou services que le consommateur considère comme interchangeables ou substituables en raison de leurs caractéristiques, de leur prix et de l'usage auquel ils sont destinés* ».

• Le marché géographique
Il comprend « *le territoire sur lequel les entreprises concernées sont engagées dans l'offre des biens et des services en cause, sur lequel les conditions de concurrence sont suffisamment homogènes et qui peut être distingué de zones géographiques voisines parce que, en particulier, les conditions de concurrence y diffèrent de manière appréciable* ».

Dans d'autres contextes que le droit de la concurrence, les entreprises emploient le mot « marché » pour désigner le territoire à l'intérieur duquel elles vendent leurs produits, ou l'industrie ou le secteur dont elles relèvent.
De manière générale, plus une définition est stricte, plus une position dominante peut être facilement présumée.

B - Le marché des produits

Plusieurs critères sont utilisés afin de définir le marché des produits.

1. *La substituabilité*

Définitions

• **Substituabilité**

« *Mesure dans laquelle les produits peuvent être considérés comme interchangeables du point de vue des producteurs ou des consommateurs. Si ces derniers peuvent acheter un autre produit qu'ils jugent équivalent par sa nature, son utilisation et/ou son prix (substitution du côté de la demande), cette possibilité a pour effet de discipliner l'entreprise au niveau des prix qu'elle pratique pour un produit donné. Une contrainte concurrentielle supplémentaire peut découler de la capacité des producteurs d'autres produits à adapter à brève échéance leur production au produit en question à moindre coût et de leur souhait d'entrer en concurrence sur le segment de marché concerné (substitution du côté de l'offre)* ».

• **Substituabilité du côté de la demande** (= du côté des clients)

La Commission souligne que, dans ce cas, il s'agit de savoir si, suite à une variation légère mais constante du prix courant (de 5 à 10 %), les clients du produit en cause ont la possibilité d'accéder de façon immédiate et efficace à un produit similaire.

Il s'agit d'un élément très important pour la définition du marché : une entreprise ou un groupe d'entreprises ne peut pas avoir une influence déterminante sur les conditions de vente existantes (par exemple, les prix), si sa clientèle est en mesure de se tourner sans difficulté vers des produits de substitution ou vers des fournisseurs implantés ailleurs.

L'exemple suivant est cité par la Commission.

EXEMPLE Nous sommes en présence d'une opération de concentration entre des embouteilleurs de boissons sans alcool. « *L'une des questions à se poser dans un tel cas est de savoir si différents arômes de boissons sans alcool appartiennent à un seul et même marché. En pratique, il faut se demander si les consommateurs de l'arôme A se tourneraient vers d'autres arômes si celui qu'ils consomment habituellement subissait une hausse de prix à caractère permanent de 5 à 10 %. Si le nombre de consommateurs reportant leur demande sur l'arôme B, par exemple, était suffisant pour rendre l'augmentation du prix de l'arôme A non rentable compte tenu du recul des ventes qui serait alors enregistré sur ce produit, le marché comprendrait au moins les arômes A et B. Le test devrait être ultérieurement élargi aux autres arômes disponibles jusqu'à ce que l'on trouve un ensemble de produits avec lequel une hausse de prix n'entraînerait pas de substitution suffisante au niveau de la demande* ».

Définition

• **Substituabilité du côté de l'offre** (= du côté des fournisseurs)

La Commission souligne que, dans ce cas, il s'agit de vérifier si d'autres fournisseurs ont la possibilité de réorienter de façon immédiate et efficace leur production et leur commercialisation sur le marché en cause.

L'exemple suivant est cité par la Commission.

EXEMPLE Nous sommes en présence du secteur du papier. « *On trouve généralement sur le marché toute une gamme de qualités de papier, depuis le papier d'impression standard jusqu'au papier de qualité supérieure utilisé, entre autres, pour les livres d'art.*

Du point de vue de la demande, on n'utilise pas indifféremment ces différentes qualités de papier ; on n'imprime pas un livre d'art, par exemple, ou un ouvrage de luxe en utilisant un papier de qualité médiocre. Les papeteries peuvent pourtant fabriquer différentes qualités de papier et la production peut être adaptée à court terme et moyennant de très faibles coûts d'adaptation. En l'absence de difficultés particulières au stade de la distribution, les entreprises papetières peuvent donc se faire concurrence pour les commandes de diverses qualités de papier, notamment si ces commandes sont passées suffisamment à l'avance pour permettre de modifier les plans de production. Dans ces circonstances, la Commission ne définirait pas un marché distinct pour chaque qualité de papier et chacun de ses usages. Les diverses qualités sont regroupées dans un même marché en cause et leurs ventes sont cumulées afin d'évaluer l'importance du marché total, en valeur et en volume ».

L'offre peut être influencée par :
– le nombre des concurrents ;
– le marché ;
– la réaction concurrentielle aux variations de prix ;
– les stratégies potentielles adoptées.

Définition

• **Marché concurrentiel** (suivant le critère de la substituabilité)
Un marché est concurrentiel si le client a la possibilité de choisir entre une gamme plus ou moins vaste de produits ayant des caractéristiques similaires et si le fournisseur ne rencontre pas d'entraves à la fourniture de produits ou de services sur un marché donné.

• **La théorie de l'élasticité croisée**
L'analyse économique intervient avant l'analyse juridique. Dans le cadre de celle-ci, on se réfère à la théorie de l'élasticité croisée. L'élasticité croisée vise à savoir comment la consommation d'un bien réagit aux variations du prix d'un autre bien. Cette étude permet de savoir si ces biens sont indépendants, substituables ou complémentaires.

EXEMPLE Si la consommation de deux biens, X et Y, est indépendante, la variation du prix de l'un n'aura pas d'incidences sur la consommation de l'autre.
Si X et Y sont substituables, ils peuvent se remplacer l'un l'autre pour répondre aux mêmes besoins. Par conséquent, l'augmentation du prix de X impliquera une augmentation de la demande de Y.
Si X et Y sont complémentaires (ex. : une voiture et de l'essence), l'augmentation du prix de l'un impliquera une baisse de la demande de l'autre (leur consommation vont de paire).

C'est pourquoi, il faut examiner s'il y a des produits substituables. Si de tels produits existent, les risques d'abus de position dominante sont plus faibles que s'ils n'existent pas.
Exemple de produits substituables : le prix du beurre s'accroît et, par conséquent, la quantité de la margarine s'accroît. Le beurre et la margarine sont des produits substituables.
Certains facteurs jouent sur l'élasticité :
– le nombre de substituts (plus il y a des substituts, plus il y aura d'élasticité) ;
– l'importance que le produit revêt aux yeux des consommateurs (plus le produit est important, moins il y aura d'élasticité) ;
– le type du produit (est-ce qu'il s'agit d'un produit intermédiaire ou non ?) ;

– si le produit est sensible au pouvoir d'achat ;
– l'utilisation du produit ;
– la durée de vie du produit ;
– le délai de réaction du consommateur ;
– les raisons techniques.

EXEMPLE Dans l'affaire Tetra Pak de 1988, la Commission a minutieusement et longuement étudié l'élasticité croisée de la demande entre différents types de conditionnement du lait et les machines qui y sont associées. Elle a considéré que l'absence de sensibilité au niveau des prix permettait aux producteurs d'agir en toute indépendance. C'est-à-dire, une augmentation du prix de ces conditionnements ou des machines n'aurait pas provoqué une baisse significative de la demande pour ces produits. Elle en a déduit que l'élasticité des prix était étroitement et logiquement liée à l'existence d'une position dominante. Deux raisons, selon la Commission, ont contribué à la faible élasticité croisée de la demande : « *en premier lieu, les conditionnements et les machines qui y étaient associées ne représentaient qu'une faible part du prix du lait. Toute variation des prix relatifs à ces conditionnements ou aux machines n'aurait pas entraîné de modifications appréciables du prix de vente au consommateur. La Commission a mentionné, à titre d'exemple, que même des variations significatives des prix de ces conditionnements (+ ou – 10 %) n'auraient entraîné qu'une faible répercussion sur le prix de vente au consommateur (+ ou – 1 %). En second lieu, les différents types de lait et leurs conditionnements n'étaient pas considérés par les consommateurs comme parfaitement interchangeables. Chaque type de lait a un goût et des propriétés de conservation différents, et est associé à certains types de conditionnement* ».

Définition

• Les « **chaînes de substitution** »
Le concept de « *chaînes de substitution* » est examiné par la Commission pour définir un marché en cause dans lequel les produits ou les territoires situés aux limites du marché ne sont pas directement substituables.

EXEMPLE La Commission cite la dimension géographique d'un produit dont les coûts de transport sont très élevés. « *Dans de tels cas, les livraisons au départ d'une usine donnée sont limitées à un certain périmètre autour de cette usine du fait de l'impact des coûts de transports. En principe, ce périmètre pourrait constituer le marché géographique en cause. Toutefois, si la répartition des usines est telle qu'il existe d'importants chevauchements entre les périmètres autour de chaque usine, il est possible qu'un effet de substitution en chaîne influe sur les prix pratiqués pour ces produits et que le marché géographique à retenir soit plus étendu. Le même raisonnement vaut si un produit B est un substitut, du côté de la demande, des produits A et C. Même si ces deux derniers ne sont pas directement substituables l'un à l'autre au niveau de la demande, ils peuvent se trouver classés dans le même marché de produits en cause parce que l'existence du produit de substitution B influe sur leurs prix respectifs* ».

2. *L'utilisation des critères par la Cour pour définir le marché des produits*

L'affaire Continental Can (CJUE, 21 février 1973, *aff.* 6/72, *Rec.*, p. 215) a pleinement consacré la notion de substituabilité. Continental Can était producteur d'emballages métalliques et le premier marché en cause était donc celui des emballages métalliques. La Commission et la Cour ont cherché de constater s'il n'y avait pas une substituabilité entre ces produits et les emballages plastiques. La décision d'un acheteur de reporter ses commandes sur un autre vendeur dépend de la possibilité de substitution que le produit ou le service de l'autre vendeur lui offre. Par conséquent, il faut regrouper l'offre et la demande de tous les produits et services interchangeables dans un même ensemble, le marché en cause.

Dans cette affaire, la Cour donne raison à l'entreprise contre la Commission : la Commission avait défini trop étroitement le marché considéré du côté du produit, sous-estimant ainsi la concurrence existant grâce aux produits substituables.

Pour vérifier si les produits sont substituables, la Cour nous donne trois critères : les **propriétés du produit**, les **prix** et l'**usage** ou l'utilité. Pour que les produits en cause puissent être considérés comme constituant un marché distinct, ils doivent s'individualiser.

a. Concernant les propriétés du produit

EXEMPLE Dans l'arrêt United Brands (CJUE, 14 février 1978, United Brands c/ Commission, *aff.* 27/76) concernant le marché de la banane, la société United Brands Company (UBS) conteste l'analyse faite par la Commission du marché en cause. La Commission a émis une décision constatant que UBS avait enfreint les règles de la concurrence (abus de position dominante) de la manière suivante : en obligeant ses mûrisseurs-distributeurs établis en Allemagne, au Danemark, en Irlande et aux Pays-Bas à ne pas revendre les bananes d'UBC à l'état vert ou en appliquant pour ses ventes de bananes Chiquita à l'égard de ses partenaires commerciaux des prix inégaux à des prestations équivalentes, etc.

La Cour attire l'attention sur le fait que :

> *« … en ce qui concerne le marché de produit, il y a lieu d'abord de rechercher si… les bananes font partie intégrante du marché des fruits frais, parce qu'elles seraient raisonnablement interchangeables pour les consommateurs avec d'autres variétés de fruits frais, tels que les pommes, les oranges, le raisin, les pêches, les fraises, etc., ou si le marché en cause serait exclusivement celui de la banane, qui comprendrait tant les bananes de marque que les bananes non pourvues de label et constituerait un marché suffisamment homogène et distinct de celui des autres fruits frais ».*

Elle ajoute que :

> *« la banane pour être considérée comme constituant l'objet d'un marché suffisamment distinct doit pouvoir être individualisée par ses caractéristiques particulières la différenciant des autres fruits frais au point qu'elle soit peu interchangeable avec eux et ne subisse leur concurrence que d'une manière peu sensible ».*

Nous ajoutons quelques extraits de l'arrêt de la Cour qui entreprend une longue analyse du produit :

> *« […] La maturation de la banane se produit tout le long de l'année sans considération de saison […] Sa production est toute l'année supérieure à la demande et peut à tout moment la satisfaire […] Cette caractéristique en fait un fruit privilégié dont la production et la commercialisation peuvent s'adapter aux fluctuations saisonnières connues et mesurables des autres fruits frais[…] Il résulte des études sur le marché de la banane versées au dossier que celui-ci ne comporte pas d'élasticité croisée significative à long terme, pas plus […] de substituabilité saisonnière de façon généralisée entre la banane et tous les fruits saisonniers, mais seulement entre elle et deux fruits (pêche et raisin de table) et dans un pays (Allemagne) du marché géographique en cause ; […]En ce qui concerne les deux fruits disponibles toute l'année (orange et pomme), il n'existe pas d'interchangeabilité pour le premier et seulement une substituabilité relative pour le second ; […] Ce très faible degré de substituabilité est dû aux caractéristiques spécifiques de la banane et à tous les facteurs influençant le choix du consommateur ; […] La banane a une apparence, un goût, une consistance moelleuse, une absence de pépins, un maniement facile, un niveau permanent de production qui lui permettent de satisfaire les besoins constants d'une catégorie importante de la population composée d'enfants, de personnes âgées et de malades ; […] Il résulte qu'une grande masse de consommateurs qui a un besoin constant de bananes n'est pas détournée d'une manière caractérisée et même sensible de la consommation de ce produit par l'arrivée sur le marché d'autres fruits frais et que même les pointes saisonnières ne l'affectent que d'une manière modérée dans le temps et très limitée au point de vue de la substituabilité ; […] ».*

b. Concernant les prix

• Le fait qu'un produit puisse techniquement être substitué à un autre ne suffit pas à le rattacher au même marché si des considérations économiques rendent la substitution peu intéressante.

EXEMPLE « *Tel est le cas lorsque le prix d'un produit, comme le verre en cristal, est beaucoup plus élevé que celui d'un autre pouvant être employé pour le même usage (un gobelet en plastique). Tel est aussi le cas lorsque le prix d'un composant (carton pour l'emballage du lait) ne représente qu'un pourcentage minime du prix du produit complexe vendu sur le marché et que ce produit ne subit qu'une concurrence limitée d'autres produits* » (affaire Tetra Pak).

• De la même manière, si un fabricant a besoin de délais et est obligé de recourir à des investissements considérables pour adapter ses installations à la fabrication de produits concurrents, il ne doit pas être considéré comme faisant partie du marché de référence.

EXEMPLES « *Dans l'affaire Michelin (CJUE, 9 novembre 1983,* aff. *322/81,* Rec., *p. 3461), les pneus de voitures de tourisme ont été exclus du marché des véhicules lourds pour des motifs de cet ordre* ».

« *Dans l'affaire Tetra Pak, la Commission a considéré que les marchés des machines de conditionnement en cartons du lait frais et du lait UHT devaient être différenciés. Elle a souligné que l'accès à la technologie et au savoir-faire nécessaires pour construire des machines de conditionnement du lait frais ne permettait pas de pénétrer le marché de conditionnement du lait UHT dont la technologie est particulièrement difficile à maîtriser et qui est partiellement couverte par des brevets. L'existence de barrières à l'entrée de ce marché avait été démontrée par les efforts longs et coûteux déployés par les autres entreprises en vue de développer des produits acceptables* ».

c. Concernant l'usage du produit

• Il arrive également que le même produit offert par le même fournisseur soit vendu sur des marchés différents.

EXEMPLE Dans l'affaire Delimitis (CJUE, 28 février 1991, Delimitis c/ Henninger Bräu), la Cour distingue le marché de la distribution de la bière dans les débits de boissons de celui de la vente dans le commerce de détail.

• Le même produit peut entrer dans deux catégories distinctes de marchés en raison de leur usage spécifique.

EXEMPLE Les pièces détachées peuvent conduire à la définition d'un marché spécifique, en dépit de leur substituabilité avec des pièces assemblées, parce que les conditions de fonctionnement de la concurrence sont différentes. La Cour a jugé que la fourniture de pièces de rechange pour caisses enregistreuses constitue un marché spécifique, distinct du marché des caisses elles-mêmes. En effet, les caisses enregistreuses sont d'un caractère technique tel que l'utilisateur ne peut pas lui-même monter les pièces de rechange sur l'appareil, mais fait appel aux services de techniciens spécialisés dans l'entretien de ces caisses. D'autre part, la valeur des pièces de rechange est peu importante par rapport aux coûts d'entretien et de réparation. Dans ces circonstances, les utilisateurs de caisses enregistreuses n'interviennent pas sur le marché comme acheteurs de pièces de rechange. Seules les entreprises spécialisées dans l'entretien et la réparation interviennent sur ce marché. « *Le fait qu'une entreprise soit exposée à la concurrence sur le marché des caisses ne l'empêche donc pas de détenir une position dominante sur le marché distinct des pièces de rechange destinées à être utilisées pour l'entretien et la réparation de ses caisses* » (CJUE, 31 mai 1979, Hugin).

Des produits avec une composition physique semblable peuvent donc relever de marchés différents en raison de leur utilisation.

EXEMPLE La Commission a considéré (décision Napier-Brown c/ British Sugar, 18 juillet 1988) que « *les sucres spéciaux, les sucres liquides et les sirops ne répondent pas aux mêmes besoins que les sucres cristallisés et ne font donc pas partie du même marché du fait qu'ils ne sont pas substituables pour le consommateur. Les substituts de sucre produits industriellement, tels que la saccharine, les cyclamates ou l'aspartame ne concurrencent le sucre naturel que pour un petit nombre d'usages, tels que les produits diététiques, et ne font donc pas non plus partie du même marché* ».

• Une difficulté supplémentaire existe quand les produits sont partiellement substituables.
Dans l'affaire Hoffmann La Roche (CJUE, 13 février 1979, *Rec.*, p. 461), la Cour s'est confrontée à la situation suivante : Hoffmann Laroche était un producteur de vitamines à usage pharmaceutique humain, vétérinaire et phytosanitaire. Ces trois marchés distincts constituaient-ils un marché unique alors que les produits étaient partiellement substituables ?
La Cour souligne :

> « *… lorsqu'un produit est susceptible d'être utilisé à des fins diverses et lorsque ces différents usages répondent à des besoins économiques, eux aussi différents, il y a lieu d'admettre que ce*

> *produit peut appartenir, selon le cas, à des marchés distincts, présentant éventuellement, tant du point de vue de la structure que des conditions de concurrence, des caractéristiques différentes ; cette constatation ne justifie cependant pas la conclusion qu'un tel produit constitue un seul et même marché avec tous les autres qui, dans les différents usages auxquels il peut être affecté, peuvent lui être substitués et avec lesquels il entre, suivant le cas, en concurrence ;*
> *la notion de marché concerné (relevant market) implique, en effet, qu'une concurrence effective puisse exister entre les produits qui en font partie, ce qui suppose un degré suffisant d'interchangeabilité en vue du même usage entre tous les produits faisant partie d'un même marché ; pareille interchangeabilité n'existait pas, en tout cas à l'époque considérée, entre l'ensemble des vitamines de chacun des groupes C et E, et l'ensemble des produits qui, selon le cas, peuvent être substitués à l'un ou l'autre de ces groupes de vitamines dans des usages technologiques, eux aussi fort diversifiés...* ».

En effet, la substituabilité entre les produits doit être intense.

d. L'introduction de plusieurs paramètres est possible et souvent nécessaire

EXEMPLE La Commission a condamné une entente de prix entre les filiales néerlandaises de producteurs de gaz à usage industriel et médical (Décision de la Commission 2003/207/CE, 24 juillet 2002, Gaz industriels et médicaux, *JOUE*, n° L 84). Cette entente, limitée au marché des gaz industriels et médicaux aux Pays-Bas, porte sur des augmentations de prix, des périodes de suspension de la concurrence, la fixation de prix minima ainsi que différentes autres conditions commerciales, comme les frais de transport des bouteilles ou leur location, les frais pour les livraisons en vrac. « *Comme toujours, la partie relative à la description des marchés présente un intérêt certain. La délimitation des marchés dans ce secteur nécessite l'introduction de* ***plusieurs paramètres*** *: non seulement, la nature du gaz dont l'utilisation est variable, mais également le mode de transport, qui est lié aux quantités. La Commission distingue les ventes "grande masse", la livraison en vrac, la livraison en bouteilles. Seuls ces deux derniers marchés sont concernés* ».

Dans la décision du 22 janvier 1997 relative à la concentration Coca-Cola/Amalgamated Beverages GB, la Commission a estimé que les boissons gazeuses non alcoolisées doivent être distinguées des autres types de boissons (jus de fruits, produits laitiers, eaux, etc.) en raison de leurs caractéristiques (goût sucré et composition effervescente), de leur prix, de leur structure de consommation et de l'usage auquel elles sont destinées.

e. Une entreprise peut exploiter abusivement sa position dominante sur un marché distinct du marché dominé

Peu importe que les pratiques abusives produisent leurs effets sur un marché autre que le marché dominé. Il n'est pas nécessaire que l'entreprise qui abuse de sa position dominante et l'entreprise victime de ses abus soient présentes sur un même marché.

Ainsi, l'usage par une entreprise de sa position dominante sur un marché donné pour éliminer la concurrence sur un **marché voisin** est également prohibé, étant précisé qu'un abus de position dominante sur le marché des matières premières peut avoir des répercussions restrictives sur la concurrence dans le marché où s'écoulent les produits dérivés qui sont à prendre en considération dans l'appréciation des effets de l'infraction même si le marché des dérivés ne constitue pas un marché (CJUE, 6 mars 1974, ICI-CSC, *aff. jointes* 6 et 7/73, *Rec.*, p. 223).

EXEMPLE L'entreprise Tetra Pak détient une position dominante sur le marché des emballages aseptisés (Tribunal, 6 octobre 1994, Tetra Pak International SA c/ Commission, *aff.* T-83/91, *Rec.*, II-762). Toutefois, du fait des liens de connexité unissant les marchés d'emballages aseptisés et non aseptisés, un abus de position dominante est envisagé à l'égard de Tetra Pak en ce qui concerne le marché des emballages non aseptisés. Les liens de connexité sont justifiés par la base des emballages que constitue le carton, par les machines employées, par le comportement des producteurs et des utilisateurs. Le Tribunal souligne :

> « *La détention par Tetra Pak de près de 90 % des marchés dans le secteur aseptique [fait] d'elle, pour les entreprises produisant à la fois des liquides alimentaires frais et longue conservation, non seulement un fournisseur obligé de systèmes aseptiques, mais également un fournisseur privilégié de systèmes aseptiques. En outre, grâce à son avance technologique et à son quasi-monopole dans le secteur aseptique, Tetra Pak était en mesure de concentrer ses efforts, en matière de concurrence, sur les marchés voisins non aseptiques, où elle était déjà bien implantée, sans craindre de ripostes dans le secteur aseptique, ce qui lui permettait de bénéficier d'une indépendance de comportement à l'égard des autres opérateurs économiques présents sur les marchés non aseptiques, de nature à justifier sa responsabilité particulière, au titre de l'article 86, dans le maintien d'une concurrence effective et non faussée sur ces marchés* ».

f. Un contrôle précis et détaillé

Dans les arrêts Lagnese et Schöller (Tribunal, 8 juin 1995, *aff.* T-7/93 et 9/93), le Tribunal examine des questions des contrats d'approvisionnement exclusif. La Commission délimite le marché des produits, à savoir les glaces industrielles en conditionnement individuel offertes par tous les canaux de distribution, à l'exception des ventes à domicile. Elle isole les glaces de consommation proposées en tant que partie d'un service de restauration, les « multipack », les glaces en conditionnement familial et les glaces en conditionnement individuel livrées par les services de vente à domicile. La Commission exclut également les glaces artisanales et les glaces dites « scooping », c'est-à-dire détaillées par portion. En revanche, les deux entreprises considèrent que la Commission a retenu une délimitation du marché de référence trop étroite et que le marché comprend toutes les glaces de consommation produites de manière industrielle ou artisanale.
Le Tribunal rappelle que :

> « *la délimitation du marché est essentielle pour analyser les effets d'un contrat d'exclusivité* ».

Il se réfère à tous les grands arrêts de la Cour sur la délimitation du marché et confirme que :

> « *Il convient de prendre en considération le point de vue du consommateur pour apprécier si les produits sont ou non interchangeables[...] l'on ne saurait se limiter à l'examen des seules caractéristiques objectives des produits en cause, puisqu'il faut également tenir compte des conditions de la concurrence et de la structure de la demande et de l'offre sur le marché* ».

Par la suite, le Tribunal se livre à un **contrôle précis de la délimitation du marché**. Il approuve la Commission « *d'avoir exclu les glaces proposées en tant que service de restauration, les glaces stockées dans les congélateurs à domicile et les glaces vendues en "multipacks". Il s'interroge sur "l'exclusion des glaces artisanales et des glaces industrielles en conditionnement pour gros consommateurs destinées à être débitées en portions individuelles". Cette dernière exclusion ne lui semble pas s'imposer* ».
Si l'on s'interroge sur les conséquences de cette erreur, le Tribunal considère que la décision de ne pas inclure les glaces « scooping » dans le marché de référence n'a pas modifié de manière substantielle l'appréciation des effets des accords litigieux sur le jeu de la concurrence. Elle n'a pas modifié l'appréciation en particulier sur la question centrale de l'accès au marché.

g. La multiplicité des critères utilisés dans l'analyse du marché pertinent fait varier l'appréciation des autorités communautaires

• L'appréciation du côté du producteur.
Dans l'affaire Continental Can (précité), la CJUE se place du côté du producteur et déclare que :

> *« la détention d'une position dominante sur le marché des emballages légers [...] ne saurait être décisive tant qu'il n'a pas été démontré que les concurrents dans d'autres marchés du secteur des emballages métalliques légers ne peuvent pas, par une simple adaptation, se présenter sur ce marché avec une force suffisante pour constituer un contrepoids sérieux ».*

• L'appréciation du côté de l'utilisateur.
Dans l'affaire Nestlé/Perrier (décision de la Commission, 22 juillet 1992, *JOUE*, L 356-1), la Commission se place du côté de l'utilisateur et souligne que :

> *« les boissons rafraîchissantes non alcoolisées ne font pas partie du marché des eaux plates et gazeuses embouteillées »*

au motif que les enquêtes effectués auprès des consommateurs montrent que les autres boissons répondent à un besoin différent.
Dans cette affaire, la Commission européenne a délimité un marché spécifique des eaux de source embouteillées, plates, gazeuses ou aromatisées, en se fondant notamment sur les motivations des consommateurs qui les associaient avec les notions de pureté, de propreté, de santé, sur les caractéristiques de leur composition, sur leur prix et sur le fait qu'elles sont achetées régulièrement pour un usage quotidien en grande quantité afin de satisfaire un besoin alimentaire fondamental.

• Quelle direction pour demain ?
Les critiques faites sur l'analyse du marché reprochent aux autorités communautaires l'absence de cohérence sur les critères utilisés. Il est vrai que la **multiplicité des critères** utilisés peut conduire à une détermination du marché variable selon les faits de l'affaire.

EXEMPLE Dans l'affaire Continental Can, la Commission a distingué trois sous-marchés au sein du marché des emballages alimentaires, un pour chaque desti-

nation. La Cour l'a sanctionnée. Elle a considéré qu'il n'existe qu'un seul marché des emballages, quelle que soit la destination du produit.
À l'inverse, dans l'affaire Tetra Pak, « *toujours en matière d'emballages alimentaires, la Commission et le Tribunal ont distingué, au sein du marché des systèmes de conditionnement, quatre sous-marchés* ». Ce sont quatre marchés de produits qui ont été retenus parmi lesquels les marchés aseptiques portant sur les machines de conditionnement et les cartons et les marchés non aseptiques portant sur les mêmes produits.

Après avoir démontré l'intérêt et les difficultés de la détermination du marché des produits, nous nous attacherons à l'étude du marché géographique.

C - Le marché géographique

Seules les entreprises qui opèrent aussi sur un même marché géographique peuvent être concurrents. Il faut rappeler que l'intérêt de l'autorité qui poursuit est de délimiter le marché le plus étroitement possible, car il sera alors facile de prouver l'existence d'une restriction de concurrence.

a. Les caractéristiques de l'offre et de la demande
Les décisions de la Commission tiennent en compte des **caractéristiques de l'offre et de la demande** afin de délimiter le marché géographique. Référence est faite, par conséquent, aux éléments suivants : répartition géographique des parts de marché et des prix relatifs, implantation géographique des principaux fournisseurs, modes de transport, importations et exportations transfrontalières, barrières à l'entrée (d'ordre fiscal, technique, réglementaire ou culturel), préférences des consommateurs, coûts de transport, systèmes de distribution, différenciation des produits (marques) et impact des changements prévisibles, notamment sur les plans technique et réglementaire.

b. Les marchés nationaux
Dans les affaires examinées au cours de la période de référence, la Commission ne retient le plus souvent que des **marchés nationaux**. Ce résultat est dû à des facteurs tels que les conditions objectives de concurrence, les contraintes législatives et réglementaires, etc.

EXEMPLE Une entreprise de presse détient une part très importante du marché des quotidiens dans un État membre et exploite l'unique système de portage à domicile de journaux à l'échelle nationale existant dans cet État membre. Elle refuse, contre une rémunération appropriée, l'accès au système à l'éditeur d'un quotidien concurrent qui, en raison de la faiblesse de tirage de celui-ci, ne se trouve pas en mesure de créer et d'exploiter, dans des conditions économiques raisonnables, seul ou en collaboration avec d'autres éditeurs, son propre système de portage à domicile. Ce comportement ne constitue pas, selon la Cour de justice, un abus de position dominante au sens de l'article 102 TFUE (CJUE, 26 novembre 1998, Oscar Bronner GmbH Co. K et autres, *aff.* C-7/97, *Rec.*, p. 7791).

c. Une partie substantielle du marché commun
Selon les règles de la concurrence européennes, le marché géographique en cause constitue une **partie substantielle du marché commun**. La plupart des affaires concernant l'application de l'article 102 TFUE démontrent qu'un

marché de référence qui comprend le territoire d'au moins un État membre constitue quasi automatiquement une partie substantielle du marché commun. Même une région d'un État membre peut constituer une partie substantielle du marché commun. Dans l'exemple qui suit, la Cour considère que le territoire belgo-luxembourgeois et la partie méridionale de l'Allemagne sont une partie substantielle du marché commun.

EXEMPLE Dans l'affaire Industrie européenne du sucre (CJUE, 16 décembre 1975, Suiker Unie et autres c/ Commission, *aff.* 40 à 48, 50, 54 à 56, 111, 113 et 114/73, *Rec.*, p. 1663), la Cour affirme :

> *« en vue d'établir si un territoire déterminé revêt une importance suffisante pour constituer "une partie substantielle du marché commun" au sens de l'article 86 du traité [102 TFUE], il faut prendre en considération, notamment, la structure et le volume de la production et de la consommation dudit produit, ainsi que les habitudes et les possibilités économiques des vendeurs et des acheteurs ».*

Dans l'affaire United Brands (CJUE, 14 février 1978, *aff.* 27/76, *Rec.*, p. 216), la Cour affirme la nécessité d'examiner les possibilités de concurrence

> *« par référence à une zone géographique définie dans laquelle [le produit en cause] est commercialisé et où les conditions de concurrence sont suffisamment homogènes pour pouvoir apprécier le jeu de la puissance économique de l'entreprise intéressée ».*

Dans la même affaire, la Cour constate que dans le marché de la banane il y a au moins deux marché distincts : le marché de l'Europe du Nord-Ouest (Benelux, Allemagne) et celui de l'Europe du Sud (France, Italie).

> *« […] l'organisation nationale de ces trois marchés [Royaume-Uni, France, Italie] a pour conséquence que les bananes de la requérante ne sont pas à égalité de concurrence avec les autres bananes vendues dans ces États, bénéficiaires d'un régime préférentiel, et que c'est à juste titre que ces trois marchés nationaux ont été exclus par la Commission du marché géographique considéré.*
> *[…] en revanche, les six autres États [Danemark, Allemagne, Irlande, Pays-Bas, Belgique, Luxembourg] constituent des marchés entièrement libres, bien qu'assujettis à des dispositions tarifaires distinctes et à des coûts de transport nécessairement différents, mais non discriminatoires, et dans lesquels les conditions de concurrence sont similaires pour tous.*
> *[…] ces six États constituent, sous l'angle de la possibilité d'exercice de la libre concurrence, un tout suffisamment homogène pour être considéré globalement ».*

d. L'intérêt des habitudes et des caractéristiques du produit

Les critères géographiques peuvent découler d'**habitudes commerciales** ou de celles des consommateurs, mais également de **caractéristiques propres au produit**.

EXEMPLE Le ciment est un produit pondéreux. « *Plus un produit est pondéreux […] plus le marché géographique sera restreint en raison des coûts de transport et de commercialisation à croissance proportionnelle à la distance* ».

Dans l'affaire AAMS (Tribunal, 22 novembre 2001), les requérantes soutenaient que :

> « *les habitudes différentes des consommateurs liées à des traditions, des goûts et des usages nationaux constitueraient un phénomène relativement généralisé et ne seraient pas une caractéristique des produits du tabac* ».

Le Tribunal a voulu déterminer l'étendue d'un marché géographique relatif à la distribution de tabac. À l'encontre des requérantes, il a estimé que l'existence de **préférences propres aux consommateurs** italiens constituait l'un des indices de détermination du marché géographique.
On doit donc tenir compte des habitudes des consommateurs, de leur préférence pour des produits nationaux, la mode ou les traditions.
Dans les arrêts Lagnese et Schöller (Tribunal, 8 juin 1995, *aff.* T-7/93 et 9/93), les sociétés requérantes contestent la délimitation géographique du marché. Elles reprochent à la Commission d'avoir raisonné par rapport au seul marché allemand, tandis qu'elles opèrent également sur de nombreux autres marchés. Le Tribunal relève que la distribution des glaces industrielles est toujours assurée au niveau national et les caractéristiques nationales se reflètent dans les différences de structure de marché, d'assortiment et de prix. En plus, les requérantes n'avaient pas contesté la pertinence d'une délimitation du marché géographique limitée au marché allemand.

e. Quelques difficultés

La difficulté de déterminer le marché géographique des produits est évidente dans l'affaire des « treillis soudés » (Tribunal, 6 avril 1995, Trefileurope, *aff.* T-141/89). Trois marchés différents sont retenus par la Commission : le marché français, le marché allemand et celui du Benelux. En effet, les caractéristiques de chaque marché sont différentes tant du point de vue économique que juridique (en raison des divergences des normes en présence). La société requérante conteste la délimitation du marché faite par la Commission. Pour elle, le vrai marché du treillis soudé est un marché régional, éventuellement transfrontalier, la zone naturelle se situant dans un rayon de 150 km autour du point de vente. Si c'est le cas, la concurrence ne s'exerce pas à l'échelle des marchés nationaux.
La Tribunal donne raison à la Commission mais la réflexion reste confuse. La délimitation du marché géographique n'est pas sans poser des problèmes. En l'occurrence, le Tribunal souligne que :

> « *le fait que la concurrence s'exerce essentiellement dans différentes zones frontalières implique nécessairement que le marché national est affecté dans la zone naturelle de vente* ».

Il en déduit que :

> « *le fait que cette zone n'occupe qu'une partie géographique du territoire d'un État membre n'exclut pas que le marché national dans son ensemble soit affecté* ».

Des auteurs désapprouvent l'analyse du Tribunal. D'après eux, « *le marché géographique ne doit pas, en effet, servir qu'à délimiter le cadre dans lequel la restriction de concurrence va être appréciée. Il ne peut par conséquent y avoir de restriction de concurrence entre des entreprises qui opèrent sur des marchés géographiques différents* ».

Nous l'avons déjà souligné, les découpages opérés par les autorités concurrentielles ont fait l'objet des plus vives contestations tant de la part des prévenus que de certains commentateurs de cette jurisprudence.

En règle générale, tant pour les marchés de produits que pour les marchés géographiques, la Commission formule ses conclusions en se fondant sur la liste de caractéristiques qu'elle a identifiées. Aucun des facteurs ne saurait, à lui seul, être décisif pour l'analyse. Les facteurs considérés et l'importance qui leur est attribuée varient d'un cas à l'autre.

D - La démarche de la Commission

1. *Les étapes de l'analyse*

a. Schéma simplifié

La Commission établit des critères qui peuvent aider à analyser :
- les comportements des entreprises sur le marché
- les conditions spécifiques au marché en cause

Analyse structurée et flexible au cas par cas

Analyse préliminaire
- La Commission tente de délimiter le **marché des produits** :

Un produit A et un produit B appartiennent-ils ou non au même marché de produits ?
- La Commission tente de délimiter le **marché géographique** :

Quelle est la répartition des parts de marché détenues par les parties en cause et par leurs concurrents, quels sont les prix et les écarts de prix pratiqués ?

Délimitation du marché de produits et du marché géographique

Analyse plus approfondie fondée sur le concept de **substituabilité**
Il y a deux grandes contraintes pour les entreprises. Elles doivent respecter :
- La **substituabilité au niveau de la demande**
- La **substituabilité au niveau de l'offre**

La Commission vérifie comment l'analyse du marché en cause s'intègre dans le cadre du marché communautaire.

Dans un premier point, il nous faut procéder à la délimitation matérielle du marché et mettre, ainsi, l'accent sur la notion de substituabilité ; c'est sur elle que repose l'analyse.

Ensuite, il faut se poser la question de la délimitation du marché géographique.

b. La réaction des parties vis-à-vis de l'analyse

L'exemple qui suit démontre l'analyse de marché effectuée par la Commission et la bataille à laquelle se livrent les concurrents et les différentes parties à l'affaire.

EXEMPLE La décision de la Commission du 2 octobre 1991 déclarant incompatible avec le Marché commun le projet d'acquisition en commun de la filiale canadienne de Boeing, de Havilland, par les groupes français Aérospatiale et italien Alenia.

Les faits de l'affaire concernent l'opération d'une concentration. Cette concentration se présente sous la forme d'une entreprise commune :

• de Havilland serait gérée par une société d'exploitation contrôlée en commun par Aérospatiale et Alenia ;

• les activités d'Aérospatiale et d'Alenia dans les avions de transport régional à turbopropulseurs étaient déjà concentrées dans un Groupement d'intérêt européen depuis 1982.

La Commission regarde le chiffre d'affaires total réalisé sur le plan mondial et dans la Communauté par Aérospatiale, Alenia et de Havilland. Elle définit le marché du transport régional.

En ce qui concerne le **marché de produits** de référence, la Commission y inclut les avions de transport régional à turbopropulseurs. Elle souligne de nouveau que :

« *un marché de produits de référence comprend en particulier tous les produits considérés comme interchangeables par l'utilisateur en raison de leurs caractéristiques, de leurs prix et de l'usage auquel ils sont destinés* ».

D'après l'analyse effectuée par la Commission, il y a trois marchés de produits de référence : avions de 20 à 39 sièges, avions de 40 à 59 sièges et avions de 60 sièges et plus.

Les parties font valoir que le nombre de sièges n'est pas le seul facteur pris en considération par les compagnies aériennes lorsqu'elles doivent choisir un modèle d'avion. D'autres facteurs existent : les caractéristiques techniques et les coûts d'exploitation directs. Par conséquent, les avions de différents segments sont en concurrence directe.

La Commission estime que les parties tirent une conclusion erronée. Les facteurs autres que la capacité en siège ne définissent pas le marché de produits mais déterminent uniquement l'appareil qui convient le mieux à l'intérieur d'un marché de produits donné.

« *Entre les segments définis, il peut y avoir un certain degré de substitution des petits avions par les grands, mais il ne semble pas y avoir de possibilité de remplacement similaire de grands avions par les petits[...] Cette solution ne serait pas rationnelle d'un point de vue économique, étant donné notamment que les compagnies aériennes opèrent avec des marges bénéficiaires très faibles et qu'il en résulterait des pertes substantielles* ».

Pour parvenir à ses conclusions sur la substituabilité ou non des produits, la Commission se livre à des enquêtes détaillées auprès des concurrents mais aussi et surtout des utilisateurs. Elle met ainsi l'accent sur l'**élasticité de la demande**.

En ce qui concerne le **marché géographique**, la Commission remarque que sous l'angle économique, les marchés d'avions de transport régional sont considérés comme des marchés mondiaux. Il existe un degré de pénétration mutuelle important, en particulier entre les marchés de l'Amérique du Nord et de l'Europe. La Commission estime que le marché géographique à prendre en considération est le marché mondial à l'exclusion de la Chine et de l'Europe de l'Est (à cause de différentes normes de certification et des spécifications élevées et coûteuses des constructeurs occidentaux).

Par la suite, la Commission examine la **structure du marché**. Pour cela, elle calcule les parts de marché sur la base des commandes fermes à la date de référence pour chaque type d'avion de transport régional actuellement construit ou développé.

L'analyse de la Commission est approfondie. De ce fait, les concurrents sont obligés de trouver les arguments les plus pertinents et les plus performants afin de mieux défendre leur cause.

Nous verrons par la suite comment la Commission rassemble les **preuves** dont elle a besoin.

2. *Comment la Commission constitue-t-elle les preuves concernant le marché ?*

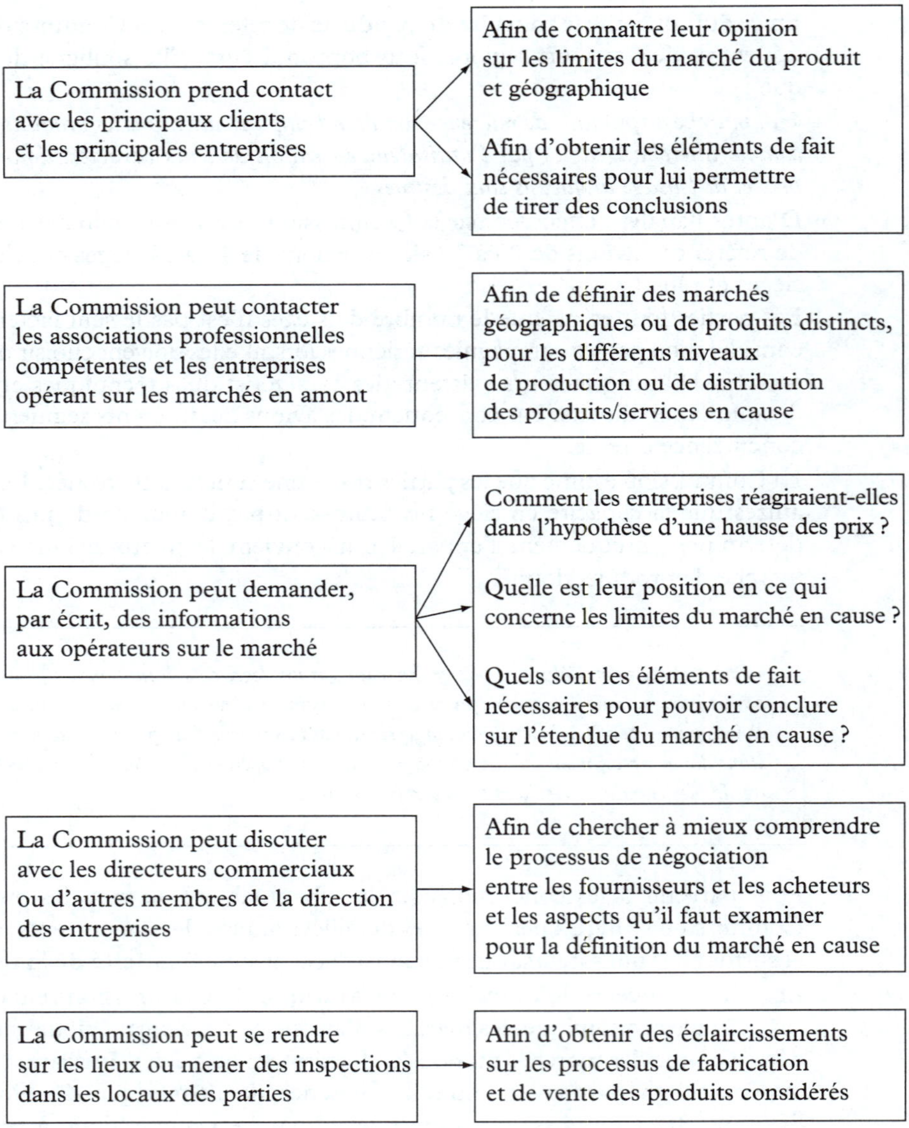

3. *Autres éléments pris en compte pour définir le marché en cause*

Afin de tenir compte des conditions dans lesquelles les entreprises en cause opèrent, la Commission fait une appréciation de la dimension du produit et de la dimension géographique du marché en cause en tenant compte d'une série d'éléments.
Ces éléments, ainsi que les exemples qui suivent, sont contenus dans la Communication de la Commission sur la définition du marché en cause aux fins du droit communautaire de la concurrence :

• le **passé récent**

EXEMPLE Il est possible de tirer des éléments d'information des variations des prix qui se seraient produits récemment sur le marché en termes de substitution entre deux produits ou de réaction de la part des clients.

• les **résultats issus d'études spécifiques**

EXEMPLE Il est possible de vérifier l'élasticité de la demande d'un produit à travers des tests économétriques et statistiques. Il est également utile d'estimer le marché géographique à travers une série de facteurs, tels que la culture ou la langue, ayant une influence sur les préférences du marché local.

• le **point de vue des clients et des concurrents**

EXEMPLE La Commission peut prendre contact avec les principaux clients et les principaux concurrents de l'entreprise en cause, afin de prendre conscience des données factuelles et d'estimer leur réaction en cas de variation du prix courant sur le territoire géographique.

• les **préférences des consommateurs**

EXEMPLE La Commission peut demander aux entreprises en cause les **études de marché** menées par les entreprises avant de lancer un produit sur le marché ou d'en déterminer le prix. Elle peut également confronter les habitudes d'achat des clients sur le marché en cause avec celles d'autres clients sur un marché géographique distinct pourvu que les conditions soient les mêmes.

• les **barrières** (réglementaires ou autres) et les coûts associés à un transfert de la demande vers d'autres produits ou d'autres zones

EXEMPLE La nécessité de réaliser certaines dépenses d'équipement, les investissements à réaliser dans le processus de production, dans la formation et le capital humain, les dépenses encourues pour l'achat d'un nouvel outillage, etc.

• les différentes catégories de clients et les **prix discriminatoires**

EXEMPLE Un groupe de clients déterminé peut constituer à lui seul un marché plus étroit et distinct, lorsqu'il peut faire l'objet de prix discriminatoires.

• le calcul des **parts de marché**
La définition du marché permet entre autres de calculer les parts de marché, qui apportent des informations utiles concernant le pouvoir de marché pour l'appréciation d'un comportement anticoncurrentiel.

Les parts du marché constituent de simples hypothèses de travail. Initialement, nous procédions à une **analyse structurelle du marché** : nous regardions les parts du marché et les barrières à l'entrée (est-ce qu'il faudrait faire des investissements lourds pour y entrer ?). Si le marché était relativement cloisonné, il s'agissait d'un mauvais signe.

Maintenant, il y a d'autres **paramètres ajoutés**. Il faut analyser l'ensemble du problème. Nous ne pouvons pas se limiter aux parts du marché. La notion de « parts de marché » n'est pas un critère déterminant. C'est un critère parmi d'autres.

Souvent, les parts de marché constituent le point de départ de l'appréciation de la position dominante. Cette importance a été soulignée dans l'affaire Hoffmann-La Roche :

> *« l'existence d'une position dominante peut résulter de plusieurs facteurs qui, pris isolément, ne seraient pas nécessairement déterminants, mais […] parmi ces facteurs, l'existence de parts de marché d'une grande ampleur est hautement significative […]. On peut à juste titre estimer que des parts extrêmement importantes constituent par elles-mêmes, et sauf circonstances exceptionnelles, la preuve de l'existence d'une position dominante ».*

Toutefois, la seule part de marché ne suffit pas à caractériser les contraintes que peuvent exercer les concurrents restants. Même de petits concurrents « hors normes » peuvent, en raison de leur esprit d'invention, de leurs ressources et de l'agressivité de leur comportement concurrentiel, limiter la puissance commerciale de la nouvelle entité.

L'exemple suivant montre l'appréciation faite par la Commission et la prise en compte d'un grand nombre des éléments précités.

EXEMPLE Dans l'affaire Nestlé-Perrier (décision de la Commission, 22 juillet 1992), suite à la tentative de prise de pouvoir de Exor, principal actionnaire du groupe Perrier par la société d'investissement de G. Agnelli, IFINT, la banque Indosuez et le groupe Nestlé ont créé une filiale commune, Demilac, pour lancer une OPA sur 100 % des actions du groupe Perrier.

Lors de cette bataille pour la prise de contrôle du fleuron des sources d'eau minérale françaises, de nombreux jeux d'alliance se sont développés. BSN, premier groupe alimentaire français, s'est rallié à Nestlé ; Nestlé a promis à BSN de lui vendre Volvic pour 20 % du prix payé pour l'acquisition de Perrier dans le cas où celle-ci réussirait. D'une part, pour BSN, l'achat de Volvic représentait une opération très fructueuse : cela lui permettrait de tripler ses réserves d'eau minérale et d'augmenter sa part de marché de 21 % (détenue grâce à Évian et Badoit) à 33 %. D'autre part, Nestlé, premier groupe alimentaire mondial et propriétaire de marché des eaux minérales françaises de 14 % au travers des marques Vittel et Hépar, désirait améliorer sa position sur le marché français et européen. C'est à cette fin qu'il désirait contrôler Perrier et qu'il a lancé la contre-offensive face à Agnelli.

Source Perrier SA détient 41 % du marché des eaux minérales françaises. Le 25 février 1992, Nestlé a notifié à la Commission le lancement d'une OPA sur la totalité des actions du groupe Perrier par Demilac. La Commission a déclaré par décision du 25 mars 1992 que cette opération soulevait des doutes sérieux quant à la compatibilité avec le marché commun et a donc engagé une procédure d'analyse approfondie.

Concernant le **marché des produits de référence**, la Commission a identifié le marché de l'eau embouteillée provenant d'une source naturelle. Nestlé invoquait un marché plus large pour camoufler sa position dominante : le marché des boissons rafraîchissantes sans alcool. La Commission a analysé les conditions de l'offre et de la demande de manière précise et a ainsi exclu les boissons rafraîchissantes sans alcool.
Elle a ainsi analysé :
• les motivations des consommateurs dans l'achat d'eau embouteillée provenant d'une source naturelle ;
• les différences dans la composition des produits, leur goût et l'usage prévu ;
• la faible élasticité croisée : une forte augmentation des prix des eaux de source embouteillées ne provoquait pas un déplacement de la demande vers les boissons rafraîchissantes non alcoolisées ;
• l'opinion des détaillants ;
• les conditions de production et de commercialisation ;
• la politique des prix appliquée par les producteurs ;
• la substituabilité de l'offre.
La Commission a finalement considéré le marché des eaux de sources distinctement de celui des boissons rafraîchissantes non alcoolisées du fait de la non substituabilité de ces deux types de produits au niveau de l'offre (formation et structure de prix différentes) et de la demande (perception différente de par leur image).
Concernant le **marché géographique de référence**, la Commission a identifié celui de la France. Elle a démontré que le comportement concurrentiel de la nouvelle entité n'était soumis à aucune contrainte étrangère sur le territoire français. Elle a examiné les éléments suivants :
• les conditions de concurrence dans la Communauté, à savoir la demande (qui ne présente pas les mêmes caractéristiques selon les régions), les flux des échanges (qui sont très faibles, à cause du coût élevé de transport) et l'offre morcelée dans la plupart des États ;
• les exportations françaises et la menace d'importations parallèles ;
• les barrières à l'entrée isolant le marché français, à savoir l'absence d'importations, la logistique de la distribution, l'accès à la distribution, les dépenses publicitaires.
La Commission a également analysé :
• la compatibilité avec le marché commun ;
• les parts de marché ;
• les capacités et portefeuille de sources ;
• les prix ;
• la structure des coûts ;
• la concurrence des producteurs d'eaux locales ;
• le pouvoir économique des acheteurs ;
• la concurrence potentielle.
Après avoir démontré l'intérêt de l'analyse du marché pertinent ou marché en cause, nous nous pencherons sur l'analyse des pratiques anticoncurrentielles sur le marché.

◆ Bibliographie

RMCUE, n° 393, décembre 1995, affaire Tetra Pak.

Communication de la Commission sur la définition du marché en cause aux fins du droit communautaire de la concurrence, *Journal officiel*, C 372 du 09.12.1997.

Glossaire des termes employés dans le domaine de la politique de concurrence de l'Union européenne, Antitrust et contrôle des opérations de concentration, Commission européenne, Direction générale de la concurrence, Bruxelles, juillet 2002.

Blaise J.-B., Idot L., *Chronique*, RTDE, juillet-septembre 1996, p. 584.

De Gramont D., *Propos impertinents sur le marché pertinent dans le droit de l'Union*, Dalloz Affaires, n° 5/1996, p. 131.

Idot L., *Europe, commentaire*, juin 2003, p. 23.

Mercier P., Mach O., Gillieron H., Affolter S., *Grands principes du droit de la concurrence*, coll. Dossiers de droit européen, Helbing et Lichtenhahn-Bruylant, 1999.

Sibony A.-L., *Le juge et le raisonnement économique en droit de la concurrence*, LGDJ, 2008.

Souty F., *Le droit de la concurrence de l'Union européenne*, Montchrestien, 1999.

Whish R., *Competition law*, Oxford University Press, 2009.

◆ Textes et jurisprudence

Décision de la Commission n° 88/518/CEE du 18 juillet 1988, Napier-Brown c/ British Sugar, *JOUE*, n° L 284.

Décision de la Commission n° 91/619/CEE du 2 octobre 1991, Aérospatiale-Alenia/de Havilland, *JOUE*, n° L 334.

Décision de la Commission n° 92/553/CEE du 22 juillet 1992, Nestlé/Perrier, *JOUE*, n° L 356.

Décision de la Commission n° 97/540/CEE du 22 janvier 1997, Coca-Cola/ Amalgamated Beverages GB, *JOUE*, n° L 218.

Décision de la Commission n° 2003/207/CE, 24 juillet 2002, Gaz industriels et médicaux, *JOUE*, n° L 84.

Communication de la Commission sur la définition du marché en cause aux fins du droit communautaire de la concurrence, *Journal officiel*, C 372 du 09.12.1997.

CJUE, 21 février 1973, Continental Can, *aff.* 6/72, *Rec.*, p. 215.

CJUE, 6 mars 1974, ICI-CSC, *affaires jointes* 6 et 7/73, *Rec.*, p. 223.

CJUE, 16 décembre 1975, Suiker Unie et autres c/ Commission, *aff.* 40 à 48, 50, 54 à 56, 111, 113 et 114/73, *Rec.*, p. 1663.

CJUE, 14 février 1978, United Brands c/ Commission, *aff.* 27/76, *Rec.*, p. 216.

CJUE, 13 février 1979, Hoffmann-La Roche, *Rec.*, p. 461.

CJUE, 31 mai 1979, Hugin, *aff.* 22/78, *Rec.*, p. 1869.

CJUE, 9 novembre 1983, Michelin, *aff.* 322/81, *Rec.*, p. 3461.

CJUE, 28 février 1991, Delimitis c/ Henninger Bräu, *aff.* C-234/89, *Rec.*, p. 935.

Tribunal, 6 octobre 1994, Tetra Pak International SA c/ Commission, *aff.* T-83/91, *Rec.*, II-762.

Tribunal, 6 avril 1995, Trefileurope, *aff.* T-141/89, *Rec.*, p. 791.

Tribunal, 8 juin 1995, Langnese et Schöller, *aff.* T-7/93 et 9/93, *Rec.*, p. 1533.

CJUE, 26 novembre 1998, Oscar Bronner GmbH Co. K et autres, *aff.* C-7/97, *Rec.*, p. 7791.

Tribunal, 6 juillet 2000, Wolkswagen, *aff.* T-62/98, *Rec.*, p. 2707.

Tribunal, 22 novembre 2001, AAMS c/ Commission, *aff.* T-139/98, *Rec.*, p. 3413.

section **3**

Les positions sur le marché

A - La position dominante

B - La dépendance économique

Avant de nous intéresser à l'arsenal répressif mis en place en droit communautaire pour condamner les pratiques anticoncurrentielles (voir les sections IV et V du présent ouvrage), il est nécessaire de définir les situations qui sont visées. Comme cela vient d'être montré dans la section II, les articles 101 et 102 TFUE ne sont applicables que si les comportements des entreprises concernées affectent le commerce entre États membres. Pour cette raison, des entreprises peuvent échapper aux règles communautaires mais, être cependant régies par des règles de droit interne propres à chaque État membre, si leur comportement porte atteinte à leur marché national. Les pratiques d'une entreprise sont donc susceptibles de faire l'objet d'une double interdiction, à la fois en droit communautaire et, à la fois en droit interne. En cas de divergence entre droit interne et droit communautaire, c'est ce dernier qui s'applique, en raison de sa suprématie sur les droits internes des États membres. Pour les pratiques abusives, il convient de noter que les États peuvent avoir une législation plus stricte. Ainsi, comme nous allons le voir, l'abus de dépendance économique est interdit par plusieurs droits internes dont le droit français, qui s'est inspiré du droit allemand.

Depuis la fin des années 1990, les autorités communautaires et, en particulier la Commission, se concentrent sur une analyse économique du comportement des entreprises qui sont susceptibles d'être contraires aux règles de concurrence. Pour cette raison, les relations

existant entre les entreprises concernées sont examinées en fonction de la notion de « pouvoir de marché » qu'elles peuvent détenir. Le pouvoir de marché dépend souvent de plusieurs facteurs, dont la part de marché que possèdent ces entreprises. Plus cette part est importante, plus la position dominante ou la dépendance économique sont caractérisées. Cette troisième section est donc divisée en deux sous parties. La première est consacrée à l'examen de la définition de position dominante tandis que la seconde porte sur la dépendance économique.

A - La position dominante

Tant la politique de la concurrence communautaire que la politique de la concurrence française cherchent à éviter qu'une ou plusieurs entreprises exploitent de manière abusive leur position économique sur un marché à l'égard d'entreprises qui sont en position de faiblesse. Cependant, si ces deux politiques ont eu pour conséquence l'élaboration de règles précises sur la notion d'abus de position dominante, cette notion n'est pas définie en tant que telle. Ainsi, l'article 102 TFUE déclare-t-il qu'est « *incompatible avec le marché intérieur et interdit, dans la mesure où le commerce entre États membres est susceptible d'être affecté, le fait pour une ou plusieurs entreprises d'exploiter de façon abusive une position dominante sur le marché intérieur ou dans une partie substantielle de celui-ci…* ». La définition de la notion de position dominante n'apparaît donc pas.

De son côté, la réglementation française n'envisage pas non plus de définition en tant que telle de la position dominante. Ainsi l'article L. 420-2 du Code de commerce dispose-t-il simplement qu'« *est prohibée l'exploitation abusive par une entreprise ou un groupe d'entreprises d'une position dominante sur le marché intérieur ou une partie substantielle de celui-ci* ».

Face à ce vide juridique laissé par les textes, la notion de position dominante a fait l'objet d'une construction importante, émanant pour l'essentiel des autorités communautaires chargées de veiller à l'application des règles de concurrence communautaires. Il nous faut donc nous consacrer à l'examen de cette notion en procédant à l'étude des différentes décisions adoptées par la CJUE, le Tribunal et la Commission européenne.

La notion de position dominante est précisée pour la première fois par la CJUE dans son arrêt **Continental Can**, datant du 21/02/1973. Dans cet arrêt, la Cour en examinant la distinction entre les mesures structurelles internes à l'entreprise et les comportements ayant une incidence sur le marché, décide que :

> « *la distinction entre les mesures affectant la structure de l'entreprise et les pratiques ayant une incidence sur le marché n'est pas déterminante, toute mesure structurelle étant susceptible, dès lors qu'elle accroît les dimensions et la puissance économique de l'entreprise, d'avoir une incidence sur les conditions du marché…* ».

Ce premier arrêt préfigure la définition complète plus tardivement donnée par la CJUE à la position dominante. La position dominante, telle que définie dans l'Arrêt Continental Can, consiste donc en un comportement permettant à une entreprise d'agir sur les conditions du marché sur lequel elle intervient. La notion est développée dans d'autres arrêts de la CJUE. La formulation la plus aboutie de la notion se trouve dans l'arrêt **United Brands c. Commission**, datant du 14 février 1978. Dans cet arrêt, la Cour décide que :

> *« la position dominante… concerne une situation de puissance économique détenue par une entreprise, qui lui donne le pouvoir de faire obstacle au maintien d'une concurrence effective sur le marché en cause en lui fournissant la possibilité de comportements indépendants dans une mesure appréciable vis-à-vis de ses concurrents, de ses clients et, finalement, des consommateurs. L'existence d'une position dominante résulte en général de la réunion de plusieurs facteurs, qui, pris isolément, ne seraient pas nécessairement déterminants… ».*

De manière générale, la **position dominante** peut donc être définie comme suit : elle correspond à une situation dans laquelle une entreprise possède une capacité économique importante. Cela peut lui permettre d'empêcher une réelle concurrence dans un marché sur lequel elle intervient, car elle influence les conditions de concurrence sur ce marché et surtout y échapper car n'y étant pas elle-même soumise. Comme nous le verrons, la position dominante peut résulter de plusieurs facteurs qui peuvent se combiner. Ils peuvent être mesurés par l'importance des parts sur un marché que détient une entreprise, mais également par des pratiques anticoncurrentielles utilisées par cette entreprise. Ces dernières sont susceptibles de prendre des formes diverses. Il peut notamment s'agir de cas d'entraves au libre jeu de la concurrence. La CJUE a par la suite repris à de multiples reprises la notion de position dominante telle que définie à l'instant.

Dans l'arrêt **Hoffmann-La Roche** datant du 13 février 1979, la CJUE prend le soin d'opposer la notion de position dominante à des notions qui s'y apparentent mais qui en diffèrent cependant. La Cour opère une première distinction entre la position dominante et le monopole. Ainsi, la Cour précise-t-elle :

> *« que pareille position, à la différence d'une situation de monopole ou de quasi-monopole, n'exclut pas l'existence d'une certaine concurrence, mais met la firme qui en bénéficie en mesure, sinon de décider, tout au moins d'influencer notablement les conditions dans lesquelles cette concurrence se développera et, en tout cas, de se comporter, dans une large mesure, sans devoir en tenir compte et sans, pour autant que cette attitude lui porte préjudice… ».*

Les deux notions diffèrent car, dans une situation de monopole, il n'y a en principe pas de concurrents. La question de l'indépendance du comportement de l'entreprise en situation de monopole ne se pose donc pas vraiment.

La Cour procède ensuite à une seconde distinction dans l'arrêt Hoffmann-La Roche. Elle établit alors une différence entre la position dominante et l'oligopole. Elle note ainsi :

> *« qu'une position dominante doit également être distinguée des parallélismes de comportement propres aux situations d'oligopole, les comportements s'influencent réciproquement tandis qu'en cas de position dominante le comportement de l'entreprise qui bénéficie de cette position est, dans une large mesure, déterminé unilatéralement… ».*

La CJUE prétend donc que la question de l'indépendance du comportement de l'entreprise est à nouveau caractéristique de la position dominante, alors que dans les situations d'oligopole, les entreprises adoptent des comportements qui s'influencent les uns les autres.

Il est alors nécessaire d'examiner en détail les situations dans lesquelles une entreprise peut être considérée comme étant en position dominante. Nous reviendrons tout d'abord sur les caractéristiques de la position dominante. Nous nous pencherons ensuite sur les situations de monopole, qui peuvent s'apparenter à des positions dominantes. Enfin, nous achèverons notre étude par l'examen des situations d'oligopole, qui peuvent, dans certains cas, être assimilés aux positions dominantes.

1. *Les caractéristiques de la position dominante*

La position dominante peut être analysée à l'aide de différents critères. Certains de ces critères ont été examinés dans la section 2 de cet ouvrage. Ils portent sur les caractéristiques de la position dominante au regard du **marché géographique en cause** et du **marché des produits concernés**. Un autre critère doit être ajouté à ces deux premiers. Il concerne la **place qu'une entreprise occupe sur un marché**. C'est à partir de l'examen de cette place qu'il est possible de déterminer ce qu'il faut entendre précisément par position dominante. Plusieurs questions méritent d'être posées à cet égard.

a. Parts de marché suffisamment importantes pour caractériser la position dominante

Une première question peut être posée : à partir de quel moment une entreprise est en situation de position dominante ? Quelle est l'**importance de la part de marché** que doit détenir l'entreprise pour être considérée comme étant en position dominante ?

L'arrêt **Hoffmann-La Roche** que nous évoquions plus tôt apporte des éléments de réponse. La CJUE, tout en étant consciente que l'importance relative de parts sur un marché peut varier d'un marché à l'autre, précise que la détention de parts importantes présage d'une position dominante :

> *« Si la signification des parts de marché peut différer d'un marché à l'autre, on peut, à juste titre, estimer que des parts extrêmement importantes constituent par elles-mêmes, et sauf circonstances exceptionnelles, la preuve de l'existence d'une position dominante… ».*

L'arrêt n'apporte pas de précisions concernant l'existence d'un seuil chiffré éventuel, permettant de dire dans quelle situation la position dominante existe. Ce point est abordé dans un arrêt ultérieur, l'arrêt **AZKO c. Commission** datant du 3 juillet 1991. Ainsi, la Cour déclare-t-elle que :

> *« S'agissant des parts de marché, la Cour a jugé (arrêt du 13 février 1979, Hoffmann-La Roche, point 41, 85/76,* Rec., *p. 461) que des parts extrêmement importantes constituent par elles-mêmes, et sauf circonstances exceptionnelles, la preuve de l'existence d'une position dominante. Tel est le cas d'une part de marché de 50 % comme celle constatée en l'espèce... ».*

Une position dominante existe donc lorsque la **part de marché détenue par une entreprise est supérieure à 50 %**. Le Tribunal réaffirme cette jurisprudence, notamment dans l'une des affaire ayant opposé France Telecom à la Commission européenne. Ainsi le Tribunal considère-t-il que :

> *« si la signification des parts de marché peut différer d'un marché à l'autre, des parts extrêmement importantes constituent par elles-mêmes, et sauf circonstances exceptionnelles, la preuve de l'existence d'une position dominante. Tel est le cas, par exemple, d'une part de marché de 50 %... ».*

Il convient de signaler que la jurisprudence de la Cour de cassation abonde dans le sens de la CJUE. La Cour est récemment revenue sur ces questions dans un arrêt datant du 26/11/2003. Dans cette affaire, TF1 ne s'engage à financer la production de films que, si le producteur accepte de confier à TF1 l'édition et la diffusion de la même œuvre sous la forme de DVD. Pour considérer que TF1 se trouve en situation de position dominante, la Cour de cassation est amenée à se pencher sur les parts de marché occupées par TF1 et conclut qu'en raison, notamment, de leur importance, la position dominante est caractérisée :

> *« Attendu, en deuxième lieu, que l'arrêt constate que la part de marché occupée par la société TF1 dans le secteur de la publicité télévisée s'est élevée en moyenne à 53,52 % entre 1993 et 1996, que sa part d'audience qui s'élevait en moyenne à 37,3 % contre 24,46 % pour France 2 pendant cette période et qu'elle a recueilli en moyenne près de 62 % des investissements publicitaires des éditeurs de vidéogrammes entre 1994 et 1996 bien que les prix qu'elle pratiquait fussent sensiblement plus élevés que ceux de ses concurrents ; qu'en l'état de ces constatations, dont elle a déduit que la présence sur le marché d'opérateurs disposant de ressources financières importantes n'empêchait pas la société TF1 de se comporter de manière indépendante vis-à-vis de ses concurrents, la cour d'appel, qui a examiné concrètement le fonctionnement du marché en cause, a légalement justifié sa décision... ».*

La part de marché doit donc être supérieure à 50 % pour être considérée comme constitutive d'une position dominante. En deçà, le seuil ne saurait entraîner la qualification systématique de la situation comme étant une position dominante. La CJUE évoque également cette question dans l'**arrêt** précédemment examiné, **United Brands c. Commission**. Ainsi la Cour estime-t-elle que :

> *« Attendu qu'un opérateur ne saurait détenir une position dominante sur le marché d'un produit que s'il est parvenu à disposer d'une partie non négligeable de ce marché ;*
> *Attendu que, sans entrer dans une discussion de pourcentages nécessairement fixés avec une certaine approximation, on peut considérer qu'il est constant que la part d'UBC sur le marché en cause est toujours supérieure à 40 % et se rapproche de 45 % ;*
> *Que ce pourcentage ne permet cependant pas de conclure au contrôle automatique du marché par UBC... »*

Comme l'indique cet extrait, dans cette affaire, la **part de marché détenue par UBC se situait autour de 45 %**, ce qui représente déjà une part de marché importante. La position dominante peut être caractérisée si ce **pourcentage est complété par d'autres facteurs**, comme dans le cas présent. Dans l'affaire qui oppose France Telecom à la Commission, il est intéressant que pour prouver l'absence de position dominante, l'entreprise publique développe deux arguments successifs : l'intensité de la concurrence et la baisse des parts de marché qu'elle détient, mais qui demeurent cependant à des niveaux élevés. Le TPI insiste une nouvelle fois, pour retenir la position dominante, sur la situation de l'entreprise qui avait la liberté de se comporter sans tenir compte de l'état de la concurrence. Dans des cas où la part de marché est beaucoup plus faible, la jurisprudence considère qu'elle ne peut être regardée comme une position dominante. De ce point de vue, l'arrêt **Metro c. Commission** apporte des précisions intéressantes :

> *« Attendu que, selon les éléments produits par la Commission et non contestés par la requérante, vingt-six producteurs allemands seraient présents sur le marché de l'électronique de divertissement dont huit, parmi lesquels SABA, détiennent environ 90 % du marché, la part de Saba se situant entre 5 et 10 % ;*
> *Qu'en ce qui concerne en particulier les appareils de télévision dont le chiffre de production quotidienne est invoqué par la requérante à l'appui de ses dires, il ressort des données fournies par la Commission pour 1975 et acceptées par la requérante comme représentatives que huit producteurs couvrent 91 % du marché allemand, dont un dépasse 25 %, trois 10 % tandis que les quatre autres, dont Saba, ont des parts de marché de 7 ou 6 % ;*
> *Qu'il suit de des données que, même s'il fallait – ce qui n'a été ni allégué ni à plus forte raison démontré – considérer le marché des appareils de télévision en couleurs comme le marché à prendre en considération, plutôt que celui de l'ensemble des produits de l'entreprise électronique de divertissement, il s'agit de parts de marché relativement modestes ;*
> *Que si la part de marché détenue par une entreprise ne constitue pas nécessairement le seul critère de l'existence d'une position dominante on peut cependant conclure à bon droit que des parts de marché aussi réduites que celles détenues par Saba excluent, sauf circonstances particulières, dans un marché de produits hautement techniques, mais aisément interchangeables aux yeux de la grande masse des acheteurs, l'existence d'une position dominante… ».*

Une part de marché très faible doit donc s'entendre d'une part très modeste, de l'ordre de 5 à 10 %, comme le précise le présent arrêt. Des situations intermédiaires sont susceptibles de se présenter entre les deux pôles extrêmes, que constitue la détention de parts de marché soit très faibles, soit supérieures ou égales à 50 %. La doctrine estime qu'une **part de marché de 25 %**, complétée par d'autres critères, peut constituer une position dominante [1].

b. Parts de marché insuffisantes – utilisation de critères complémentaires

Ce dernier point amène une nouvelle discussion. Si, comme nous venons de le voir, une position dominante est peu susceptible d'être constituée dans l'hypothèse où la part de marché est inférieure à 50 %, il n'en reste pas moins que, **cumulée à d'autres facteurs, la position dominante peut quand même**

1. Voir notamment A. Decocq et G. Decocq, *Droit de la concurrence interne et communautaire*, 2e édition, LGDJ, Paris, 2004, 601 p.

être avérée, à condition que la part de marché soit suffisamment importante. Une nouvelle question doit alors être posée : quels sont les autres critères qui peuvent être utilisés pour arriver à la conclusion que la détention de parts sur un marché constitue une position dominante ?
La position dominante peut notamment dépendre de l'existence **de barrières à l'entrée sur un marché**, instaurées par l'entreprise en situation de position dominante. Ce point est abordé dans l'**arrêt United Brands c. Commission**. La Cour estime :

> *« Que la puissance économique d'UBC lui a ainsi permis d'instaurer une stratégie globale et souple s'opposant à l'implantation de nouveaux concurrents sur l'ensemble du marché en cause ;*
> *Que les barrières à l'entrée de la concurrence résultent notamment des investissements lourds qu'exigent la création et l'exploitation des bananeraies, de la nécessité de multiplier les sources d'approvisionnement pour éviter les conséquences des maladies de fruits et des intempéries (ouragans, inondations), de la mise en place d'une logistique contraignante que nécessite la distribution d'une marchandise très périssable, des économies de dimension dont le nouveau venu sur le marché ne peut immédiatement bénéficier et des coûts absolus d'entrée que constituent notamment tous les frais fixes de pénétration sur un marché, tels la mise sur pied d'un réseau commercial adéquat, le montant des campagnes publicitaires de grande envergure, tous risques financiers dont les dépenses sont perdues en cas d'échec de la tentative ;*
> *Qu'ainsi, s'il est exact, comme l'a fait remarquer UBC, que les concurrents ont la possibilité d'utiliser les mêmes méthodes de production et de distribution que la requérante, ils se heurtent à des obstacles pratiques et financiers quasi insurmontables ;*
> *Qu'il s'agit là encore d'un facteur caractéristique de la situation de position dominante… ».*

Comme le montre cet arrêt, ces barrières prennent souvent la forme **d'obstacles financiers**. C'est également le cas d'un litige tranché par la Cour de cassation et concernant TF1 que nous avons précédemment évoqué. Dans cette affaire, TF1 entretenait des relations financières privilégiées avec l'une de ses filiales, qui s'analysaient comme des conditions de vente discriminatoire visant à favoriser artificiellement les activités de sa filiale :

> *« Et attendu, en troisième lieu, qu'ayant relevé que les conditions tarifaires privilégiées, consenties à sa filiale par la société TF1 n'ont pas bénéficié aux éditeurs de vidéogrammes extérieurs au groupe et constituent des conditions de vente discriminatoires de nature à fausser artificiellement la concurrence en favorisant la filiale de la société TF1, la cour d'appel, qui a relevé que la société TF1 faisait vainement valoir que les conditions tarifaires consenties à sa filiale faisaient l'objet de contreparties réelles dont elle a écarté l'existence, et qui a estimé que cette pratique avait pu avoir pour effet de limiter l'accès au marché en cause d'entreprises concurrentes, a légalement justifié sa décision… ».*

L'arrêt **Hoffmann-La Roche** apporte des précisions concernant l'**existence de critères relatifs aux avantages techniques et commerciaux qu'une entreprise peut posséder**. La Cour considère que :

> *« constituent des indices valables (…) l'avance technologique qu'une entreprise possède par rapport à ses concurrents, l'existence d'un réseau commercial extrêmement perfectionné, (…) le second et le troisième [facteur] parce qu'ils constituent, par eux-mêmes, des avantages techniques et commerciaux… ».*

L'arrêt **Hoffmann-La Roche** identifie un autre critère permettant de considérer qu'existe une position dominante, alors même que les **parts de marché sont inférieures à 50 %. Ce critère concerne les parts de marché détenues respectivement par une entreprise et par ses concurrents**, car l'examen de ce rapport permet de déterminer la puissance relative de chaque entreprise. Dans cet arrêt, la CJUE décide que :

> *« constituent des indices valables le rapport entre les parts de marché détenues par l'entreprise concernée et par ses concurrents, en particulier ceux qui la suivent immédiatement, (…) le premier facteur parce qu'il permet d'évaluer la capacité concurrentielle des concurrents de l'entreprise en cause… ».*

Cette même question est abordée dans l'**arrêt United Brands**, précédemment mentionné. Dans cette affaire, la CJUE doit se prononcer sur le comportement de United Brands, qui commercialise des bananes. Sur ce marché, les parts détenues par la société n'atteignent pas 50 %. La Cour relève cependant que la **capacité concurrentielle** des entreprises concurrentes est limitée, ce qui constitue un élément de la position dominante :

> *« Attendu que, sans entrer dans une discussion de pourcentages nécessairement fixés avec une certaine approximation, on peut considérer qu'il est constant que la part d'UBC sur le marché en cause est toujours supérieure à 40 % et se rapproche de 45 % ;*
> *Que ce pourcentage ne permet cependant pas de conclure au contrôle automatique du marché par UBC ;*
> *Qu'il convient de l'apprécier au regard de la force et du nombre des concurrents ;*
> *Attendu qu'il faut d'abord constater, sur l'ensemble du marché en cause, que ledit pourcentage représente grosso modo une part plusieurs fois supérieure à celle de son concurrent Castle et Cooke, le mieux placé, les autres ne venant que loin derrière ;*
> *Que ce fait, combiné avec d'autres déjà signalés, peut être considéré comme un élément probatoire de la force prépondérante d'UBC… ».*

L'arrêt Hoffmann-La Roche apporte enfin des précisions concernant **l'existence de critères relatifs aux avantages techniques et commerciaux qu'une entreprise peut posséder**. La Cour considère que :

> *« constituent des indices valables (…) l'avance technologique qu'une entreprise possède par rapport à ses concurrents, l'existence d'un réseau commercial extrêmement perfectionné, (…) le second et le troisième [facteur] parce qu'ils constituent, par eux-mêmes, des avantages techniques et commerciaux… ».*

Le Tribunal a été amené à se prononcer sur une autre question, voisine de la précédente : si la position dominante s'apprécie aussi, comme nous venons de le voir, à partir de l'examen des rapports entre concurrents, **qu'en est-il de la puissance d'achat des clients à l'égard d'un fournisseur** ? Est-elle susceptible de compenser le pouvoir dont dispose ce dernier sur le marché sur lequel il intervient ? Le Tribunal a considéré que **c'était le cas dans l'arrêt**

Cementbouw Handel & Industrie BV, datant du 23/02/2006. Ainsi, le Tribunal affirmait-il que la position dominante s'appréciait en tenant compte du degré de concentration plus ou moins grand des clients à l'égard de leur fournisseur. L'importance de ce degré leur permet d'avoir un pouvoir de négociation plus ou moins grand avec l'entreprise suspectée de position dominante :

> *« En l'espèce, afin d'écarter l'existence de puissance d'achat des distributeurs de matériaux de construction compensant la puissance de CVK telle qu'elle résulte notamment de ses parts de marché et de la structure de l'offre examinées plus haut, la Commission s'est fondée, d'une part, sur la dispersion de ces opérateurs sur le marché, c'est-à-dire sur la structure peu concentrée du marché de la distribution des matériaux de construction de murs porteurs aux Pays-Bas et, d'autre part, sur l'absence d'alternative crédible d'approvisionnement pour ces opérateurs sur le marché, c'est-à-dire, en définitive, sur la dépendance de ces opérateurs envers CVK.*
> *Il y a lieu de relever que ces deux conditions, sans être nécessairement exhaustives pour accréditer ou infirmer l'existence d'une puissance d'achat de clients de nature à contrecarrer la puissance économique d'un fournisseur, sont très pertinentes. En effet, d'une part, le critère du degré de concentration du marché des acheteurs signifie que leur nombre limité peut être de nature à leur permettre de renforcer leur pouvoir de négociation à l'égard du fournisseur. D'autre part, le critère de la présence d'alternatives crédibles d'approvisionnement permet de déterminer s'il existe une forte probabilité que le fournisseur soit contraint de limiter toute hausse de prix, voire de s'en abstenir… ».*

La détention de parts de marché proche de 50 % peut donc, lorsqu'elle est cumulée à d'autres facteurs, constituer une position dominante.

◆ Dispositions pertinentes

• Disposition pertinente de droit communautaire
– Article 102 TFUE (ex-article 82 du TCE).

• Dispositions pertinentes de droit français
– Article L. 420-2 du Code de commerce.

◆ Jurisprudence pertinente

• Jurisprudence communautaire
– CJUE, 21/02/1973, Europemballage Corporation et Continental Can Company c. Commission, *aff.* C-6/72, *Rec.*, 1973, p. 215.
– CJUE, 25/10/1977, Metro c. Commission, *aff.* C-26/76, *Rec.*, 1976, p. 1353.
– CJUE, 14/02/1978, United Brands c. Commission, *aff.* C-27/76, *Rec.*, 1978, p. 207.
– CJUE, 13/02/1979, Hoffmann-La Roche, *aff.* C-85/76, *Rec.*, 1979, p. 461.
– CJUE, 03/07/1991, AKZO c. Commission, *aff.* C-62-86, *Rec.*, 1991, p. I-3359.
– Tribunal, 25/10/2002, Tetra Laval c. Commission, *aff.* T-5/02, *Rec.*, 2002, p. II-4381.
– Tribunal, 23/02/2006, Cementbouw Handel & Industrie BV c. Commission, *aff.* T-282/02, Rec. 2006, p. II-00319.
– Tribunal, 30/01/2007, France Telecom SA c. Commission, Affaire T-340/03, *Rec*, 2007, p. II-0017.

• Jurisprudence française
– Cour de cassation, chambre commerciale 26/11/2003, *Bulletin*, IV, n° 178, p. 195.

2. *Le monopole et la position dominante*

La jurisprudence de la CJUE et celle de la Cour de cassation assimilent la notion de monopole à celle de position dominante, bien que les régimes juridiques auxquels ces deux situations sont soumises diffèrent. La jurisprudence s'est prononcée à la fois sur des situations de monopoles de droit et à la fois sur des situations de monopoles de fait. Les deux seront examinées ensemble, car elles sont assimilées, l'une et l'autre à la position dominante. Puis, nous nous intéresserons aux conséquences qui peuvent en découler, qui sont, elles, parfois différentes.

a. L'assimilation des monopoles de droit et de fait à la position dominante

Nous commencerons notre examen par l'étude de la jurisprudence concernant les monopoles de droit, c'est-à-dire ceux auxquels des activités sont confiées par l'octroi de droits exclusifs à certaines entreprises. Puis, nous analyserons la jurisprudence portant sur les monopoles de fait, c'est-à-dire ceux dont l'existence n'est pas prévue par le droit, mais qui placent les entreprises concernées dans une telle situation.
Dans plusieurs arrêts, la CJUE estime que les **monopoles de droit**, qui correspondent souvent à des entreprises étatiques, sont susceptibles d'être visées par l'article 102 TFUE. Ainsi, dans l'arrêt **Sacchi**, en date du 30/04/1974, la Cour décide-t-elle que :

> *« l'interprétation conjointe des article 86 et 90 [articles 102 et 110 TFUE] conduit à la conclusion que l'existence d'un monopole dans le chef d'une entreprise à qui un État membre accorde des droits exclusifs n'est pas, en tant que telle, incompatible avec l'article 86 [article 102 TFUE]… ».*

Il faut donc en conclure que les monopoles de droit sont susceptibles d'être contrôlés par la Cour en vertu de l'application de l'article 102 TFUE (ex-article 86 TCE). Ce point de vue est confirmé dans un arrêt ultérieur, l'arrêt **CBEM c. CLT et autres**, datant du 03/10/1985. Dans cet arrêt, la Cour se pose la question suivante :

> *« Y a-t-il position dominante dans le sens de l'article 86 [102 TFUE] du Traité lorsqu'une entreprise jouit d'un monopole légal pour la fourniture de certains biens, soit de certains services, et que de ce fait la concurrence dans le domaine de ces biens ou de ces services est exclue ; la notion de position dominante implique-t-elle une possibilité virtuelle de concurrence supprimée ou étouffée par le fait de celui qui occupe la position dominante ou peut-elle se concevoir dans un contexte où une telle concurrence ne peut exister ou est, en tout état de cause, extrêmement limitée ? ».*

La Cour, répondant à la précédente question, décide que :

> *« l'article 86 du Traité CEE [102 TFUE] doit être interprété en ce sens qu'il est applicable à une entreprise détenant une position dominante sur un marché donné, même lorsque cette posi-*

tion est impu-table non pas à l'activité de l'entreprise elle-même, mais à la circonstance qu'en raison de dispositions législatives ou réglementaires, il ne peut y avoir de concurrence sur ce marché où il peut y avoir une concurrence extrêmement limitée… ».

Comme nous le précisions plus haut, la jurisprudence de la Cour de cassation va dans le même sens que celle de la CJUE et assimile aussi la notion de monopole de droit à une position dominante. Il en est ainsi de la situation de France Telecom, auparavant en situation de monopole de droit pour fournir à des opérateurs de marketing la liste des abonnés. Dans cette affaire, tranchée le 04/12/2001, France Telecom soutient qu'elle n'a pas enfreint les règles de concurrence, argument rejeté par la Cour :

« Mais attendu que l'arrêt retient que les opérateurs de marketing direct ont besoin à la fois d'une base de données exhaustive à partir de laquelle ils peuvent constituer, après enrichissement de cette base, des fichiers spécifiques adaptés à la demande des clients, ainsi que d'une prestation de mise à jour des fichiers de prospection en vue d'atteindre le plus grand nombre possible de "prospects" et qu'ils ont tous intérêt à ce que ces listes soient expurgées des abonnés inscrits sur la liste orange (…) ; France Télécom, qui jouissait à l'époque considérée d'un monopole légal sur le marché des télécommunications entre points fixes, était la seule en mesure de fournir aux opérateurs la liste des abonnés au téléphone, tenue à jour et expurgée des noms des personnes figurant en liste orange ou safran ; qu'en l'état de ces constatations et énonciations, la cour d'appel, qui a légalement justifié sa décision, a pu considérer que la liste des abonnés au téléphone ainsi expurgée constituait une ressource essentielle pour les opérateurs intervenant sur le marché des fichiers de prospection ; que les griefs ne sont pas fondés… ».

Comme nous l'indiquions en commençant notre exposé sur les monopoles, la jurisprudence est également amenée à examiner, à côté des monopoles de droit, les **monopoles de fait**. Ces derniers sont aussi assimilés à des positions dominantes. Ainsi, dans les affaires jointes **Radio Telefis Eireann (RTE)** et **Independent Television Publications Ltd c. Commission**, la CJUE estime-t-elle que :

« Des sociétés de télédiffusion se trouvent dans une position dominante, au sens de l'article 86 [102 TFUE] du Traité, lorsque, de par le monopole de fait qu'elles détiennent sur les informations relatives à leurs grilles de programmes, captés par la plupart des foyers dans un État membre et une partie substantielle des foyers dans la partie voisine d'un autre État membre, elles détiennent le pouvoir de faire obstacle à l'existence d'une concurrence effective sur le marché des hebdomadaires de télévision dans les régions concernées… ».

La jurisprudence de la Cour de cassation est identique sur ce point à celle de la CJUE. L'arrêt le plus récent rendu dans ce domaine est un arrêt datant du 14/02/95, concernant le monopole de fait sur le marché de testeurs de pneus.

« Mais attendu, en premier lieu, que l'arrêt après avoir relevé que la société Labinal exerçait depuis plusieurs années un monopole de fait sur l'ensemble des différents marchés des testeurs de pression de pneus d'avion de type TPIS, sa puissance économique et financière dans le monde étant "sans proportion" avec celle de la société Mors a pu, sans se contredire et sans

> *avoir à se référer au chiffre d'affaire de la société Westland, décider que sa situation de position dominante permettait d'examiner le comportement de la société Labinal sur le marché des TPIS des avions A 330 et A 340, au regard des dispositions de l'article 86 du Traité [102 TFUE], dès lors qu'elle lui donnait, sur ce marché spécifique, le pouvoir de faire obstacle au maintien d'une concurrence effective en lui fournissant la possibilité de comportements indépendants vis-à-vis de ses concurrents et de ses clients… ».*

L'ensemble de ces décisions montre donc bien que la jurisprudence assimile la notion de monopole à celle de position dominante. Il convient aussi de s'interroger sur les conséquences qu'il convient de tirer du rapprochement entre ces deux notions. À cet égard, plusieurs hypothèses méritent d'être distinguées.

b. Les conséquences découlant de l'assimilation des monopoles de droit et de fait

Nous aborderons tout d'abord les questions relatives aux conséquences découlant de l'assimilation des monopoles de droit à la position dominante, avant de revenir sur celles qu'entraîne l'assimilation des monopoles de fait à la position dominante.
Dans l'hypothèse où le monopole est licite, cette situation peut aboutir à des comportements contraires aux règles de concurrence. Il est en effet possible qu'existe une **atteinte sur les marchés annexes** par rapport au marché sur lequel le monopole de droit intervient directement. Tous les exemples que nous allons étudier en matière de monopoles de droit portent donc sur des marchés annexes au monopole.
Les conséquences découlant de cette atteinte sur un marché annexe peuvent être très variées. L'examen de la jurisprudence apporte ici des précisions très intéressantes.
L'entreprise en situation de monopole peut occuper une place dans laquelle elle met ses partenaires dans une situation de **dépendance économique**. C'est la situation visée par l'arrêt **Italie c. Commission – British Telecom** du 20 mars 1985. Dans cette affaire, la CJUE considère que British Telecom porte atteinte aux règles de concurrence, non pas à cause de la situation de monopole dans laquelle se trouve l'entreprise, mais à cause de la réglementation des tarifs sur les télex qu'elle pratique, par le biais d'activités développées par des agences de réexpédition des messages. La Cour estime ainsi qu'

> *« une entreprise disposant du monopole légal de gestion des réseaux de télécommunications viole l'article 86 [102 TFUE] du Traité lorsqu'elle interdit l'activité des agences privées de réexpédition de messages dans le trafic international des télécommunications… ».*

Cette position a été reprise et précisée par plusieurs autres décisions. L'arrêt rendu par le Tribunal le 12/12/2000 concernant la **société Aéroports de Paris (ADP)** est à ce sujet très intéressant. Dans cet arrêt, ADP conteste notamment le fait que l'article 82 [102 TFUE] puisse lui être appliqué en raison du fait que le monopole produit des effets sur un autre marché que le sien, argument doublement contesté par le Tribunal :

> *« Le requérant invoque, en substance, quatre arguments au soutien du grief selon lequel son comportement ne répond pas aux prévisions de l'article 86 du traité [102 TFUE].*
> *En premier lieu, il soutient que cet article ne peut lui être appliqué au motif qu'il n'est pas présent sur les marchés à propos desquels la Commission a constaté, au considérant 134 de la décision attaquée, que le jeu de la concurrence était affecté. Il ressortirait de l'arrêt de la Cour, Tetra Pak/Commission, précité, que l'application de l'article 86 du traité est exclue en cette hypothèse.*
> *Cet argument est dépourvu de tout fondement en droit. La Cour a, en effet, très clairement rappelé dans son arrêt du 14 novembre 1996, Tetra Pak/Commission, précité (point 25), que les arrêts Istituto chemioterapico italiano et Commercial Solvents/Commission, précité, et CBEM, précité, fournissent des exemples d'abus produisant des effets sur des marchés autres que les marchés dominés. Il ne fait donc aucun doute qu'un abus de position dominante sur un marché peut être condamné en raison d'effets qu'il produit sur un autre marché. Ce n'est que dans l'hypothèse différente où c'est l'abus qui est localisé sur un marché autre que le marché dominé que l'article 86 du traité [102 TFUE] est, en dehors de circonstances particulières, inapplicable (voir arrêt du 14 novembre 1996, Tetra Pak/Commission, précité, point 27).*
> *En l'espèce, même si le comportement d'ADP sanctionné dans la décision attaquée, à savoir l'application de redevances discriminatoires, a des effets sur le marché des services d'assistance en escale et, indirectement, sur celui des transports aériens, il n'en demeure pas moins qu'il se situe sur le marché de la gestion des aéroports où ADP se trouve en position dominante. Par ailleurs, lorsque l'entreprise bénéficiaire du service se situe sur un marché distinct de celui sur lequel est présent l'offreur de service, les conditions d'applicabilité de l'article 86 du traité [102 TFUE] sont remplies dès lors que la bénéficiaire se trouve, du fait de la position dominante occupée par l'offreur, dans une situation de dépendance économique par rapport à celui-ci, sans qu'il soit nécessaire qu'ils soient présents sur le même marché. Il suffit que la prestation proposée par l'offreur soit nécessaire à l'exercice, par la bénéficiaire, de sa propre activité... ».*

Une entreprise en situation de monopole de droit peut porter atteinte à ses partenaires économiques, en leur imposant des **conditions contractuelles spécifiques, sur le marché annexe**. Ainsi, dans l'arrêt **CBEM c. CLT** et autres datant du 3 octobre 1985, la CJUE remarque-t-elle que :

> *« quand bien même le comportement en cause dans le litige au principal ne serait pas considéré comme un refus de livrer, mais comme l'imposition d'une condition contractuelle, il serait, selon la Commission, contraire à l'article 86 [102 TFUE]. D'un côté, IPB, en tant que vendeur de temps d'antenne, imposerait à toute autre entreprise, pour des opérations de télémarketing, une condition qu'elle ne s'impose pas à elle-même pour ces mêmes opérations, à savoir la condition de ne pas utiliser son propre numéro de téléphone, ce qui serait une condition de transaction non équitable au sens de l'article 86, sous A). De l'autre côté, IPB subordonnerait la conclusion de contrats à l'acceptation de prestations supplémentaires sans lien avec l'objet de ces contrats, ce qui serait contraire à l'article 86 [102 TFUE], sous D)... ».*

Une entreprise en situation de monopole de droit peut également limiter la **liberté commerciale** des entreprises avec lesquelles elle travaille pour les inciter à conclure le marché avec elle plutôt qu'avec ses concurrents. Dans un arrêt rendu le 10/12/2003, la Cour de cassation aborde ces questions. L'affaire concerne le comportement anticoncurrentiel de la Française des jeux et de l'une de ses filiales, la Française de maintenance. La filiale en profite pour limiter la liberté commerciale de ses partenaires :

> *« Mais attendu qu'ayant relevé que les détaillants avaient été empêchés de faire jouer leur liberté commerciale au profit d'autres fabricants de mobilier de comptoir, ce qui avait réduit l'intensité de la concurrence sur ce marché, et constaté que le niveau des prix pratiqués sur ce marché avait été faussé en raison de la surévaluation du prix du mobilier litigieux, ce dont il ressortait nécessairement l'affectation sensible du fonctionnement de la concurrence sur le marché considéré, la cour d'appel a pu statuer comme elle a fait ; que le moyen n'est pas fondé… ».*

De plus, dans ce même arrêt, la Cour de cassation doit se prononcer sur une autre question. Du fait de subventions qu'elle reçoit de la part de la Française des jeux, entreprise en situation de monopole de droit, sa filiale est en mesure de décrocher des contrats au détriment d'entreprises concurrentes. La Cour de cassation considère qu'il s'agit d'un comportement abusif, car il limite l'accès au marché annexe d'autres entreprises par le biais de **pratiques tarifaires offensives et de la force commerciale** de la Française des jeux :

> *« ayant relevé que la pratique de prix bas, rendue possible par l'octroi, à la filiale d'une entreprise disposant d'un monopole public, de subventions, tirées de la rente dégagée dans l'activité monopolistique, jointe à la force commerciale de celle-ci, composée de points de vente situés sur tout le territoire, a contribué à l'obtention des contrats en cause, affectant la capacité concurrentielle d'autres opérateurs et permettant à la société La Française de maintenance d'acquérir un poids économique et une réputation déterminants pour son avenir autrement que par ses propres mérites, ce dont il ressort que la position acquise par la société La Française de maintenance sur le marché en cause l'avait été artificiellement grâce aux ressources dégagées par l'exercice du monopole attribué à la société La Française des jeux, la cour d'appel en a justement déduit l'existence d'un abus… ».*

Les conséquences découlant de l'existence d'un monopole de droit sont également susceptibles d'être présentes dans le cas d'un monopole de fait.

Le monopole de fait peut ainsi porter **atteinte à la concurrence sur les marchés annexes**. Dans les affaires jointes précédemment évoquées **Radio Telefis Eireann (RTE) et Independent Television Publications Ltd c. Commission**, la Cour considère que le monopole de fait dont jouissent les deux entreprises en détenant des informations sur leurs grilles de programmes ont « le pouvoir de faire obstacle à l'existence d'une concurrence effective sur le marché des hebdomadaires de télévision dans les régions concernées… ». Ce dernier marché constitue bien un marché annexe par rapport au marché principal de radio-télédiffusion.

Le monopole de fait peut également contraindre les partenaires économiques de l'entreprise en situation de monopole, en leur imposant des **conditions contractuelles inéquitables**. Dans une décision rendue le 05/03/1996, le Conseil de la concurrence a été amené à se prononcer sur ce type de comportements. Après avoir considéré que la société Lilly, fabricant de produits pharmaceutiques, est en situation de position dominante sur le marché d'un médicament appelé Dobutrex, le Conseil de la concurrence estime que l'offre effectuée par ladite société, consistant en une prime de fidélité à ceux de ses clients qui peuvent être tentés de devenir également clients d'entreprises concurrentes sur un autre marché, est constitutive d'abus de position dominante. Par la suite, la société Lilly forme un recours contre la décision du Conseil de la concurrence qui aboutit à un arrêt rendu par la Cour de cassation. L'arrêt ne revient pas en tant que tel sur la remise constatée, mais il revêt un intérêt puisqu'il qualifie clairement la position dominante occupée par la société Lilly de monopole de fait [1]. Enfin, il convient de signaler qu'une entreprise en situation de monopole de fait est également en mesure, à la différence de celle en situation de monopole de droit, de porter **atteinte directement au marché où le monopole est constitué**. En effet, il est possible que d'autres entreprises puissent avoir accès au marché sur lequel le monopole est constitué, ce qui leur est juridiquement impossible dans un monopole de droit. Dans ce cas, il est aisé de concevoir qu'une entreprise **gêne l'entrée sur le marché monopolistique d'autres entreprises concurrentes**. Telle est la situation visée dans un arrêt de la Cour de cassation rendu le 14 février 1995. Ainsi, la Cour considère-t-elle, après avoir déclaré que « *la société Labinal exerce depuis plusieurs années un monopole de fait sur l'ensemble des différents marchés des testeurs de pression de pneus d'avion de type TPIS* », que :

> « *ayant constaté qu'en 1991 la société Labinal avait fait des propositions de prix à Air-France comportant des remises et autres avantages s'apparentant à des rabais de fidélité visant à lier ses clients par des avantages inégaux pour les empêcher de s'approvisionner chez des concurrents, la cour d'appel a pu, s'agissant d'abus constatés sur un marché économique qui venait de s'ouvrir, décider que ce comportement d'exclusion, qui faisait obstacle à la concurrence existante sur le marché des TPI des avions A 330 et A 340 était constitutif d'un abus au sens de l'article 86 du Traité de la Communauté économique européenne [102 TFUE]...* ».

La Cour de cassation **assimile le monopole de fait à une position dominante sur le marché sur lequel l'entreprise intervient**. Dans une affaire datant du 16/01/2001, la société GES dispose du monopole du service extérieur des pompes funèbres, sous réserve d'une exception, dans le département de Seine-Saint-Denis. Selon la Cour, la situation de monopole de fait est constitutive d'une position dominante, malgré l'existence d'une concurrence naissante :

> « Attendu, d'autre part, en ce qui concerne la position dominante, que l'arrêt énonce, pour écarter le moyen de réformation de la société GES tiré de l'inexistence de sa position dominante sur le marché des pompes funèbres de Bondy au moment des faits, que la société GES ne saurait de bonne foi soutenir que la preuve n'est pas rapportée qu'elle aurait eu une position dominante sur le marché considéré, alors qu'il est établi qu'elle avait le monopole du service extérieur des pompes funèbres sous réserve d'une exception, dans tout le département de Seine-Saint-Denis, et qu'elle était gestionnaire de toutes les chambres funéraires de ce département, peu important l'existence d'une concurrence naissante ; qu'en l'état de ces énonciations, dont il ressort que la cour d'appel a estimé que le monopole du service extérieur des pompes funèbres détenu par la société GES dans tout le département de Seine-Saint-Denis, et donc à Bondy au moment des faits, suffisait à caractériser sa position dominante à cette date sur le marché de cette commune, l'arrêt se trouve légalement justifié... ».

1. Cour de cassation, chambre commerciale, 15/06/1999, www.legifrance.gouv.fr.

◆ Dispositions pertinentes

• Dispositions pertinentes de droit communautaire
– Article 82 du TCE (article 102 TFUE).

◆ Jurisprudence pertinente

• Jurisprudence communautaire
– CJUE, 30/04/1974, Sacchi, *aff.* C-155/75, *Rec.*, 1974, p. 409.
– CJUE, 13/11/1975, General Motors, *aff.* C-26/75, *Rec.*, 1975, p. 1367.
– CJUE, 13/02/1979, Hoffmann-La Roche, *aff.* C-85/76, *Rec.*, 1979, p. 461.
– CJUE, 20/03/1985, Italie c. Commission – British Telecom, *aff.* C-41/83, *Rec.*, 1985, p. 873.
– CJUE, 03/10/1985, CBEM c. CLT et autres, *aff.* C-311/84, *Rec.*, 1985, p. 3261.
– CJUE, 06/04/1995, RTE et ITP, *affaires jointes* C-241/91 et C-242/92, *Rec.*, 1995, I, p. 743.
– Tribunal, 12/12/2000, Aéroports de Paris contre Commission, *aff.* T-128/98, *Rec.*, 2000, p. II-03929.

• Jurisprudence française
– Cour de cassation, Chambre commerciale, 14/02/1995, *Bulletin*, IV, n° 48, p. 42, www.legifrance.gouv.fr.
– Cour de cassation, chambre commerciale, 16/01/2001, inédit, www.legifrance.gouv.fr.
– Cour de cassation, chambre commerciale, 10/12/2003, *Bulletin*, IV, n° 202, p. 224, www.legifrance.gouv.fr.

3. *L'oligopole et la position dominante*

L'oligopole peut être défini comme la situation dans laquelle peu d'entreprises ayant des forces comparables sont présentes sur un marché. Cette situation entraîne souvent une certaine dépendance entre les entreprises concernées, ce qui peut entraîner des opérations de concentrations. Les comportements des entreprises impliquées varient alors en fonction du pouvoir de chacune d'elles. L'oligopole n'est donc pas nécessairement constitutif d'une position dominante, mais il peut l'être.
Les situations oligopolistiques sont donc susceptibles d'être considérées comme aboutissant à des positions dominantes. Plusieurs points nécessitent d'être abordés pour discuter des questions soulevées par les oligopoles. Dans un premier temps, nous nous consacrerons à l'examen des dispositions de droit communautaire, puis de celles du droit interne. Dans un second temps, nous reviendrons sur la forme que peuvent prendre les entités en situation d'oligopoles.

a. Examen des dispositions de droit communautaire

En droit communautaire, l'analyse des situations oligopolistiques au regard de la position dominante est complexe car elle résulte de l'application combinée de deux réglementations plus ou moins complètes à ce sujet, celles issues de l'**article 82 TCE (102 TFUE)** et celles issues du **règlement 4064/89 sur les concentrations, aujourd'hui remplacé par le règlement (CE) n° 139/2004**. Comme nous l'avons vu plus tôt, l'article 102 TFUE déclare qu'est « *incompatible avec le marché intérieur et interdit, dans la mesure où le commerce entre États membres est susceptible d'être affecté, le fait pour une ou plusieurs entreprises d'exploiter de façon abusive une position dominante sur le marché intérieur ou dans une partie substantielle de celui-ci…* ».

L'article prévoit donc qu'il puisse être appliqué, mais sans plus d'explications à une position dominante occupée par une ou plusieurs entreprises. La CJUE est donc intervenue pour interpréter la situation visée à l'article 102 TFUE. Son interprétation prend le nom de « position dominante collective ». De son côté, l'article 2 du règlement 4064/89 concernant les concentrations est très elliptique. En raison de l'absence de précisions contenues dans ce texte, la CJUE a dû développer une notion lui permettant d'inclure dans la position dominante des opérations de concentrations pouvant aboutir à des oligopoles, quelle que soit la forme de ces concentrations : position dominante occupée par la nouvelle entité créée dans le cadre de l'opération de concentration ou position dominante détenue par les parties à l'opération de concentration avec une autre entité. L'existence de ces deux jurisprudence distinctes impose donc leur examen respectif.

• **La notion de position dominante collective**

L'interprétation de la notion de **position dominante collective** par la CJUE lui permet de déterminer si les entreprises en situation d'oligopoles, doivent, pour que leur situation soit assimilée à une position dominante, appartenir ou non à un même groupe.

La jurisprudence de la CJUE a beaucoup évolué au cours des dernières années à ce sujet. Dans un premier temps, la CJUE réserve l'utilisation de la notion de **position dominante collective aux hypothèses dans lesquelles les entreprises font parties du même groupe**. Dans le même temps, la Cour estime donc que, par exclusion, les situations dans lesquelles les entreprises ne font pas partie du même groupe ne relèvent pas de la position dominante. Cette position est adoptée dans l'arrêt rendu par la CJUE le 05/10/1988, **Alsatel c. Novasam** :

> *« Si la part importante détenue dans le marché régional par la demanderesse était le résultat d'une entente entre les installateurs autorisés visant au partage des marchés régionaux, une telle entente devrait être appréhendée par l'article 85 du Traité [101 TFUE]. Ce n'est que si une telle répartition était le fait d'un ensemble d'entreprises relevant du même groupe que, conformément à la jurisprudence de la Cour, l'article 86 [102 TFUE] pourrait être applicable (voir arrêts du 8 juin 1971, Deutsche Grammophon, 78/70,* Rec.*, p. 487, et du 16 décembre 1975, Suiker Unie, 40 à 48, 50, 54 à 56, 111, 113 et 114/73,* Rec.*, p. 1663)… ».*

Par la suite, la CJUE considère que **la notion de position dominante collective peut également être appliquée à des entreprises ne faisant pas partie du même groupe et donc à plusieurs entreprises**. L'arrêt rendu par la CJUE le 27/04/1994, **Commune d'Almelo et autres c. NV Energiebedrijf Ijsselmij**, porte sur ces questions :

> *« L'article 86 du traité [102 TFUE] interdit des pratiques abusives résultant de l'exploitation, par une ou plusieurs entreprises, d'une position dominante sur le marché commun, ou dans une partie substantielle de celui-ci, dans la mesure où le commerce entre États membres est susceptible d'être affecté par ces pratiques (…).*
> *Si l'on ne peut pas conclure automatiquement à l'existence d'une position dominante dans une partie substantielle du marché commun dans l'hypothèse d'une entreprise qui, telle que IJM, est titulaire d'une concession non exclusive sur une partie seulement du territoire d'un État membre, cette appréciation doit être modifiée au cas où cette entreprise appartiendrait à un groupe d'entreprises détenant une position dominante collective.*
> *Une telle position dominante collective exige cependant que les entreprises du groupe en cause soient suffisamment liées entre elles pour adopter une même ligne d'action sur le marché… ».*

Par la suite, la CJUE précise son interprétation de la notion de position dominante collective dans l'arrêt **Compagnie maritime belge**, rendu le 16/03/2000. Dans cet arrêt, la Cour affirme très clairement que la position dominante s'applique à deux ou plusieurs entités, qui peuvent être indépendantes les unes des autres. Le critère déterminant est celui selon lequel **ces entreprises se présentent ou agissent comme une entité collective sur un marché**, ce qui leur confère alors une position dominante :

> *« Selon les termes de l'article 86 du traité [102 TFUE], une position dominante peut être détenue par plusieurs "entreprises". La Cour a jugé, à maintes reprises, que la notion d'"entreprise" figurant dans le chapitre du traité consacré aux règles de concurrence présuppose l'autonomie économique de l'entité concernée (...).*
> *Il s'ensuit que l'expression "plusieurs entreprises" figurant à l'article 86 du traité [102 TFUE] implique qu'une position dominante peut être détenue par deux ou plusieurs entités économiques, juridiquement indépendantes l'une de l'autre, à condition que, du point de vue économique, elles se présentent ou agissent ensemble sur un marché spécifique, comme une entité collective. C'est en ce sens qu'il convient de comprendre l'expression "position dominante collective", qui sera utilisée dans la suite du présent arrêt... ».*

Dans son **arrêt Atlantic Container Line e.a. c. Commission**, rendu le 30/09/2003, le Tribunal a été amené à réexaminer cette question. Il devait se prononcer sur le point de savoir si plusieurs entreprises pouvaient être considérées comme étant en position dominante, alors même qu'elles n'étaient liées que dans le cadre d'une conférence maritime. Le Tribunal a considéré qu'il y avait position dominante dès lors que les entreprises en cause développaient « une même ligne d'**actions sur le marché** ». Il a opté pour une interprétation d'autant plus large de la notion de position dominante qu'il a considéré que l'existence du lien existant entre les entreprises suffisait à la caractériser, sans que la position de chaque entreprise sur le marché doive être retenue :

> *« En effet, dès lors que les liens fondant l'appréciation collective de la position des parties au TACA résultent de leur adhésion au TACA, la position de chaque partie au TACA doit, du seul fait de cette adhésion, être appréciée avec celle des autres parties au TACA collectivement, puisque, par cette adhésion, la requérante s'est liée, quant à son comportement sur un marché déterminé, aux autres parties ayant adhéré au TACA, de manière qu'elles se présentent sur ce marché comme une entité collective à l'égard de leurs concurrents, de leurs partenaires commerciaux et des consommateurs... ».*

Dans ce même arrêt, le Tribunal a dû aborder une autre question : la constitution de l'oligopole doit-elle signifier la **disparition de toute forme de concurrence** entre les entreprises qui en font partie ? Ainsi, le Tribunal a-t-il remarqué que :

> *« si la possibilité, pour une entreprise, d'aligner son comportement sur celui d'un ou plusieurs concurrents implique nécessairement que la concurrence entre eux se trouve restreinte d'une manière sensible, une telle possibilité d'alignement du comportement concurrentiel n'implique, en revanche, nullement que la concurrence entre les entreprises concernées soit totalement éliminée. Au demeurant, il convient de rappeler que l'existence d'une position dominante collective au sens de l'article 86 du traité [102 TFUE] suppose l'existence de liens économiques entre deux ou plusieurs entités économiques, par définition, indépendantes et, dès lors, capables d'entrer en concurrence les unes avec les autres, et non l'existence entre les entreprises concernées de liens institutionnels analogues à ceux qui existent entre une société mère et ses filiales... ».*

En revanche, le Tribunal estimait également que le **maintien d'une concurrence interne** entre les entreprises participant à l'oligopole constitue la limite à la notion de position dominante collective :

> *« il convient d'admettre avec les requérantes qu'une concurrence interne significative peut également être de nature à démontrer que, en dépit des divers liens ou facteurs de corrélation existant entre les membres d'une conférence maritime, ces derniers ne sont pas en mesure d'adopter une même ligne d'action sur le marché pouvant les faire apparaître comme une entité unique vis-à-vis des tiers et, partant, justifiant une appréciation collective de leur position sur le marché au regard de l'article 86 du traité [102 TFUE]… ».*

Enfin, dans un arrêt très remarqué, rendu le 26/01/2005, l'arrêt **Piau**, le Tribunal a mis en place des **conditions** qui doivent être respectées pour reconnaître une position dominante collective. Ces conditions sont au nombre de trois et cumulatives :
– connaissance du comportement des membres de l'oligopole les uns à l'égard des autres ;
– coordination des actions des différentes entreprises participant à l'oligopole devant s'étaler dans le temps ;
– anticipation des comportements à venir des concurrents et des consommateurs.
Ainsi le Tribunal déclare-t-il que :

> *« La constatation de l'existence d'une position dominante collective dépend de la réunion de trois conditions cumulatives : premièrement, chaque membre de l'oligopole dominant doit pouvoir connaître le comportement des autres membres, afin de vérifier s'ils adoptent ou non la même ligne d'action ; deuxièmement, il est nécessaire que la situation de coordination tacite puisse se maintenir dans la durée, c'est-à-dire qu'il doit exister une incitation à ne pas s'écarter de la ligne de conduite commune sur le marché ; troisièmement, la réaction prévisible des concurrents actuels et potentiels ainsi que des consommateurs ne remettrait pas en cause les résultats attendus de la ligne d'action commune… ».*

Si, comme nous venons de le voir, la position dominante peut découler de situations dans lesquelles les entreprises peuvent, suivant chaque cas d'espèce, être distinctes les unes des autres ou faire partie du même groupe, quelles sont les dispositions prévues dans la réglementation concernant les opérations de concentration entre entreprises ?

• Position dominante et opérations de concentrations

Dans son article 2, le règlement n° 4064/89 dispose que « les opérations de concentration qui créent ou renforcent une position dominante (…) doivent être déclarées incompatibles avec le marché commun… ». Comme nous l'indiquions plus tôt la formule ainsi utilisée est très elliptique car elle ne précise pas si une position dominante peut s'entendre d'une situation occupée par l'identité créée dans le cadre de la concentration ou par une ou plusieurs autres entreprises. C'est dans ce sens que se prononce la CJUE dans les arrêts du 31/03/1998 **France et Société commerciale des potasses et de l'azote et Entreprise minière et chimique c. Commission** qui sont des affaires jointes. Dans cet arrêt, la CJUE estime que :

> *« il ne saurait être inféré du libellé de l'article 2 du règlement que seules les opérations de concentration qui créent ou renforcent une position dominante individuelle, c'est-à-dire une position dominante détenue par les parties à la concentration, relèvent dudit règlement. En effet, l'article 2 du règlement, dans la mesure où il vise "les opérations de concentration qui créent ou renforcent une position dominante", n'exclut pas en lui-même la possibilité d'appliquer le règlement à des cas où les opérations de concentration aboutissent à la création ou au renforcement d'une position dominante collective, à savoir une position de dominance détenue par les parties à la concentration avec une entité tierce à cette concentration… ».*

La CJUE considère donc que le règlement est susceptible de s'adresser aux deux situations : celle dans laquelle la position dominante résultant de la **concentration est individuelle** et celle dans laquelle elle est **collective**. Le nouveau **règlement (CE) n° 139/2004** sur le contrôle des concentrations intègre désormais cette interprétation de la CJUE. Le règlement est susceptible de concerner les situations oligopolistiques ayant des effets anticoncurrentiels. Les articles 3, 4 et 5 du règlement prévoient ainsi que :

> *« 3. Les concentrations qui entraveraient de manière significative une concurrence effective dans le marché commun ou une partie substantielle de celui-ci, notamment du fait de la création ou du renforcement d'une position dominante, doivent être déclarées incompatibles avec le marché commun.*
> *4. Pour autant que la création d'une entreprise commune constituant une concentration au sens de l'article 3 ait pour objet ou pour effet la coordination du comportement concurrentiel d'entreprises qui restent indépendantes, cette coordination est appréciée selon les critères de l'article 81, paragraphes 1 et 3, du traité [101 TFUE] en vue d'établir si la concentration est compatible ou non avec le marché commun.*
> *5. Dans cette appréciation, la Commission tient notamment compte de :*
> *– la présence significative et simultanée de deux entreprises fondatrices ou plus sur le même marché que celui de l'entreprise commune, sur un marché situé en amont ou en aval de ce marché ou sur un marché voisin étroitement lié à ce marché,*
> *– la possibilité donnée aux entreprises concernées par leur coordination résultant directement de la création de l'entreprise commune d'éliminer la concurrence pour une partie substantielle des produits et services en cause ».*

Le détour par la jurisprudence de la CJUE et du Tribunal n'apparaît donc plus nécessaire pour inclure les oligopoles parmi les situations en mesure de créer des positions dominantes.

b. Examen des dispositions de droit interne

En ce qui concerne les dispositions de droit français portant sur la possibilité de considérer comme étant constitutives de positions dominantes des situations oligopolistiques, l'**article L. 420-2 du Code du commerce** semble contenir des dispositions qui vont à l'encontre de la notion de position dominante collective telle que précédemment définie au niveau communautaire. En effet, une lecture stricte de cet article paraît exclure les cas de monopoles constitués par plusieurs entreprises. L'article L. 420-2 parle uniquement d'« entreprise » ou de « groupe d'entreprises », mais ne s'adresse pas en tant que tel à plusieurs entreprises. **Une partie de la doctrine s'interroge donc sur l'application de l'article à plusieurs entreprises**.

c. Les formes d'oligopoles

Les situations oligopolistiques peuvent revêtir plusieurs formes. L'arrêt **Compagnie maritime belge** précité fournit des exemples très intéressants à ce sujet. L'arrêt précise qu'une **entente** peut être considérée, dans certains cas, comme un oligopole. Ce dernier peut également résulter de **la structure du marché considéré**. C'est ce que précisent les paragraphes 44 et 45 de l'arrêt :

> *« En revanche, un accord, une décision ou une pratique concertée (bénéficiant ou non d'une exemption au titre de l'article 85, paragraphe 3, du traité [article 101 TFUE]) peut incontestablement, lorsqu'il est mis en œuvre, avoir pour conséquence que les entreprises concernées se sont liées quant à leur comportement sur un marché déterminé de manière qu'elles se présentent sur ce marché comme une entité collective à l'égard de leurs concurrents, de leurs partenaires commerciaux et des consommateurs.*
> *L'existence d'une position dominante collective peut donc résulter de la nature et des termes d'un accord, de la manière de sa mise en oeuvre et, partant, des liens ou facteurs de corrélation entre entreprises qui en résultent. Toutefois, l'existence d'un accord ou d'autres liens juridiques n'est pas indispensable à la constatation qu'il existe une position dominante collective, constatation qui pourrait résulter d'autres facteurs de corrélation et dépendrait d'une appréciation économique et, notamment, d'une appréciation de la structure du marché en cause... ».*

L'arrêt indique également que, même si la CJUE parvient à la conclusion qu'elle est en présence d'une position dominante, cela ne présage nullement de la question de savoir si les entreprises concernées abusent de cette position, ce qui ne peut être vérifié que par l'examen de leur comportement.

◆ Dispositions pertinentes

• Dispositions pertinentes de droit communautaire
– Article 102 TFUE (ex-article 82 du TCE).
– Règlement (CE) n° 4064/89 du Conseil, du 21 décembre 1989, relatif au contrôle des opérations de concentration entre entreprises, *JOUE*, n° L 395 du 30/12/1989.
– Règlement (CE) n° 139/2004 du Conseil du 20 janvier 2004 relatif au contrôle des concentrations entre entreprises, *JOUE*, n° L 024 du 29/01/2004.

• Dispositions pertinentes de droit interne :
– Article L. 420-2 du Code de commerce.

◆ Jurisprudence pertinente

• Jurisprudence communautaire
– CJUE, 05/10/1988, Alsatel c. Novasam, *aff.* C-247-86, *Rec.*, 1988, p. 5987.
– CJUE le 27/04/1994, Commune d'Almelo et autres c. NV Energiebedrijf Ijsselmij, *aff.* C-393/92, *Rec.*, 1994, p. I-01477.
– CJUE, 31/03/1998, France et Société commerciale des potasses et de l'azote et Entreprise minière et chimique c. Commission, *aff. jointes* C-68/94 et C-30/95, *Rec.*, 1998, p. I-1375.
– Tribunal du 07/10/1999, arrêt Irish Sugar plc c. Commission, *aff.* T-228/97, *Rec.*, 1999, p. II-02969.
– CJUE, 16/03/2000, Compagnie maritime belge de transports e.a. c. Commission, *aff.* C-395/96, *Rec.*, 2000, p. I-1365.

Certains des arrêts que nous avons examinés plus tôt, à propos soit des situations de monopoles soit des situations d'oligopoles, évoquaient la notion de dépendance économique. C'est à cette notion que sera consacré le point suivant.

B - La dépendance économique

À la différence de ce que nous avons pu voir à propos de la position dominante, la notion de dépendance est une notion uniquement utilisée en droit interne et notamment en droit français. Pour cette raison, nous ne reviendrons que sur les dispositions françaises. La notion de dépendance économique a été utilisée pour la première fois dans l'ordonnance datant du 1er décembre 1986.

L'exploitation abusive d'une position dominante est aujourd'hui contenue dans l'**article L. 420-2 du Code du commerce** qui prévoit, en son paragraphe 2 que :

> « *Est en outre prohibée, dès lors qu'elle est susceptible d'affecter le fonctionnement ou la structure de la concurrence, l'exploitation abusive par une entreprise ou un groupe d'entreprises de l'état de dépendance économique dans lequel se trouve à son égard une entreprise cliente ou fournisseur. Ces abus peuvent notamment consister en refus de vente, en ventes liées ou pratiques discriminatoires visées à l'article L. 442-6* ».

La dépendance économique est également reprise à l'**article L. 430-6 du Code de Commerce** sur les opérations de concentrations, qui est devenu l'article L. 430-9 du même code. Ce dernier dispose que :

> « *Si une opération de concentration a fait l'objet, en application du III de l'article L. 430-5, d'une saisine du Conseil de la concurrence, celui-ci examine si elle est de nature à porter atteinte à la concurrence, notamment par création ou renforcement d'une position dominante ou par création ou renforcement d'une puissance d'achat qui place les fournisseurs en situation de dépendance économique…* ».

Enfin, l'**article L. 442-6 du Code du commerce** stipule que :

> « *I. - Engage la responsabilité de son auteur et l'oblige à réparer le préjudice causé le fait, par tout producteur, commerçant, industriel ou personne immatriculée au répertoire des métiers :*
> *(…)*
> *D'abuser de la relation de dépendance dans laquelle il tient un partenaire ou de sa puissance d'achat ou de vente en le soumettant à des conditions commerciales ou obligations injustifiées…* ».

Pas plus que la notion de position dominante, la notion de dépendance économique n'est définie. Il convient donc également d'examiner la jurisprudence. Comme nous allons le montrer, la dépendance économique s'entend à la fois de celle du client, et à la fois de celle du fournisseur. La dépendance économique du client peut résulter de plusieurs facteurs, tels que la part de l'entreprise dans le chiffre d'affaires de son ou de ses partenaires, la notoriété de la

marque (ou de l'enseigne) et l'importance de la part de marché de ce ou ces partenaires, l'existence ou non de solutions alternatives, les facteurs ayant conduit à la situation de dépendance.
La plupart de ces facteurs sont énoncés dans un arrêt rendu par la Cour de cassation le 09/04/2002. Cet arrêt oppose la société Lotus développement (société Lotus) à la société Sintel. La société Lotus développe et commercialise des logiciels informatiques et des services connexes par l'intermédiaire de grossistes qui revendent ces produits à des détaillants ou à des utilisateurs. En 1993, la société Lotus conclut un contrat de distribution avec la société Sintel par lequel cette dernière s'engage à commercialiser certains de ses produits. Le contrat est conclu pour une période se terminant le 31 décembre 1993, date à laquelle il doit être renouvelé de plein droit par périodes successives. Le 31 août 1995, la société Lotus informe la société Sintel de son intention de ne pas renouveler le contrat au-delà du 31 décembre 1995. La société Sintel engage alors une action en justice visant à démontrer qu'elle est en dépendance économique à l'égard de la société Lotus. Dans son pourvoi, la société Sintel considère :

« *que l'existence d'un état de dépendance économique s'apprécie en tenant compte de la notoriété de la marque du fournisseur, de l'importance de sa part dans le marché considéré et dans le chiffre d'affaires du revendeur, ainsi que de l'impossibilité pour ce dernier d'obtenir d'autres fournisseurs des produits équivalents ; qu'en l'espèce, la société Sintel avait soutenu dans ses conclusions d'appel que la part des produits Lotus dans son chiffre d'affaires était de 29 % en 1994 et de 35 % en 1995...* ».

La Cour de cassation rejette le pourvoi en faisant valoir que la cour d'appel relève que le chiffre d'affaires de la société Lintel a augmenté après la rupture du contrat ce qui indique bien que ladite société a su trouver des **solutions alternatives, critère déterminant pour la Cour** :

« *Mais attendu que l'existence d'un état de dépendance économique d'un distributeur par rapport à un fournisseur s'apprécie en tenant compte de la notoriété de la marque du fournisseur, de l'importance de sa part dans le marché considéré et dans le chiffre d'affaires du revendeur ainsi que de l'impossibilité pour ce dernier d'obtenir d'autres fournisseurs des produits équivalents ; que l'arrêt constate que l'examen des pièces comptables et fiscales ne fait nullement apparaître une chute brutale d'activité et du chiffre d'affaires de la société Sintel après la rupture du contrat de distribution mais qu'au contraire le chiffre d'affaires de la société Sintel a connu une croissance de 34 % en 1996 et que l'activité de distribution a augmenté de 17 % au cours de l'exercice clos le 30 juin 1997 par rapport à l'exercice clos le 31 décembre 1995 ; qu'en l'état de ces seules constatations, la cour d'appel, qui ne s'est pas fondée sur un critère inopérant mais a seulement fait ressortir que la société Sintel ne pouvait se prévaloir de l'absence de solution équivalente, et qui relève que la réorientation de ses activités avait pu être effectuée sans difficulté, a pu en déduire que l'état de dépendance dont se prévalait la société Sintel n'était pas établi et a légalement justifié sa décision, abstraction faite de la dénaturation justement critiquée par la première branche du moyen mais sans incidence sur la solution du litige ; qu'il suit de là que non fondé en sa troisième branche et inopérant en toutes ses autres branches, le moyen ne peut être accueilli...* ».

Cet arrêt permet d'insister sur le fait que la Cour de cassation, pour déterminer l'état de dépendance économique, se montre très exigeante au sujet de **l'exis-**

tence de solution alternative pour le client. En leur absence, elle considère systématiquement qu'il n'y a pas dépendance économique. En témoigne un autre arrêt rendu par la Cour de cassation le 10/06/2004. Cet arrêt concerne la société Concurrence, cliente de Sony, qui est donc son fournisseur. La société Concurrence prétend dans son pourvoi qu'elle est, en tant que cliente, en état de dépendance économique à l'égard de son fournisseur en raison de l'importance de ses approvisionnements auprès de Sony. Ainsi considère-t-elle :

> *« que les commerçants qui s'approvisionnent pour une part prépondérante de leur chiffre d'affaires auprès d'un fournisseur sont de ce seul fait en situation de dépendance économique, au sens de l'article L. 420-2 du Code de commerce ; d'où il suit qu'en se fondant sur des critères généraux telle que la position du fournisseur sur le marché (liée à la notion de position dominante) ou sur l'existence de produits substituables (critère que le législateur a écarté) pour décider que la société Concurrence n'est pas en situation de dépendance économique vis-à-vis de la société Sony France, tout en constatant que la société Concurrence réalisait 95 % de ses approvisionnements auprès de ladite société Sony, la cour d'appel n'a pas légalement justifié sa décision au regard de l'article L. 420-2, alinéa 2, du Code de commerce, dans sa rédaction issue de la loi du 15 mai 2001… ».*

La Cour de cassation rejette cependant le pourvoi, en considérant que **l'importance de l'approvisionnement ne saurait suffire à déterminer la dépendance économique car cette dernière repose notamment sur l'absence de possibilité de changer de fournisseur pour le client**.

> *« Mais attendu, en premier lieu, que l'état de dépendance économique, pour un distributeur, se définit comme la situation d'une entreprise qui ne dispose pas de la possibilité de substituer à son ou ses fournisseurs un ou plusieurs autres fournisseurs répondant à sa demande d'approvisionnement dans des conditions techniques et économiques comparables ; qu'il s'en déduit que la seule circonstance qu'un distributeur réalise une part très importante voire exclusive de son approvisionnement auprès d'un seul fournisseur ne suffit pas à caractériser son état de dépendance économique au sens de l'article L. 420-2 du Code de commerce ; que, soutenant une règle contraire, le moyen, en ses première et deuxième branches, ne peut être accueilli… ».*

Dans le même sens, il convient de noter que la Cour de cassation refuse de tenir compte du seul critère de la **notoriété** et vérifie la possibilité qu'ont les entreprises clientes de s'approvisionner en **produits de substitution**. C'est ce qui se passe dans un arrêt rendu par la Cour de cassation le 12/01/1999, concernant, entre autres, la marque Téfal. Ainsi, dans la Cour déclare-t-elle que :

> *« Mais attendu que la cour d'appel, après avoir relevé que l'importance de la part des sociétés Téfal et VCA dans le marché considéré ne pouvait se déduire, en l'absence d'autres justifications, "de la seule notoriété de ces marques (ou) de l'exploitation de procédés de fabrication spécifiques", a constaté que M. Zucchi et la société SIF à qui incombait la charge de la preuve, justifiaient seulement d'une part de 20 % des produits Téfal dans le chiffre d'affaires de la société Del Prete ; qu'en l'absence de toute preuve en ce qui concerne la société VCA et ayant constaté que les sociétés Del Prete avaient pu "pendant 2 ans" s'approvisionner en produits de "substitution", auprès de sociétés concurrentes de la société VCA, la cour d'appel, qui n'avait pas à faire d'autres recherches, n'encourt pas les griefs du moyen… ».*

Parmi les facteurs conduisant à la dépendance entre sociétés, il faut noter l'existence de **clauses contractuelles exclusives d'approvisionnement, ayant des incidences sur le chiffre d'affaires de l'entreprise prétendant se trouver en dépendance économique**. Lorsqu'elles sont avérées, elles peuvent caractériser une situation de dépendance économique. À défaut, cette dernière risque de ne pas être établie, même si les parties au contrat entretiennent des relations privilégiées. Ainsi, dans un arrêt datant du 14 décembre 1999, la Cour de cassation refuse-t-elle de considérer l'existence d'une situation de dépendance économique, en raison de l'absence de telles clauses :

« *Mais attendu qu'ayant retenu, d'un côté, qu'en ce qui concerne les carburants, il n'est pas établi que la société BP ait imposé à M. Pers des prix de vente supérieurs à ceux qu'elle pratiquait dans les autres stations-service de son réseau ni à ceux pratiqués par les autres pétroliers et, de l'autre, que s'agissant des lubrifiants, M. Pers n'était pas lié à la société BP par une clause d'exclusivité d'approvisionnement et son activité à ce titre ne représentait qu'une partie marginale de son chiffre d'affaires, la cour d'appel a, par ces seuls motifs, abstraction faite de tous autres surabondants et sans inverser la charge de la preuve, justifié sa décision et pu considérer que la société BP n'avait commis aucun abus, ni en profitant d'une position dominante ou de la dépendance économique de M. Pers, ni dans la fixation des prix des marchandises ; que les moyens ne peuvent être accueillis…* ».

Ce raisonnement est repris dans un arrêt plus récent de la Cour de cassation datant du 12/05/2004. La société Geaix est devenue la cliente d'Auchan. La société Geaix réclame des indemnités en vertu d'une dénonciation qu'elle estime abusive du contrat d'approvisionnement, assortie d'un délai de six mois qu'elle considère comme trop court. Ainsi la société Geaix prétend-elle que :

« *Attendu que la société ABCG fait grief à l'arrêt d'avoir rejeté sa demande d'indemnité complémentaire de rupture fondée sur l'insuffisance du délai de préavis, alors, selon le moyen, que la société Geaix faisant valoir que le fait de se voir confier l'exclusivité de l'approvisionnement des magasins du groupe Auchan du centre de la France l'avait encouragée à affecter l'ensemble de ses moyens à la satisfaction de ce donneur d'ordres, que ce dernier s'était satisfait que la société Geaix n'approvisionne aucun de ses concurrents, pour des raisons évidentes de confidentialité, que toutes les autres entreprises de la grande distribution susceptibles d'être intéressées par une plate-forme de produits surgelés dans cette région étaient d'ailleurs déjà structurées, de sorte qu'elle n'avait pu trouver d'autres clients, et que par suite, si le contrat ne lui imposait pas formellement une exclusivité, elle se trouvait en état de totale dépendance économique vis-à-vis de son partenaire, de sorte qu'un délai de six mois était insuffisant pour lui permettre de donner une nouvelle orientation à ses activités ; qu'en se bornant à relever que la société Geaix n'avait pas d'obligation contractuelle d'exclusivité envers Auchan pour affirmer que la durée du préavis contractuel était, suffisant sans s'expliquer sur cet état de dépendance économique, la cour d'appel a privé sa décision de base légale au regard de l'article L. 442-6-1-4 du Code de commerce ;*
Mais attendu qu'ayant relevé que la société Geaix n'était pas contractuellement liée à titre exclusif à la société Auchan, faisant ainsi ressortir la liberté qu'avait la société Geaix d'assurer la diversification de ses activités, et constaté qu'un précédent contrat avait lié les parties depuis le 24 mars 1989, la cour d'appel qui a souverainement estimé que la durée du préavis fixée à six mois était suffisante, s'est prononcée au regard des relations commerciales antérieures entre les parties et a ainsi légalement justifié sa décision, abstraction faite des motifs erronés, mais surabondants critiqués par la première branche du moyen ; que celui-ci n'est pas fondé… ».

Comme le montre la jurisprudence que nous venons d'examiner, l'existence d'une position dominante doit être qualifiée par les tribunaux, grâce à l'aide de critères précis. Il convient enfin de signaler que les situations de position dominante et de dépendance ne sont pas exclusives l'une de l'autre et qu'elles peuvent à l'opposé se cumuler, notamment dans les hypothèses de monopoles, comme cela a été montré plus tôt.

◆ Dispositions pertinentes

• Dispositions pertinentes de droit français
– Ordonnance du 1er décembre 1986.
– Article L. 420-2 du Code du commerce.
– Article L. 430-6 du Code du commerce, devenu L. 430-9 du même code.
– Article L. 442-6 du Code du commerce.

◆ Jurisprudence pertinente

• Jurisprudence française
– Cour de cassation, chambre commerciale, 12/01/1999, *Bulletin*, 1999, IV, n° 10, p. 10, www.legifrance.gouv.fr.
– Cour de cassation, chambre commerciale, 14/12/1999, inédit, www.legifrance.gouv.fr.
– Cour de cassation, chambre commerciale, 2510/2000, inédit, www.legifrance.gouv.fr.
– Cour de cassation, chambre commerciale, 09/04/2002, inédit, www.legifrance.gouv.fr.
– Cour de cassation, chambre commerciale, 03/03/2004, *Bulletin*, 2004, IV, n° 44, p. 43, *Dalloz*, 10/06/2004, n° 23, p. 1661-1663, note Yves Picod, www.legifrance.gouv.fr.
– Cour de cassation, chambre commerciale, 12/05/2004, *Bulletin*, 2004, IV, n° 86, p. 90, www.legifrance.gouv.fr.
– Tribunal, 30/09/2003, Atlantic Container Line AB et autres c. Commission, aff. jointes T-191/98, T-212/98 à T-214/98, *Rec.* 2003, p. II-03275 ;
– Tribunal, 26/10/2005, Laurent Piau c. Commission, aff. T-193/02, *Rec.* 2005, p. II-00209.

Cette troisième section a donc permis de définir les deux notions de position dominante et de dépendance économique. La quatrième section porte sur l'examen des règles de concurrence applicables aux entreprises, que ce soit concernant le contrôle des ententes ou les interdictions des comportements anticoncurrentiels tels que les abus de positions dominantes.

section **4**

Règles européennes de concurrence applicables aux entreprises

A - Le contrôle des opérations de concentration entre entreprises

1. *Introduction*
2. *Champ d'application*
3. *Modalités et objet du contrôle*
4. *Articulation avec le droit national de contrôle des concentrations*

B - La prohibition de comportements anticoncurrentiels des entreprises

1. *Prohibition de l'entente*
2. *Prohibition de l'abus de position dominante*

La politique de la concurrence est essentielle pour la réalisation du marché intérieur. Si ce dernier a pour but de permettre aux entreprises de se concurrencer sur l'ensemble des marchés des États membres à conditions égales, c'est à la politique de concurrence de promouvoir l'efficacité et le progrès économique, en créant un climat propice aux innovations et au progrès technique qui permettra l'amélioration de la production, de la distribution ou des services et la réduction à la fois des coûts et des prix grâce aux gains de productivité.

La politique de concurrence ne s'arrête cependant pas là. Elle se doit également d'assurer la compétitivité des entreprises, des produits et des services européens sur le marché mondial, tout en protégeant au mieux les intérêts des consommateurs.

A - Le contrôle des opérations de concentration entre entreprises

Les règles du droit de la concurrence communautaire, énoncées aux articles 101 à 109 TFUE (ex-articles 81 à 89 TCE), cherchent à éviter :
• que d'éventuelles ententes et pratiques anticoncurrentielles, de la part des sociétés ou des autorités nationales, n'entravent une saine dynamique de concurrence (**ententes et pratiques concertées**) ;
• qu'une ou plusieurs entreprises exploitent leur pouvoir économique de manière abusive vis-à-vis d'entreprises moins fortes (**abus de position dominante**) ; et
• que les gouvernements des États membres faussent les règles du jeu de la concurrence (**aides d'État**).
Le contrôle des concentrations d'entreprises se situe plus en amont. Comme le souligne le Tribunal dans son arrêt *Gencor Ltd c/ Commission* (aff. T-102/96 du 25 mars 1999), il s'agit de :

> *« s'assurer que la concurrence n'est pas faussée dans le marché commun, notamment par des opérations de concentration donnant lieu à la création ou au renforcement d'une position dominante. »*

1. *Introduction*

a. Origine du contrôle des concentrations

Jusqu'à l'adoption, en 1989, du premier règlement du Conseil relatif au contrôle des concentrations entre entreprises, le droit communautaire ne contient aucune règle spécifique relative aux concentrations.
Dans l'attente de ce règlement, les autorités communautaires ont recours aux articles 101 et 102 TFUE pour soumettre *a posteriori* fusions et prises de participations au contrôle lorsqu'elles étaient constitutives d'une exploitation abusive de position dominante, compétence qui leur fut reconnue par la CJUE dans ses arrêts *Continental Can* du 21 février 1973 et *Philip Morris* du 17 septembre 1980.
Ce système de contrôle *a posteriori* s'avère cependant vite inefficace et a en plus l'inconvénient de laisser planer une incertitude sur les opérations de concentration (risque d'annulation), ce qui pousse finalement les États membres à adopter un règlement instaurant un contrôle préalable des concentrations entre

entreprises dont les conditions sont mieux définies que celles de la jurisprudence précitée. Néanmoins, plus de quinze ans s'écoulent entre la première proposition de la Commission et l'adoption par le Conseil du règlement n° 4064/89 du 21 décembre 1989.

Depuis, toutes les concentrations **de dimension communautaire** (telles que définies par cette réglementation) doivent être notifiées à la Commission.

Elles doivent être déclarées incompatibles avec le Marché commun par la Commission à partir du moment où elles entravent :

> *« (...) de manière significative une concurrence effective dans le Marché commun ou une partie substantielle de celui-ci, notamment du fait de la création ou du renforcement d'une position dominante (...) »*

comme le précise l'article 2 § 3 du règlement (CE) n° 139/2004 qui a remplacé, avec effet au 1er mai 2004, celui de 1989.

Ce nouveau règlement, entré en vigueur en même temps que l'élargissement de l'Union européenne à 25 membres, est le résultat d'un débat sur la réforme du régime de contrôle des concentrations que la Commission avait lancé en 2001 avec son Livre vert. Il se devait de faire face à un degré accru de concentration industrielle du système économique, pour lequel le principe du « guichet unique » permettant à la Commission un contrôle exclusif sur les concentrations de dimension communautaire commençait à être dépassé.

Suivant le postulat du « principe de subsidiarité », la nouvelle réglementation communautaire tâche d'impliquer davantage les autorités et juridictions nationales de concurrence des États membres. En même temps, elle intègre les résultats de la jurisprudence de la CJUE et du Tribunal, qui, au fil des années, ont eu l'occasion de développer davantage de notions et de concepts à la base du contrôle des concentrations. Une nouvelle mise à jour est intervenue avec l'entrée en vigueur du Traité de Lisbonne, le 1er décembre 2009.

Par ailleurs, la procédure de notification et d'enquête a été simplifiée. Il en résulte que sur le grand nombre d'opérations, notifiées à la Commission depuis 1990, moins 1 % n'a été interdit et que dans à peu près 8 % des cas, les problèmes ont pu être résolus par recours à des mesures correctives, tout en permettant la réalisation de la concentration.

Cela démontre que l'application des règles en matière de contrôle des concentrations ne fait pas obstacle à la création d'entreprises européennes d'une envergure suffisante pour résister à la concurrence sur le marché mondial. Il s'agit là de l'expression d'une volonté politique clairement affichée par la Commission, parfois sévèrement critiquée par les « puristes » du droit de la concurrence.

b. Textes applicables

Les bases de la réglementation communautaire en matière de contrôle des concentrations se trouvent aujourd'hui dans deux textes :

- le règlement n° 139/2004 précité et ;
- le règlement (CE) n° 802/2004 du 7 avril 2004 concernant sa mise en œuvre, tel que modifié par le règlement (CE) n° 1033/2008 de la Commission du 20 octobre 2008, qui a mis à jour le formulaire de notification pour tenir compte de l'entrée de la Bulgarie et de la Roumanie dans l'Union Européenne.

Ces textes contiennent un grand nombre de règles édictées par des règlements antérieurs, souvent sans aucune modification. De ce fait, la jurisprudence du

Tribunal et de la CJUE ainsi que les communications de la Commission publiées avant leur adoption demeurent largement utilisables.
Cela concerne notamment les communications de la Commission suivantes :
• la communication relative à la notion d'entreprises communes de plein exercice au sens du règlement n° 4064/89 modifié ;
• la communication relative à la notion de concentration au sens du règlement n° 4064/89 modifié ;
• la communication relative à la notion d'entreprises concernées au sens du règlement n° 4064/89 modifié et
• la communication relative au calcul du chiffre d'affaires conformément au règlement n° 4064/89 modifié.
Ces communications n'ont aucune valeur normative, mais sont très utiles pour connaître l'interprétation que la Commission donne à ces textes.
Parallèlement au règlement n° 1033/2008 précité, la Commission a par ailleurs publié le 20 octobre 2008 une nouvelle communication concernant les mesures correctives recevables conformément au règlement CE n° 139/2004 du Conseil et au règlement CE n° 802/2004. Elle précise les types d'engagements en insistant sur les engagements structurels comme les engagements de cession, ou quasi-structurels comme les engagements d'accès. Elle revient également sur la procédure, ainsi que sur l'exécution des engagements en précisant notamment le rôle des mandataires.

2. *Champ d'application*

a. Notion de la concentration

Toutes les « concentrations » de « dimension communautaire » sont soumises au contrôle de la Commission. On entend par **concentration** toute opération ayant pour résultat un changement durable du contrôle suite :
• à la fusion de deux ou plusieurs entreprises ou parties d'entreprises antérieurement indépendantes ;
• à l'acquisition directe ou indirecte, par une ou plusieurs personnes (détenant déjà le contrôle d'une entreprise au moins) ou par plusieurs entreprises qui acquièrent le contrôle d'une ou de plusieurs autres entreprises.
Dans ce cadre, les opérations de concentration multiples, qu'elles soient subordonnées l'une à l'autre ou étroitement liées, sont considérées comme une seule concentration.

b. Notion de la dimension communautaire

Une concentration dite « de base » est censée atteindre une **dimension communautaire** lorsque :
• le chiffre d'affaires total réalisé sur le plan mondial de toutes les entreprises concernées par l'opération représente un montant supérieur à 5 milliards d'euros et
• le chiffre d'affaires total réalisé individuellement dans l'Union Européenne par au moins deux des entreprises concernées représente un montant supérieur à 250 millions d'euros, sauf si chacune des entreprises concernées réalise plus des deux tiers de son chiffre d'affaires total dans l'Union Européenne à l'intérieur d'un seul et même État membre.
Attention : Au chiffre d'affaires de l'entreprise concernée, il faut ajouter ceux des entreprises liées, donc celui de ses filiales, de la société qui la contrôle, des autres filiales de la société qui la contrôle ainsi que de toute autre entreprise contrôlée conjointement par au moins deux entreprises appartenant au groupe, toutefois sous déduction du chiffre d'affaires réalisé entre ces entreprises dans

le cadre de transactions à l'interne du groupe, pour ne tenir compte que du chiffre d'affaires externe. Cela permet d'avoir un aperçu du volume total des ressources économiques que l'opération a pour effet de réunir.

Mais même si les seuils précités ne sont pas atteints, il peut néanmoins s'agir d'une concentration de dimension communautaire, si :

- le chiffre d'affaires total réalisé sur le plan mondial de toutes les entreprises concernées par l'opération représente un montant supérieur à 2,5 milliards d'euros ;
- dans chacun d'au moins trois États membres, le chiffre d'affaires total réalisé par toutes les entreprises concernées est supérieur à 100 millions d'euros ;
- dans chacun d'au moins trois États membres inclus aux fins du point précédent, le chiffre d'affaires total réalisé individuellement par au moins deux des entreprises concernées est supérieur à 25 millions d'euros, et
- le chiffre d'affaires total réalisé individuellement dans la Communauté par moins deux des entreprises concernées représente un montant supérieur à 100 millions d'euros, à moins que chacune des entreprises concernées réalise plus de deux tiers de son chiffre d'affaires total dans la Communauté à l'intérieur d'un seul et même État membre.

On parlera alors d'une **concentration transfrontalière**.

Le but principal de ce jeu de seuils est d'éviter qu'une même opération ne fasse l'objet d'une notification multiple dans le cadre des différents systèmes nationaux de contrôle des concentrations concernés.

La Commission a rendu le 18 juin 2009 un rapport sur leur mise en œuvre. Sur cette base er sur proposition de la Commission, le Conseil pourrait ensuite et régulièrement réviser ces seuils quantitatifs en statuant à la majorité qualifiée, pour tenir compte de l'expérience acquise avec la nouvelle réglementation. Dans ce rapport, la Commission a conclu que les seuils de compétence et l'ensemble des mécanismes correcteurs prévus par le règlement CE sur les concentrations ont fourni, en règle générale, un cadre juridique approprié pour la répartition des affaires entre l'UE et les Etats membres. Toutefois, des améliorations du système actuel d'attribution des affaires seraient encore possibles.

Il existe deux exceptions par rapport à la règle que seules les concentrations répondant aux seuils quantitatifs énoncés ci-dessus sont soumises au contrôle de la Commission :

- **Renvoi du « type 3 + »**

Les notifications multiples d'une même transaction augmentent l'insécurité juridique, les efforts et les coûts pour les entreprises et peuvent conduire à des résultats divergents. C'est la raison pour laquelle, lorsqu'une opération de concentration n'est pas de dimension communautaire, mais susceptible d'être examinée en vertu du droit national de la concurrence d'au moins trois États membres (d'où la dénomination « 3 + »), les personnes ou entreprises concernées peuvent, avant toute notification aux autorités compétentes, informer la Commission, au moyen d'un mémoire motivé, que la concentration doit être examinée par elle. Dans un tel cas, aucun État membre n'appliquera son droit national de la concurrence à cette concentration (article 4 § 5 du règlement 139/2004). Cependant, aucun des États membres compétents pour examiner l'affaire ne doit s'opposer à un tel renvoi.

- **Renvoi par un État membre**

Un ou plusieurs États membres peuvent aussi demander à la Commission d'examiner toute concentration qui n'est pas de dimension communautaire selon les seuils quantitatifs, mais qui affecte le commerce entre les États membres et menace d'affecter de manière significative la concurrence sur le territoire du ou des États membres qui formulent cette demande (22 § 1 du règlement 139/2004).

Dans ce cas, la « dimension communautaire » résulte de l'impact de l'opération sur le commerce entre les États membres, le chiffre d'affaires n'étant en effet pas le seul critère pour identifier les concentrations de dimension communautaire.

c. Renvoi en cas d'impact sur la concurrence dans un marché distinct

Le corrélatif aux renvois à la Commission est la possibilité pour cette dernière, lorsqu'une concentration de dimension communautaire risque d'affecter de manière significative la concurrence sur le marché à l'intérieur d'un État membre qui présente toutes les caractéristiques d'un marché distinct, de renvoyer l'affaire aux autorités compétentes de cet État membre en vue de l'application du droit national de la concurrence de cet État. Il s'agit là aussi d'une expression du principe de la subsidiarité.

L'initiative d'un tel renvoi peut être prise par les personnes ou les entreprises concernées par l'opération de concentration qui en informeront le cas échéant la Commission avant la notification (article 4 § 4 du règlement 139/2004). Le renvoi doit cependant être accepté par l'État membre en question. En cas de renvoi, il n'y a pas lieu de procéder à une notification.

La Commission peut aussi, selon les mêmes critères, proposer de sa propre initiative un tel renvoi dans le cadre de l'examen d'une concentration notifiée (article 9 du règlement 139/2004).

3. *Modalités et objet du contrôle*

Toute opération de concentration de dimension communautaire doit faire l'objet d'une notification auprès de la Commission à un moment donné bien précis : avant sa réalisation, mais après, selon les cas, la conclusion de l'accord ou la publication de l'offre publique d'achat ou d'échange (OPA/OPE) conduisant à la concentration ou l'acquisition d'une participation de contrôle.

La notification peut toutefois être faite avant, dans la mesure où les entreprises concernées démontrent de bonne foi à la Commission leur intention de procéder à une concentration, à condition bien entendu que l'opération envisagée aboutisse à une concentration de dimension communautaire.

Cela permet désormais de mieux articuler la procédure de notification avec celle de l'information et consultation du ou des comités d'entreprise des entités concernées.

En cas d'omission, la Commission peut infliger aux entreprises concernées des amendes jusqu'à concurrence de 10 % de leur chiffre d'affaires total (article 14 § 2 du règlement 139/2004). Elle peut aussi, si une concentration de dimension communautaire s'avère incompatible avec le Marché commun, ordonner par décision la séparation des entreprises ou des actifs regroupés ou la cessation du contrôle commun ou toute autre action appropriée pour rétablir une concurrence effective (article 8 § 4 du règlement 139/2004).

EXEMPLES Décision n° 2004/103/CE de la Commission du 30 janvier 2002 dans l'affaire *Tetra Laval/Sidel* : *JO*, L 38, ordonnant la cession effective et définitive d'une participation acquise et 2004/276/CE du 30 janvier 2002 dans l'affaire *Schneider/Legrand* : *JO*, L 101, ordonnant la séparation d'entreprises à la suite d'une offre publique d'échange (OPE), par laquelle *Schneider* détenait déjà 98,1 % du capital de *Legrand*.

a. La procédure de notification

Avant de procéder au dépôt du dossier de notification, il est possible d'avoir des entretiens informels et strictement confidentiels avec la Commission au sujet de la concentration envisagée. Cela peut être utile en cas de doute sur la dimension communautaire d'une opération, pour s'assurer qu'il ne manque aucun élément au dossier ou d'avoir un premier avis (certes officieux et n'engageant aucunement la Commission) sur la compatibilité de la concentration envisagée avec le Marché intérieur.

Les concentrations sous forme de fusions ou d'établissement d'un contrôle en commun doivent être notifiées conjointement par les parties de l'opération respective, alors que les concentrations ayant d'autres formes doivent être notifiées par la personne ou l'entreprise qui acquiert le contrôle de l'ensemble ou de partie d'une ou plusieurs autres entreprises (cf. articles 4 § 2 et 3 § 1 du règlement 139/2004).

L'annexe 1 au règlement n° 802/2004 du 7 avril 2004, telle que modifiée par le règlement n° 1033/2008 contient un « Formulaire CO » relatif à la notification d'une concentration conformément au dit règlement qui précise quels sont les documents à joindre et les indications à donner. Il convient de suivre ces instructions à la lettre, car en cas d'éléments manquants, la notification est considérée comme incomplète et ne prendra effet que lorsque ces éléments auront été fournis (article 5 § 2 du règlement 802/2004).

Le même règlement prévoit également un formulaire simplifié pour la notification des concentrations peu susceptibles de soulever des problèmes de concurrence. Tel est le cas lorsque l'une des conditions suivantes est remplie :

• dans le cas d'une entreprise commune, celle-ci n'exerce ou ne prévoit d'exercer aucune activité autre que négligeable sur le territoire de l'Espace économique européen (EEE), ce qui est le cas lorsque :

– le chiffre d'affaires de l'entreprise commune et/ou celui des activités cédées est inférieur à 100 millions d'euros sur le territoire de l'EEE et

– la valeur totale des actifs cédés à l'entreprise commune est inférieure à 100 millions d'euros sur le territoire de l'EEE ;

• aucune des parties à la concentration n'exerce d'activités commerciales sur le même marché de produits et géographique (absence de chevauchement horizontal) ou sur un marché qui se situe en amont ou en aval d'un marché sur lequel opère une autre partie à la concentration (pas de relation verticale comme par exemple entre fabricant et distributeur) ;

• deux parties ou plus à la concentration exercent des activités commerciales sur le même marché de produits et géographique (donc existence de relations horizontales), mais leur part de marché cumulée n'atteint pas 15 % et/ou une ou plusieurs parties à la concentration exercent des activités commerciales sur un marché de produits qui se situe en amont ou en aval d'un marché de produits sur lequel opère toute autre partie à la concentration (relations verticales), pour autant qu'aucune de leur part individuelle ou cumulée sur un de ces marchés n'est égale ou supérieure à 25 % ;

• une partie acquiert le contrôle exclusif d'une entreprise dont elle possède déjà le contrôle en commun.

Un troisième formulaire dénommée « RS » (« *reasoned submission* ») est destinée au mémoire motivé par lequel, avant toute notification, la Commission peut être informée des concentrations pouvant donner lieu aux renvois décrits plus haut (renvoi de type 3 + ou en cas d'impact sur la concurrence d'un marché intérieur distinct).

Les informations fournies dans le cadre de la notification doivent être exactes et complètes. Tout manquement à cette obligation est strictement sanctionné (révocation d'une décision de compatibilité et remplacement par une déclaration d'incompatibilité et/ou amendes jusqu'à concurrence de 10 % du chiffre d'affaires total réalisé par les entreprises concernées).

EXEMPLES Amendes d'un montant total de 100 000 euros à *Deutsche Post AG* pour des renseignements et indications inexactes et dénaturées ou encore amende de 50 000 euros et astreinte totale de 900 000 euros à la société *Mitsubishi Heavy Industries Europe Ltd.* pour communication de renseignements incomplets, puis, plus récemment, 40 000 euros à la compagnie aérienne *KLM* ou encore 90 000 euros contre la société *Tetra Laval.*

Les notifications doivent être rédigées dans l'une des langues officielles de la Communauté qui deviendra pour la suite la langue de procédure vis-à-vis de toutes les parties notifiantes. Les documents joints sont déposés dans leur langue originale, en tant qu'originaux ou copies certifiées conformes, en un original et 35 copies.

Suite à la réception de la notification, la Commission examine, avant de décider d'engager une procédure de notification, si, d'une part, la concentration considérée relève du règlement communautaire et d'autre part, que cette concentration soulève des doutes sérieux quant à sa compatibilité avec le Marché intérieur. Cela implique la vérification que l'opération notifiée est une concentration au sens de l'article 3 du règlement 139/2004 et puis, que cette concentration possède une dimension communautaire conformément à l'article 1 dudit règlement.

Si l'une ou l'autre de ces conditions fait défaut, la Commission constate par voie de décision, selon les cas :

- soit que le règlement n'est pas applicable ;
- soit que la concentration est compatible avec le Marché intérieur et qu'elle n'entend pas s'y opposer.

Dans l'affirmative, elle décidera d'engager la procédure (article 6 § 1 c) du règlement 139/2004). Cette décision doit intervenir dans le délai de 25 jours ouvrables, éventuellement de 35 jours dans le cas d'une demande de renvoi par un État membre conformément à l'article 9 § 2 du règlement 139/2004, à compter du jour ouvrable suivant celui de la réception de la notification complète.

À défaut de décision dans ces délais, la concentration est réputée « déclarée compatible avec le Marché commun » (cf. article 10 § 6 du règlement 139/2004).

La décision d'engagement déclenche le délai dans lequel la Commission doit apprécier la compatibilité des concentrations avec le Marché intérieur qui est de 90 jours ouvrables. Il est porté à 105 jours lorsque les entreprises concernées proposent des engagements.

On se trouvera alors dans la **phase de l'instruction** :

Lorsqu'elle a engagé une procédure de contrôle, la Commission peut recueillir tous les renseignements nécessaires auprès des gouvernements, des autorités compétentes des États membres, des personnes détenant le contrôle d'une entreprise ainsi que des entreprises et des associations de ces dernières (article 11 § 1 du règlement 139/2004).

Pour obtenir ces renseignements, la Commission peut adresser soit une demande informelle préalable soit une demande par décision expresse, la dernière permettant de fixer des délais pour la réponse. Des sanctions seront cependant applicables dans le cas de fourniture de renseignements inexacts quel que soit le type de demande. S'agissant d'un acte juridique formel, la demande par décision expresse est attaquable en justice.

Dans les deux cas, la Commission sera tenue d'en informer l'autorité compétente de l'État membre sur lequel se trouve le domicile de la personne où le siège de l'entreprise ou de l'association d'entreprises à laquelle la demande de renseignement est adressée.

Cette obligation d'information s'explique du fait que la Commission mène la procédure communautaire applicable aux concentrations en liaison étroite et constante avec les autorités compétentes des États membres, auxquelles la Commission transmettra dans un délai de trois jours copie des notifications ainsi que, dans les meilleurs délais, les pièces les plus importantes.

Les autorités des États membres sont eux habilitées à formuler toutes observations sur ces procédures (cf. article 19 § 2 du règlement 139/2004). De par la nature de la procédure, cette forme de consultation sera particulièrement intense lors du renvoi aux autorités compétentes des cas de concentrations notifiées selon les conditions de l'article 9 du règlement 139/2004.

Épisodiquement, la Commission peut aussi recourir à une consultation d'un comité consultatif en matière de consultation, comité crée par le règlement 139/2004 et composé de représentants des autorités compétentes des États membres. La Commission n'est cependant ni obligée de consulter ce comité ni de tenir compte des avis que ce dernier aura rendus. Le comité doit néanmoins être informé par la Commission de la façon dont elle a tenu compte de son avis.

Il s'agit là de la **phase de consultation**.

Le cas échéant, après l'instruction de chaque cas de concentration, la Commission peut procéder à des vérifications diverses auprès des entreprises concernées, afin de s'assurer de l'exactitude et du caractère complet des informations, renseignements et pièces qui lui ont été communiqués. On peut ainsi parler de la **phase de contrôle ou de vérification**.

La Commission peut soit effectuer ces vérifications elle-même soit mandater les autorités compétentes des États membres à cet effet, en sachant que les agents de la Commission peuvent prêter assistance dans l'accomplissement de leurs tâches aux agents de l'autorité compétente de l'État membre sur le territoire duquel la vérification doit être effectuée (cf. article 12 § 2 du règlement 139/2004).

À cet égard, les agents de la Commission et/ou ceux des autorités compétentes des États membres disposent de véritables pouvoirs policiers :

Ils pourront :

• accéder à tous les locaux, terrains et moyens de transport des entreprises et associations d'entreprises ;

• contrôler les livres et autres documents en rapport avec l'activité, quel qu'en soit le support ;

• prendre ou obtenir sous quelque forme que ce soit une copie ou un extrait des livres et documents ;

• apposer des scellés sur tous les locaux commerciaux et livres ou documents pendant la durée de l'inspection et dans la mesure où cela est nécessaire aux fins de celle-ci ;

• demander à tout représentant ou membre du personnel de l'entreprise ou de l'association d'entreprises des explications sur des faits ou documents en rapport avec l'objet et le but de l'inspection et enregistrer ses réponses (*cf.* article 13 § 2 du règlement 139/2004).

En cas d'opposition, les agents mandatés peuvent s'adresser aux autorités de l'État membre concerné pour recevoir l'assistance adéquate, et le cas échéant avoir recours à l'usage de la force publique.

Ces pouvoirs sont accompagnés par des mesures coercitives : La Commission peut infliger aux personnes détenant ou acquérant le contrôle d'une ou de plusieurs entreprises ainsi qu'aux entreprises ou associations d'entreprises des astreintes jusqu'à concurrence de 5 % du chiffre d'affaires total journalier moyen de l'entreprise ou association d'entreprises concernée par jour ouvrable de retard, afin de les contraindre à se soumettre à une inspection ordonnée au préalable, sans préjudice des amendes qui pourront être infligées en cas de renseignement délibérément inexact, dénaturé ou incomplet.

Le contrôle de la légalité des actions et décisions de la Commission dans ce cadre est réservé à la Cour de Justice Européenne. Aucune autorité judiciaire nationale ne peut remettre en cause la nécessité de l'inspection ou exiger la communication des informations figurant dans le dossier de la Commission (*cf.* article 13 § 8 du règlement 139/2004).

C'est au plus tard quatre mois après l'engagement de la procédure que la Commission doit rendre sa décision finale au sujet de l'opération de concentration en cause. Ce délai peut cependant être temporairement suspendu lorsque la Commission a été contrainte de demander un renseignement ou d'ordonner une vérification par voie de décision.

Tant que le délai court, les parties sont libres de proposer d'aménager la concentration, afin d'éviter une décision négative, par exemple en s'engageant de céder des actifs etc. Après, il ne leur restera plus que de retirer le projet initial et de notifier un nouveau projet modifié.

La décision finale de la Commission peut revêtir deux formes :

• soit une décision de compatibilité, éventuellement assortie de conditions et de charges ;

• soit une décision d'incompatibilité qui peut, si l'opération a déjà été réalisée, être flanquée de mesures de déconcentration.

Quelle que soit la décision, elle sera publiée au Journal officiel de l'Union européenne (*JOUE*).

À défaut d'une décision de la Commission dans les délais impartis, la concentration sera réputée compatible avec le Marché intérieur.

Comme pour toute décision de la Commission, un recours en annulation devant le Tribunal est ouvert à toute personne physique ou morale destinataire de la décision en question ou directement et individuellement concernée par ladite décision, conformément à l'article 263 TFUE.

EXEMPLES Ont ainsi été annulées les décisions de la Commission du 10 octobre 2001 interdisant la fusion entre les sociétés françaises *Schneider Electric* et *Legrand* et celle du 30 janvier 2002 ordonnant la séparation des deux entités par deux arrêts du Tribunal en date du 22 octobre 2002. La société *Schneider*, qui avait été contrainte de revendre rapidement la société *Legrand*, réclame aujourd'hui des indemnités d'un montant sans précédent de 1,66 milliard d'euros. Autre exemple : L'offre publique d'acquisition (OPA) de la société néerlandaise *Tetra Laval* sur la société *Sidel* fut d'abord rejetée par la Commission, sa décision annulée par le Tribunal par arrêt du 25 octobre 2002 (le pourvoi de la Commission est rejeté par la CJUE le 15 février 2005), pour qu'elle la déclare enfin le 16 juin 2003 compatible avec le marché commun, mais sous conditions, tout en infligeant des amendes pour communication de renseignements inexacts ou dénaturés le 7 juillet 2004. Enfin, l'association internationale des producteurs de musique indépendants *Impala* a réussi par ce biais de suspendre les tentatives de fusion entre les grands groupes *EMI* et *Warner*, puis entre *Sony* et *BMG*, alors que la Commission les avait déclarées comme étant compatibles avec le Marché commun auparavant, empêchant ainsi une forte consolidation de ce secteur. Cependant, dans cette affaire pleine de rebondissements, la CJUE a annulé la décision du Tribunal le 10 juillet 2008 et renvoyé l'affaire à ce dernier en raison d'erreurs de droit.

a lire →

b. Protection des droits de la défense et du secret professionnel

Afin de respecter les droits de défense des personnes, entreprises et associations d'entreprises intéressées, la Commission doit, avant de prendre certaines décisions, leur donner l'occasion de faire connaître à tous les stades de la procédure jusqu'à la consultation du comité consultatif, leur point de vue au sujet des objections retenues à leur encontre.

La Commission est par ailleurs soumise à l'obligation de baser ses décisions exclusivement sur les objections au sujet des quelles les intéressés ont pu faire valoir leurs observations.

Le respect des droits de la défense est en outre assuré par le droit pour les personnes intéressées d'accéder au dossier en cause, tout en respectant l'intérêt légitime des entreprises à ce que leurs secrets d'affaires ne soient pas divulgués (cf. article 18 § 3 du règlement 139/2004).

Le secret professionnel est doublement protégé :

• D'une part, les informations recueillies par la Commission en application du règlement ne peuvent être utilisées que dans le but poursuivi par la demande de renseignements, le contrôle ou l'audition.

• D'autre part, la Commission et les autorités compétentes des États membres ainsi que leurs fonctionnaires, autres agents et les autres personnes travaillant sous le contrôle de ces autorités, ainsi que les agents d'autres autorités des États membres sont tenus de ne pas divulguer les informations qu'ils ont recueillies en application du règlement et qui, par leur nature, sont couvertes par le secret professionnel.

Toutefois, le respect du secret professionnel ne s'oppose pas à la publication de renseignements généraux ou d'études ne comportant pas d'indications individuelles sur les entreprises ou associations d'entreprises.

c. Objet du contrôle des concentrations

La Commission analyse les opérations de concentration habituellement en trois étapes :

• détermination des marchés des produits en cause ;
• détermination des marchés géographiques concernés ; puis
• appréciation de la compatibilité de l'opération avec le Marché intérieur.

Dans sa Communication du 9 décembre 1997 (*JOUE* C 372), la Commission a formulé une définition du **marché de produits** et du **marché géographique** :

• un marché de produits en cause comprend tous les produits et/ou services que le consommateur considère comme interchangeables ou substituables en raison de leurs caractéristiques, de leur prix et de l'usage auquel ils sont destinés ;

• un marché géographique en cause comprend le territoire sur lequel les entreprises concernées sont engagées dans l'offre des biens et des services en cause, sur lequel les conditions de concurrence sont suffisamment homogènes.

Bien qu'ayant identifié au fil des années certains critères d'analyse, la Commission s'efforce de garder une approche plutôt flexible, au cas par cas (*cf.*, pour plus de détails, *supra* Section 2 B, C et D).

S'ensuit l'analyse si l'opération notifiée est ou non compatible avec le Marché commun. À ce titre, la Commission établit un véritable **bilan concurrentiel**.

Dans son appréciation, la Commission doit tenir compte, comme le stipule l'article 2 § 1 du règlement 139/2004 :

• de la nécessité de préserver et développer une concurrence effective dans le Marché intérieur au vu notamment de la structure de tous les marchés en cause et de la concurrence réelle ou potentielle d'entreprises situées à l'intérieur ou à l'extérieur de la l'Union européenne ;

• de la position sur le marché des entreprises concernées et de leur puissance économique et financière, des possibilités de choix des fournisseurs et des utilisateurs, de leur accès aux sources d'approvisionnement ou aux débouchés, de l'existence en droit ou en fait de barrières à l'entrée, de l'évolution de l'offre et de la demande des produits et services concernés, des intérêts des consommateurs intermédiaires et finals ainsi que de l'évolution du progrès technique et économique pour autant que celle-ci soit à l'avantage des consommateurs et ne constitue pas un obstacle à la concurrence.

L'analyse ne se limitera donc pas aux effets actuels et ponctuels de l'opération en question, mais doit tenir compte de l'impact potentiel sur la structure des marchés concernés et mesurer le risque d'entrave significative au fonctionnement de ces marchés dans l'avenir eu égard à leurs spécificités.

À cet effet, la Commission distingue trois principaux types de concentration, à savoir :

• les **concentrations horizontales** (entre concurrents réellement actifs ou potentiels, c'est-à-dire entre entreprises se trouvant au même niveau de la chaîne de production ou de distribution) : les concentrations horizontales peuvent restreindre la concurrence, notamment lorsqu'elles produisent des effets négatifs sur les prix, la production, l'innovation ou la diversité et la qualité des produits ;

• les **concentrations verticales** (entre entreprises opérant à un niveau différend de la chaîne de production ou de distribution) : elles peuvent comporter des risques d'exclusion des marchés situés en amont (accès aux approvisionnements) ou en aval (accès aux ventes) ;

• les **concentrations conglomérales** (risque d'un renforcement d'une position forte ou dominante déjà existante suite à la mise en commun de ressources financières et/ou d'autres capacités ou à la mise en place d'une stratégie de ventes liées pour des produits complémentaires, ce risque pouvant être structurel, c'est-à-dire découler directement de la création d'une structure économique, ou bien de nature comportementale, donc ne se produire que si l'entité issue de l'opération adopte certaines pratiques commerciales). Le Tribunal a dégagé trois conditions qui sont nécessaires pour qu'une situation de position dominante collective puisse être créée :

> *« Premièrement, le marché doit être suffisamment transparent afin que les entreprises qui coordonnent leur comportement puissent être en mesure de surveiller suffisamment si les modalités de la coordination sont respectées. Deuxièmement, la discipline impose qu'il existe une forme de mécanisme de dissuasion en cas de comportement déviant. Troisièmement, les réactions d'entreprises qui ne participent pas à la coordination, telles que les concurrents actuels ou futurs, ainsi que les réactions des clients, ne devraient pas pouvoir remettre en cause les résultats attendus de la coordination. »*

(Arrêt *Impala c/ Commission* (T-464/04, du 13 juillet 2006), point 247 de l'arrêt, en rappelant son arrêt *Airtours plc c/ Commission* (T-342/99, du 6 juin 2002), point 62 de l'arrêt).

Les trois types de concentrations susvisés sont incompatibles avec le Marché intérieur à partir du moment où elles créent ou renforcent une position dominante ayant comme conséquence qu'une concurrence effective serait entravée de manière significative dans le Marché intérieur ou une partie substantielle de celui-ci.

La définition de la « position dominante entravant de manière significative une concurrence effective » n'est cependant pas stipulée dans le règlement 139/

2004. Dans ses décisions, la Commission se base généralement sur la **définition de la position dominante** qui avait été **développée par la Cour de Justice** dans le cadre de l'application de l'article 102 TFUE, telle que relatée en détail *supra* Section 3 :

Pour rappel, il s'agit d'une situation de puissance économique détenue par une entreprise, lui donnant le pouvoir de faire obstacle au maintien d'une concurrence effective sur le marché en cause en la mettant en mesure d'influencer notablement les conditions dans lesquelles cette concurrence se développera et de se comporter sans devoir en tenir compte (voir à cet égard les décisions de la Cour dans les arrêts *United Brands* et *Hoffmann-La Roche*).

Une telle position peut être détenue par une ou

> *« plusieurs entreprises qui, ensemble, ont le pouvoir d'agir dans une large mesure indépendamment des autres concurrents, de leur clientèle et, finalement, des consommateurs. »*

(Décision de la Commission du 22 juillet 1992 dans le cas *Nestlé/Perrier* : *JOUE* L 356 du 5 décembre 1992).

Le règlement 139/2004 ne définit pas davantage à partir de quand il y a un risque d'entrave « significative » à la concurrence « effective » : aucun seuil n'est fixé à cet égard, seul le considérant n° 32 du règlement évoque qu'il n'y aurait pas d'entrave à la concurrence lorsque la part de marché des entreprises concernées ne dépasse pas 25 % ni dans le Marché commun ni dans une partie substantielle de celui-ci.

La Commission devra donc avancer d'arguments sérieux soulignant le risque d'une entrave significative pour déclarer une concentration incompatible avec le Marché commun. Beaucoup de décisions ont été rendues, depuis l'entrée du règlement de 1989, déclarant une opération de concentration compatible avec le Marché commun.

EXEMPLES • *Renault/Volvo*, *JOUE*, L 257 du 21 septembre 1990 ;
• *BNP/Dresdner Bank*, *JOUE*, C 34 du 9 février 1991 ;
• *Aérospatiale/MBB*, *JOUE*, C 59 du 8 mars 1991 ;
• *RVI/VBC/Heuliez*, *JOUE*, C 149 du 8 juin 1991 ;
• *EDP/ENI/GDP*, *JOUE*, L 302 du 19 novembre 2005.

4. *Articulation avec le droit national de contrôle des concentrations*

Les concentrations de dimension communautaire sont en principe exclusivement régies par le droit communautaire. Exceptionnellement toutefois, le droit national des États membres peut intervenir de manière complémentaire.

De règle générale, une concentration de dimension communautaire ne peut être réalisée tant qu'elle n'a pas été déclarée compatible avec le Marché commun par décision de la Commission. Sa réalisation reste donc suspendue jusqu'à l'adoption de cette décision.

Il y a cependant deux exceptions à cette règle :

• Les offres publiques d'achat ou d'échange peuvent être réalisées avant la décision de la Commission sur leur compatibilité à la double condition d'avoir été régulièrement notifiées et que l'acquéreur n'exerce pas les droits de vote attachés aux participations concernées jusqu'à la décision de la Commission (article 7 § 2 du règlement 139/2004) ;

• La Commission peut, sur demande, octroyer une dérogation (article 7 § 3 dur règlement 139/2004), qui peut être assortie de conditions et de charges destinées à assurer des conditions de concurrence effective.

Une décision reconnaissant la compatibilité d'une concentration avec le Marché commun met fin à l'état de sursis à exécution. Ainsi, à compter de cette décision, la concentration peut se réaliser et produire ses pleins effets juridiques. Par ailleurs, elle confère à la concentration en cause une pleine validité communautaire qui l'a met à l'abri de toute contestation juridique par le droit des États membres de l'UE en vertu du principe général de la primauté du droit communautaire sur le droit national des États membres, principe qui est rappelé par l'article 21 § 3 du règlement 139/2004.

À titre exceptionnel, et dans les conditions prévues à l'article 21 § 4 du même règlement, les États membres peuvent prendre les mesures appropriées pour assurer la protection d'intérêts légitimes, tels que notamment la sécurité publique, la pluralité des médias et les règles prudentielles. Tout autre intérêt public doit être communiqué par l'État membre concerné à la Commission et reconnu par celle-ci après examen de sa compatibilité avec les principes généraux et les autres dispositions du droit communautaire avant que les mesures envisagées puissent être prises.

Une décision statuant sur l'incompatibilité d'une concentration avec le Marché intérieur prive en principe de tout effet juridique, depuis leur conclusion, les actes formant la base de la concentration en cause.

Par ailleurs, elle autorise la Commission à prendre des mesures correctives et/ou répressives :

À titre de mesures correctives, la Commission peut ordonner la séparation des entreprises ou des actifs regroupés ou la cessation du contrôle commun ou encore toute autre action approprié pour restaurer une concurrence effective (article 8 § 4 du règlement 139/2004).

EXEMPLES La décision de la Commission n° 97/409/CE du 19 février 1997 dans l'affaire *Kesko/Tuko*, *JOUE*, L 174 du 2 juillet 1997 ou, plus récemment, les décisions dans les affaires *Schneider/Legrand* et *Tetra Laval/Sidel* citées plus haut, mais qui ont été annulées par le Tribunal.

Sur le plan répressif, il est rappelé que la Commission peut infliger des amendes aux entreprises concernées, pouvant atteindre jusqu'à 10 % de leurs chiffre d'affaires (article 14 § 2 du règlement 139/2004).

Déclarée incompatible par le droit communautaire, une concentration ne sera pas davantage admissible au regard du droit national de la concurrence des États membres, toujours en vertu du principe de la primauté du droit communautaire.

Le règlement 139/2004 prévoit cependant deux exceptions au principe de l'application exclusive du droit communautaire aux concentrations de dimension communautaire. La première permet l'application subsidiaire du droit de la concurrence des États membres et la deuxième une application parallèle à celle du droit communautaire.

Pour ce qui est de la première exception, celle de l'application subsidiaire du droit national de la concurrence des États membres, elle ne peut s'opérer qu'à titre provisoire, préventif et exceptionnel : provisoire, puisque l'article définissant le régime de cette application a fait l'objet d'une révision en

2008, préventif puisqu'elle peut intervenir dès l'apparition d'une menace pour la concurrence, afin d'éviter la réalisation effective (article 9 § 2 a) du règlement 139/2004), et exceptionnelle en raison du principe du « guichet unique », qui est la base du contrôle communautaire des concentrations d'entreprises.

Par conséquent, l'**application subsidiaire du droit de la concurrence des États membres** aux concentrations de dimension communautaire est :

- fondée sur la volonté de protéger la concurrence dans le marché intérieur d'un État lorsque le recours au seul droit communautaire s'avère insuffisant à cet effet ;
- subordonnée à la réunion de plusieurs conditions de fond et de procédure.

Sur le fond, la concentration de dimension communautaire en question doit menacer d'affecter de manière significative la concurrence dans un marché à l'intérieur d'un État membre qui présente toutes les caractéristiques d'un marché distinct, mais qui ne constitue pas forcément une partie substantielle du Marché commun.

Quant aux conditions sur le plan de la procédure, elles sont au nombre de quatre :

- Information des autorités compétentes des États membres (qui sera assurée par la Commission lorsqu'elle décide de renvoyer un cas de concentration notifiée conformément à l'article 9 § 1 du règlement 139/2004) ;
- Saisine de la Commission par un État membre (qui doit être faite dans un délai de quinze jours suivant l'information mentionnée ci-dessus) ;
- Délibération de la Commission suite à la saisine par l'État membre demandeur, par laquelle elle estime que la concentration en cause représente une menace au sens précédent et décide de renvoyer le cas aux autorités compétentes de l'État membre concerné en vue de l'application de la législation nationale sur la concurrence dudit État à défaut de prendre elle-même les mesures qui s'imposent (article 9 § 3 a) et b) du règlement 139/2004) ;
- dans les délais prévus à cet effet, qui diffèrent selon que la Commission se prononce avant ou après l'engagement de la procédure au sens de l'article 6 § 1 b) du règlement 139/2004.

La deuxième exception au principe de l'application exclusive du droit communautaire aux concentrations du droit communautaire, est celle de l'application parallèle du droit national de la concurrence des États membres et la possibilité pour les États membres, déjà évoquée plus haut, d'appliquer aux concentrations de dimension communautaire des mesures tirées de leur législation nationale pour assurer la protection d'intérêts légitimes en vertu de l'article 21 § 4 du règlement 139/2004.

EXEMPLE Il s'agit d'un cas de reconnaissance d'un tel intérêt légitime : décision de la Commission dans *JOUE*, C 94 du 14 avril 1995 relatif à certaines dispositions du *Water Industry Act 1991* (loi sur la distribution de l'eau 1991) tel que modifié par le *Competition and Services Act 1992* (loi sur la concurrence et les services publics de 1992) du Belgique.

◆ Principaux textes pertinents

– Articles 101 et 102 TFUE (ex-articles 81 et 82 du TCE).
– Règlement (CE) n° 4064/89 du 21 décembre 1989, *JO*, L 395.
– Règlement (CE) n° 139/2004 du 20 janvier 2004, *JO*, L 024.
– Règlement (CE) n° 802/2004, du 7 avril 2004, *JO*, L 133.

– Règlement (CE) n° 1033/2008 du 20 octobre 2008, *JO*, L 279.
– Communication de la Commission sur la définition du marché en cause aux fins du droit communautaire de la concurrence du 9 décembre 1997, *JO*, C 372.
– Communication de la Commission concernant les mesures correctives, recevables conformément au règlement (CE) n° 189/2004 et au règlement (CE) n° 802/2004 de la Commission du 20 octobre 2008, JO, C267.

◆ Jurisprudence pertinente

• Jurisprudence communautaire :
– Tribunal, 13/07/2006, *Impala c/ Commission*, *aff.* T-464/04, *Rec.*, II-02289.
– Tribunal, 06/06/2002, *Airtours plc c/ Commission*, *aff.* T-342/99, *Rec.*, II-02585.
– Tribunal, 22/10/2002, *Schneider c/ Commission*, *aff.* T-310/01, *Rec.*, II-04071 et T-77/02, *Rec.*, II-04201.
– Tribunal, 25/10/2002, *Tetra Laval c/ Commission*, *aff.* T-5/02 et T-80/02, *Rec.*, II-04381 et 04519.
– Tribunal, 25/03/1999, *Gencor Ltd c/ Commission*, *aff.* T-102/96, *Rec.*, II-753.
– CJUE, 15/02/2005, *Tetra Laval*, *aff.* 12/03, *Rec.*, I-00987.
– CJUE, 21/02/1973, *Continental Can*, *aff.* 6/72, *Rec.* 215.
– CJUE, 17/09/1980, *Philipp Morris*, *aff.* 730/79, *Rec.*, 2671.
– CJUE, 14/02/1978, *United Brands*, *aff.* 27/76, *Rec.*, 207.
– CJUE, 13/02/1979, *Hoffmann-La Roche* (« Vitamines »), *aff.* 85/76, *Rec.*, 461.
– CJUE, 10/07/2008, *Bertelsmann et Sony, Corporation of America c/impala*, aff. C-413/06.

• Décisions de la Commission :
– COM 2004/103/CE, 30/10/2001, *aff. Tetra Laval/Sidel* (*Tetra I*, declaration incompatibilité), *JO*, L 38.
– COM 2004/124/CE, 30/01/2002, *aff. Tetra Laval/Sidel* (*Tetra I*, ordonnance séparation des entités), *JO*, L 43.
– COM 2004/276/CE, 30/01/2002, *aff. Schneider-Legrand*, *JO*, L 101.
– COM 2005/188/CE, 19/07/2004, *aff. SONY/BMG*, *JO*, L 62.
– COM 2005/152.CE, 14/12/1999, *aff. KLM/Martinair III*, *JO*, L 50.
– COM N IV/M.2416 du 13/01/2003, *aff. Tetra Laval/Sidel* (*Tetra II*, compatibilité sous conditions), *JO*, C 137.
– COM 2005/305/CE, 07/07/2004, *aff. Tetra Laval/Sidel* (*Tetra III*, amendes), *JO*, L 98.
– COM 2004/103/CE, 30/01/2002, *aff. Tetra Laval/Sidel*, *JO*, L 38.
– COM 2001/272/CE, 14/12/2000, *aff. Deutsche Post/trans-o-flex*, *JO*, L 97.
– COM 2001/16/CE, 12/07/2000, *aff. Mitsubishi Heavy Industries*, *JO*, L 4.
– COM 1992/553/CEE, 22/07/1992, *aff. Nestlé/Perrier* : *JO*, L 356.
– COM 1997/409/CE, 19/02/1997, *aff. Kesko/Tuko*, *JO*, L 174.
– COM N IV/M.0004 du 07/11/1990, *aff. Renault/Volvo*, *JO*, L 257.
– COM N IV/M.0021 du 04/02/1991, *aff. BNP/Dresdner Bank*, *JO*, C 34.
– COM N IV/M.0017 du 24/02/1991, *aff. Aérospatiale/MBB*, *JO*, C 59.
– COM N IV/M.0092 du 03/06/1991, *aff. RVI/VBC/Heuliez*, *JO*, C 149.
– COM 2005/801/CE, 09/12/2004, *aff. EDP/ENI/GDP*, *JO*, L 302.

B - La prohibition de comportements anticoncurrentiels des entreprises

Outre le dispositif du contrôle des concentrations que nous venons d'examiner, la politique européenne de la concurrence comporte des règles permettant d'éviter que d'éventuelles ententes et pratiques anticoncurrentielles, de la part des sociétés ou autorités nationales, n'entravent une saine dynamique de concurrence (**ententes et pratiques concertées**).

Elle cherche par ailleurs à éviter qu'une ou plusieurs entreprises exploitent de manière abusive leur pouvoir économique vis-à-vis des entreprises moins fortes (**abus de position dominante**).

À cet égard, les deux grands piliers du droit communautaire de la concurrence applicable aux entreprises privées sont les articles 101 et 102 TFUE (ex-articles 81 et 82 TCE). Alors que l'article 101 interdit les accords et pratiques concertées qui ont un objet ou un effet anticoncurrentiel sur le marché, l'article 102 interdit l'abus de position dominante.

Ces règles s'appliquent, en vertu de l'article 106 TFUE, également aux entreprises publiques, cependant dans la mesure où elles ne fassent pas *« échec à l'accomplissement en droit ou en fait de la mission particulière qui leur a été impartie »*.

Les conditions de mise en œuvre de ces dispositions se trouvent dans le règlement 1/2003 du Conseil du 16 décembre 2002 (*JOUE*, L 1 2003) qui a abrogé et remplacé depuis le 1er mai 2004 le règlement 17 du Conseil du 6 février 1962.

Le règlement 1/2003 a une vocation générale, mais d'autres règlements existent pour des secteurs spécifiques.

Une récente évolution du droit communautaire des ententes est l'adoption d'une procédure dite de transaction, qui, comme on le verra plus loin, n'est qu'une simplification de la procédure classique et dont la portée reste incertaine.

1. *Prohibition de l'entente*

L'article 101 § 1 TFUE (anciennement article 85 § 1) interdit les ententes et pratiques concertées entre entreprises qui *« sont susceptibles d'affecter le commerce entre États membres et qui ont pour objet ou pour effet d'empêcher, de restreindre ou de fausser le jeu de la concurrence à l'intérieur du Marché intérieur »*.

a. Définition de l'entente et des pratiques concertées

Une **entente** est un accord entre entreprises dont le but est de limiter ou d'éliminer la concurrence s'exerçant entre elles, afin d'augmenter les prix et les bénéfices des entreprises participantes, sans produire d'avantages compensatoires objectifs.

Dans la pratique, une entente peut prendre les formes les plus diverses.

EXEMPLE Fixation des prix, limitation de la production, partage des marchés, attribution des clients et des territoires, manipulation des procédures d'appel d'offres ou une combinaison de plusieurs de ces éléments à la fois.

On distingue généralement les accords horizontaux et les accords verticaux :

Les **accords horizontaux** sont des accords entre concurrents se trouvant au même niveau de la chaîne de production ou de distribution. Les formes les plus répandues sont les accords sur la recherche et le développement, la production, les achats ou la commercialisation.

Elles peuvent restreindre la concurrence, notamment lorsqu'ils prévoient la fixation de prix ou le partage de marchés, ou encore lorsque le pouvoir de marché résultant de cette coopération horizontale produit des effets négatifs sur les prix, la production, l'innovation ou la diversité et la qualité des produits, mais elles peuvent aussi bien être bénéfiques, lorsqu'il s'agit de partager des risques, de réaliser des économies de coûts, de mettre en commun un savoir-faire et de lancer plus rapidement des innovations sur le marché.

Dans une affaire d'entente horizontale, le Tribunal a récemment affirmé que le fait qu'une entreprise ne soit pas active sur le marché sur lequel la restriction de concurrence se matérialise n'excluait pas sa responsabilité pour avoir participé à la mise en œuvre d'une entente. En l'espèce, une entreprise de conseil, AC-Treuhand AG, avait fourni, divers services aux participants d'une entente horizontale et avait joué un rôle essentiel dans le cadre de l'entente en organisant des réunions et en dissimulant des preuves de l'infraction. Dès lors, la Commission avait conclu que l'entreprise de conseil avait également violé les règles de la concurrence et lui avait infligé une amende d'un montant de 1 000 euros, confirmée par l'arrêt du Tribunal.

Les **accords verticaux** sont des accords ou des pratiques concertées conclus entre deux ou plus de deux entreprises dont chacune opère, aux fins de l'accord, à un niveau différent de la chaîne de production ou de distribution, et qui concernent les conditions dans lesquelles les parties peuvent acheter, vendre ou revendre certains biens ou services.

Quant à la **pratique concertée**, elle se situe à un niveau inférieur : Il s'agit d'une coordination entre entreprises n'ayant pas fait l'objet d'un véritable accord. Elle peut consister par exemple dans une prise de contact directe ou indirecte entre entreprises avec l'intention ou l'effet soit d'influer sur le comportement du marché soit de faire connaître aux concurrents le comportement qu'elles envisagent adopter dans le futur. La CJUE a donné la définition la plus complète dans l'arrêt *Suiker Unie* :

> *« La notion de pratique concertée vise une forme de coordination entre entreprises qui, sans avoir été poussée jusqu'à la réalisation d'une convention proprement dite, substitue sciemment une coopération pratique entre elles aux risques de la concurrence, coopération aboutissant à des conditions de concurrence qui ne correspondent pas aux conditions normales du marché, compte tenu de la nature des produits, de l'importance et du nombre des entreprises, ainsi que du volume et du caractère dudit marché. Une telle coopération pratique est constitutive d'une pratique concertée, notamment lorsqu'elle permet aux intéressés la cristallisation de situations acquises au détriment de la liberté effective de circulation des produits dans le Marché commun et du libre choix par les consommateurs de leurs fournisseurs. »*

(CJUE, 16/12/1975, aff. jointes 40 à 48, 50, 54 à 56, 111, 113 et 114/73, *Suiker Unie e.a. c/ Commission*, Rec., 1663)

Dans la pratique, la distinction peut s'avérer difficile. Ainsi, la Commission s'est limitée, au cours des années, à faire uniquement la différenciation entre les accords rentrant dans le champ d'application de l'article 101 § TFUE et ceux restant en dehors, car ne remplissant pas les critères.

b. Accords interdits

L'article 101 § 1 TFUE déclare *« incompatibles avec le Marché intérieur et interdits tous accords entre entreprises, toutes décisions d'associations d'entreprises, et toutes pratiques concertées qui sont susceptibles d'affecter le commerce entre États membres et qui ont pour objet ou pour effet d'empêcher, de restreindre ou de fausser le jeu de la concurrence à l'intérieur du Marché intérieur … ».*

À noter que le même libellé se trouve dans l'accord instaurant l'Espace Économique Européen (EEE), mais avec le territoire élargi (*cf.* article 53-1 de l'accord EEE).

L'**applicabilité de l'article 101 TFUE** se joue sur les deux critères de la définition d'entreprise (voir *supra* Section 1) et la susceptibilité d'affecter le commerce entre les États membres, autrement dit le champ d'application personnel et territorial. En présence de ces deux critères, la Commission vérifiera systématiquement point par point si les deux autres critères, les éléments constitutifs de l'infraction sont réunis, à savoir une concertation entre plusieurs entreprises et un effet restrictif sur la concurrence.

Dans l'affirmative, l'entente est illicite (et de ce fait nulle de plein droit), peu importe qu'il y ait eu restriction effective de la concurrence ou simple possibilité de restriction, et peut donner lieu à diverses sanctions.

Néanmoins, l'article 101 § 1 TFUE énumère des mesures de nature à produire un **effet restrictif de la concurrence**. On peut citer ainsi celles qui consistent à :

• fixer de façon directe ou indirecte les prix d'achat ou de vente ou d'autres conditions de transaction ;

• limiter ou contrôler la production, les débouchés, le développement technique ou les investissements ;

• répartir les marchés ou les sources d'approvisionnement ;

• appliquer, à l'égard de partenaires commerciaux, des conditions inégales à des prestations équivalentes en leur infligeant de ce fait un désavantage dans la concurrence ;

• subordonner la conclusion de contrats à l'acceptation, par les partenaires, de prestations supplémentaires qui, par leur nature ou selon les usages commerciaux, n'ont pas de lien avec l'objet de ces contrats.

Cette liste n'est pas exhaustive et les entreprises développent une certaine créativité à cet égard. L'expérience des affaires instruites par la Commission et de la jurisprudence de la Cour de Justice démontre cependant que la plupart des ententes et pratiques concertées concernent la détermination des prix, les conditions d'accès aux marchés, les modalités des ventes et les facteurs de production. En revanche, les contrats couplés n'ont pratiquement eu aucune importance.

Les principales formes d'**actions restrictives sur les prix** sont les suivantes :

• les actions ayant pour objet l'alignement des prix par l'uniformisation du calcul des prix (prix déterminés en commun – la pratique la plus fréquente –, prix indicatifs ou conseillés) ou des remises (taux de remises calculés non sur les quantités achetées à une entreprise déterminée, mais sur le montant total de achats effectués auprès des membres de l'entente – remise cartellisée –, remises identiques pour tous les clients quelle que soit la quantité achetée, remises plafonnées, etc.) ;

• les mesures ayant pour objectif de figer les prix ou d'empêcher leur baisse par la détermination en commun des taux d'augmentation, une indication de prix minimaux ou l'imposition des prix ou encore de marges fixes ; ou

• les pratiques discriminatoires par les prix qui consistent à empêcher les importations parallèles ou d'accorder des remises discriminatoires.

EXEMPLES L'entente dans le marché des tubes sanitaires en cuivre, lourdement sanctionnée par la Commission dans sa décision n° 2006/485/CE du 3 septembre 2004, *JO* L 192, ou celle dans le marché des plaques en plâtre, décision n° 2005/471/CE du 27 novembre 2002, *JO*, L 166.

Dans la catégorie des **restrictions à l'accès du marché**, on trouve quatre groupes principaux de pratiques potentiellement illicites :

• la distribution sélective, système de vente qui consiste à réserver des produits d'un fabricant ou grossiste à un réseau de distributeurs agréés, en sachant que la distribution sélective tombe sous le champ d'application du règlement général d'exemption par catégorie sur les accords verticaux (règlement 2790/1999 du 22 décembre 1999 : *JOUE*, 1999 L 336 ; voir *infra* sur les exemptions par catégorie) ;

• les contrats de franchise (de production, de services ou de distribution), lorsqu'ils ont pour but un partage des marchés entre franchiseur et franchisés ou entre franchisés, eux aussi souvent exemptés en vertu du règlement d'exemption par catégorie précité ;

• le contrôle du marché par des organismes professionnels, à travers les conditions d'adhésion à l'association, des restrictions à la liberté de vendre ou d'acheter (par exemple par l'interdiction de vendre à des tiers non agréés par l'association, de ne vendre qu'aux particuliers, etc.) ou encore par la fixation des conditions de vente (contrôle des prix, fixation des délais minimaux de paiement, conditions de présentation du produit au public) ; et

• les restrictions à la liberté d'approvisionnement (par l'obligation de s'approvisionner sur un marché donné ou l'obligation d'approvisionnement exclusif, cette dernière pouvant, dans certaines limites, bénéficier de l'exemption par catégorie citée plus haut, ou encore le refus de fournir la technologie aux candidats à l'entrée sur le marché).

EXEMPLE Décision n° 2005/493/CE de la Commission du 1er octobre 2003 concernant l'entente dans le marché des sorbates : *JO*, L 182.

Les **restrictions à la liberté de vendre** se trouvent sous des formes extrêmement variées dont on ne citera que les plus répandues :

• l'interdiction (directe ou indirecte) d'exporter d'un pays du Marché intérieur vers les autres pays de l'Union européenne ;

• les clauses de non-concurrence, à moins qu'elles ne soient justifiées par un intérêt légitime dans le cadre de la transaction ou du contrat en question, limitées dans le temps et dans l'espace ;

• les accords d'exclusivité de vente ;

• l'interdiction de vente ;

• les ventes en commun, dans la mesure où elles retirent aux acheteurs la possibilité de mettre les entreprises concernées en concurrence en les soumettant à des conditions uniformes de vente et de prix ;

• les interdictions ou limitations d'accès aux foires et salons ;

• les limitations à l'utilisation des marques (en dehors de la protection contre des risques de confusion) ;

• les restrictions de la garantie du vendeur ou du service après-vente, qui doivent subsister quel que soit le pays d'achat des produits.

Les **accords limitant des facteurs de production** se trouvent le plus souvent dans les accords de licence de savoir-faire, de brevet ou de marque, où ils sont illicites lorsqu'ils aboutissent à un cloisonnement des marchés, par exemple en conférant une protection de territoire absolue.

Par ailleurs, les prises de participation ou les créations d'entreprises communes peuvent potentiellement avoir un effet anticoncurrentiel, puisqu'elles sont de nature à inciter les entreprises participantes à ne pas se faire concurrence. À ce titre, elles seront examinées, pour la plupart d'entre elles, dans le cadre du règlement sur le contrôle des concentrations (voir *supra*).

Une autre facette des accords limitant les facteurs de production constituent les accords dits de spécialisation, par lesquels chacune des parties abandonne sa propre production en faveur de l'autre partie, à ses travaux de recherche ou de fabrication sur des matériels entrant dans les catégories pour lesquelles ses travaux ont été confiés à l'autre partie en application de l'accord les liant. Entrent également dans cette catégorie les accords, par lesquels les parties conviennent de coordonner leurs investissements et/ou de rationaliser leur production, afin de supprimer ou de prévenir des surcapacités de production. Cette dernière catégorie, tout comme l'ensemble de ces accords de spécialisation peut, sous certaines conditions, être validée par la Commission, puisque ces accords peuvent présenter un grand intérêt pour le développement économique des entreprises, malgré leur effet anticoncurrentiel.

Il en va de même pour les accords de recherche en commun, qu'il faut également classer dans cette catégorie, en sachant que ceux-ci sont soustraits à la prohibition de l'article 101 § 1 TFUE en application du règlement d'exemption par catégories 2659/2000 du 29 novembre 2000 (*JOUE*, 2000 L 304).

Enfin, il y a restriction illicite de la concurrence, lorsque les entreprises fixent des quotas ou des contingents de leur production, notamment en assurant leur respect par des pénalités ou lorsqu'elles limitent leurs débouchés ou qu'elles concluent des accords dits d'autolimitation réglementant les importations au niveau des quantités et des prix.

EXEMPLE Décision n° 2006/897/CE de la Commission du 19 janvier 2005 concernant l'entente dans le marché du monochloracétique : *JO*, L 353.

c. Accords exemptés

Les accords et décisions interdits par l'article 101, § 1 TFUE sont nuls de plein droit (article 101 § 2 TFUE), autrement dit, cette nullité n'est subordonnée à aucune décision préalable.

Toutefois, l'objectif recherché par l'article 101 TFUE n'est pas d'interdire toutes les ententes entre entreprises mais de les contrôler et de les limiter dans la mesure où la réalisation du marché commun l'exige. Ainsi, selon le paragraphe 3 du même article, peuvent bénéficier d'une dérogation tous accords, pratiques concertées « *qui contribuent à améliorer la production ou la distribution des produits ou à promouvoir le progrès technique ou économique, tout en réservant aux utilisateurs une partie équitable du profit qui en résulte et sans :*

– imposer aux entreprises intéressées des restrictions qui ne sont pas indispensables pour atteindre ces objectifs ;

– donner à ces entreprises la possibilité pour une partie substantielle des produits en cause d'éliminer la concurrence. »

Ces conditions sont cumulatives et il appartient à l'entreprise ou à l'association d'entreprises invoquant le bénéfice des dispositions de l'article 101 § 3 TFUE de prouver que les conditions de ce paragraphe sont remplies. Mais si c'est le cas, ces accords ou pratiques concertées sont licites, sans qu'une décision préalable soit nécessaire pour le constater (cf. Article premier du règlement n° 1/2003). Il s'agit alors d'une **exception légale**.

La Commission peut cependant toujours, pour des raisons d'intérêt public communautaire, constater qu'en fonction des éléments dont elle a connaissance, l'article 101 TFUE du traité est inapplicable à un accord, une décision d'association d'entreprises ou une pratique concertée soit parce que les conditions de l'article 101 § 1 TFUE ne sont pas remplies, soit parce que les conditions d'exemption de l'article 101 § 3 sont remplies. Dans ce cas, il s'agit d'une **exemption individuelle**, qui était la règle avant l'entrée en vigueur du règlement 1/2003. Pour l'obtenir, les entreprises devaient notifier à la Commission leurs accords s'ils ne tombaient pas dans le champ d'application d'une exemption par catégories (voir *infra*).

Ce mécanisme d'autorisation au cas par cas avait cependant pour effet de conduire les entreprises à notifier une telle quantité de leurs accords que les efforts de la Commission tendant à promouvoir une application rigoureuse et décentralisée des règles de la concurrence en furent compromis.

Face à ce constat, la Commission avait entamée, avec la publication de son Livre blanc de 1999, un long processus de réforme dans le but de simplifier les formalités administratives à l'encontre des entreprises et de lui permettre enfin de mener une action plus efficace contre les infractions graves aux règles de la concurrence, et qui a abouti à l'adoption du règlement 1/2003 du Conseil, du 16 décembre 2002.

Avec ce règlement, entré en vigueur le 1er mai 2004, on est passé d'un système de contrôle centralisé au système d'exception légale, qui implique une application décentralisée des règles de concurrence. Dans ce système, l'approche est complètement différente :

L'interdiction des accords ne s'applique pas à ceux d'entre eux qui remplissent certaines conditions fixées par le Traité et le règlement dans ce sens où l'ensemble de ces conditions s'interprète désormais comme une exception au principe d'interdiction.

Par conséquent, les ententes interdites par l'article 101 § 1 seront licites dès leur conclusion, sans qu'une décision préalable suite à une notification soit nécessaire, à partir du moment où les conditions du § 3 sont remplies. Elles seront illicites dès qu'elles ne remplissent (plus) les conditions de l'article 101 § 3.

Dans le cadre du nouveau règlement, la Commission se contente désormais d'un contrôle d'abus. Aussi, l'article 101 devient une norme unitaire et directement applicable, qui pourra être invoquée par les particuliers tant devant les autorités et juridictions nationales que devant la Commission, qui du coup ne dispose plus de la compétence exclusive de l'application de l'article 101 § 3 TFUE.

En contrepartie, il revient maintenant aux entreprises de trancher eux-mêmes si leurs accords doivent être considérés, à la lumière de la réglementation communautaire en la matière, comme licites ou illicites, approche plutôt originale qui tente à responsabiliser les entreprises. Pour éviter les mauvaises surprises, notamment d'un contrôle ultérieur de la part de la Commission, il convient plus que jamais de chercher conseil avant de mettre en place et en œuvre des ententes ou pratiques concertées.

Elles sont néanmoins aidées par la jurisprudence communautaire déjà très riche et les communications de la Commission, dans lesquelles elle expose ses points de vue. Par ailleurs, la Commission publie chaque année un rapport, dans lequel elle fait le point sur sa politique de concurrence.

Par ailleurs, les autorités communautaires peuvent exempter par voie réglementaire certaines catégories d'accords. Les ententes qui entrent dans le champ d'application d'un tel règlement d'**exemption par catégorie** et qui en remplissent les conditions sont exemptées de plein droit de l'interdiction de l'article 101 § 1 TFUE sans que la Commission ait à intervenir.

Néanmoins, la Commission peut, par décision spéciale, retirer le bénéfice de l'exemption à tout accord, qui, alors qu'il répond aux conditions exigées pour bénéficier d'une exemption par catégorie, a des effets jugées incompatibles avec les principes énoncés par l'article 101 § 3 TFUE (**retrait de l'exemption**).

Dans le domaine des accords verticaux, il lui est également possible de déclarer, par voie de règlement, que certains types d'accords ou de décisions ou de pratiques concertées sont exclus du champ d'application d'un règlement d'exemption par catégorie donnée. On parle alors d'un **règlement de non-application**, possibilité de sanction qui devrait prochainement être étendue à l'ensemble des règlements d'exception par catégories. Une telle décision peut concerner, contrairement à la décision de retrait individuel, plusieurs entreprises, voir tout un secteur.

La compétence pour légiférer des exemptions par catégories revient en premier lieu au Conseil. Ce dernier a, notamment en raison de l'afflux de demandes d'exemption individuelle et du travail considérable que représentait leur étude au cas par cas sous le régime en vigueur avant l'entrée en vigueur du règlement n° 1/2003 (cf. *infra* pour plus de détails), adopté plusieurs règlements en vertu de l'article 103 § 2 b) TFUE, aux termes desquels il a autorisé la Commission à déclarer l'article 101 § 1 inapplicable à des catégories d'accords remplissant certaines conditions. Il s'agit du :

• Règlement (CE) n° 1215/99 du Conseil (*JO*, L 148) concernant l'application de l'article 101), paragraphe 3 TFUE, du traité à des catégories d'accords ou de pratiques concertées ;

• Règlement (CEE) n° 2821/71 du Conseil (*JO*, L 285) concernant :

– l'application de normes et de types ;

– la recherche et le développement de produits ou procédés jusqu'au stade de l'application industrielle ainsi que l'exploitation des résultats, y compris les dispositions relatives au droit de la propriété industrielle et à la connaissance technique non divulguée ;

– la spécialisation, y compris les accords nécessaires à sa réalisation ;

• Règlement (CEE) n° 1534/91 du Conseil (*JO*, L 143) concernant certaines catégories d'accords entre entreprises, décisions d'associations d'entreprises et pratiques concertées dans le secteur des assurances.

Ces trois textes définissent en même temps le cadre des règlements de la Commission, qui doivent tous :

• contenir une définition des catégories d'accords, de décisions et de pratiques concertées auxquels ils s'appliquent et préciser les restrictions, les clauses ainsi que les autres conditions qui peuvent y figurer ;

• être applicables pour une durée limitée. Ils peuvent cependant être modifiés ou abrogés.

Sur cette base, la Commission a adopté divers règlements d'exemption par catégorie, qu'on peut classifier par types d'accords. Dans le domaine des accords et pratiques verticaux, les principaux règlements d'exemption par catégorie couvrent les :

• Accords de fourniture et de distribution :

Le Règlement (CE) N° 2790/1999 de la Commission du 22 décembre 1999 concernant l'application de l'article 101, paragraphe 3 TFUE, à des catégories d'accords verticaux et des pratiques concertées (*JO*, L 336) a remplacé, dans le but de simplifier les règles applicables aux accords de fourniture et de distribution, pas moins de trois règlements différents, à savoir ceux sur la distribution exclusive, les accords d'achat exclusif et les accords de franchise, et couvre l'ensemble de la distribution, y compris la distribution sélective, à l'exclusion toutefois du secteur automobile, qui dispose d'une exemption par catégorie à caractère sectoriel (voir ci-après).

En considérant le fait que certains accords verticaux peuvent entraîner une meilleure coordination au niveau de la production ou de la distribution, ce règlement exempte les accords de fourniture et de distribution portant sur des biens finals et intermédiaires ainsi que des services pour autant que la part de marché cumulée des parties ne dépasse pas 30 % du marché en cause. Les restrictions graves de la concurrence (comme la fixation des prix, la limitation de la production et autres) restent cependant interdites.

• **Accords verticaux dans le secteur automobile :**
Le Règlement (CE) n° 1400/2002 de la Commission du 31 juillet 2002 concernant l'application de l'article 101, paragraphe 3, TFUE (ex-article 81, § 3, TCE) à des catégories d'accords verticaux et de pratiques concertées dans le secteur automobile (JO, L 203) s'applique aux accords verticaux conclus dans le secteur automobile à tous les stades du commerce, de la fourniture d'un véhicule neuf ou de pièces de rechange, y compris les services de réparation et d'entretien.

• **Autres règlements sectoriels :**
Il existe d'autres règlements sectoriels d'exemption par catégories dans le domaine des transports aériens (récemment amendé par un règlement concernant les consultations tarifaires pour le transport de passagers sur les services aériens réguliers et la répartition des créneaux horaires dans les aéroports) et maritimes ainsi que dans celui des assurances.

Dans le domaine des accords et pratiques horizontaux, il existe des règlements d'exemption par catégorie notamment en matière de :

• **Accords de recherche et de développement (R&D) :**
En considérant le fait que la coopération, en matière de recherche et développement, contribue en général à promouvoir l'échange de savoir-faire et de technologies, à faciliter le progrès technique et économique, à rationaliser la fabrication et l'utilisation des produits notamment au bénéfice des consommateurs, le Règlement (CE) n° 2659/2000 de la Commission, du 29 novembre 2000, concernant l'application de l'article 101, paragraphe 3, TFUE (ex-article 81 § 3 TCE) à des catégories d'accords de recherche et de développement (*JO*, L 304), n'exempte pas seulement les accords ayant comme objectif premier la recherche et le développement mais aussi tout accord directement lié et nécessaire à la mise en œuvre d'une coopération de recherche et développement, pour autant que la part de marché cumulée des parties ne dépasse pas 25 % du marché en cause.

En revanche, il ne s'appliquera pas aux accords qui ne sont pas indispensables pour atteindre les effets positifs mentionnés ci-dessus. Certaines restrictions graves de la concurrence (comme la fixation des prix, la limitation de la production et autres) continueront généralement à être interdites.

• **Accords de spécialisation**
Le Règlement (CE) n° 2658/2000 de la Commission, du 29 novembre 2000, concernant l'application de l'article 101, paragraphe 3, TFUE (ex-article 81 § 3 TCE) à des catégories d'accords de spécialisation (*JO*, L 304) s'applique aux accords de :

– **spécialisation unilatérale :** une entreprise cesse ou s'abstient de fabriquer certains produits ou de fournir certains services au bénéfice d'une autre partie ;

– **spécialisation réciproque :** chacun des participants renonce à fabriquer certains produits ou à fournir certains services en faveur d'un autre ;

– **production conjointe :** les participants s'engagent à fabriquer conjointement certains produits ou à fournir conjointement certains services.

En considérant le fait que la coopération en matière de spécialisation contribue en général à améliorer la production ou la distribution des produits, à faciliter le progrès technique et économique, à rationaliser la fabrication et l'utilisation des produits au bénéfice notamment des consommateurs, ce règlement n'exempte pas seulement les accords ayant comme objectif premier la spécialisation mais aussi tout accord directement lié et nécessaire à la mise en œuvre d'une coopération de spécialisation, pour autant que la part de marché cumulée des parties ne dépasse pas 20 % du marché en cause.

Par contre, il ne doit pas s'appliquer aux accords qui ne sont pas indispensables pour atteindre les effets positifs susmentionnés. Certaines restrictions graves de la concurrence (comme la fixation des prix, la limitation de la production et autres) resteront interdites.

• **Accords de transfert de technologie**

Le Règlement (CE) n° 772/2004 de la Commission du 27 avril 2004 concernant l'application de l'article 101, paragraphe 3, TFUE (ex-article 81 § 3 TCE) à des catégories d'accords de transfert de technologie (*JO*, L 123), qui est accompagné d'une Communication de la Commission – Lignes directrices relatives à l'application de l'article 101 TFUE (ex-article 81 TCE) aux accords de transfert de technologie (*JO*, C 101 du 27/04/2004), vise les accords de transfert de technologie qu'il analyse comme des concessions de licences de technologie.

Ces derniers améliorent généralement l'efficience économique et favorisent la concurrence dans la mesure où ils peuvent réduire la duplication des actions de recherche-développement, mieux inciter les entreprises à lancer de nouvelles actions de recherche-développement, encourager l'innovation, faciliter la diffusion des technologies et susciter de la concurrence sur les marchés de produits. Il se peut toutefois que les accords de licences soient aussi utilisés à des fins anti-concurrentielles, par exemple lorsque deux concurrents utilisent un accord de licence pour se répartir des marchés entre eux ou lorsqu'un détenteur de licence important exclut des technologies concurrentes du marché.

Afin de trouver le juste équilibre entre la protection de la concurrence et la protection des droits de propriété intellectuelle, le règlement crée une sphère de sécurité pour la plupart des accords de licences. Les lignes directrices précisent comment il convient d'appliquer l'article 101 TFUE aux accords n'entrant pas dans le champ d'application de la sphère de sécurité.

Est exempté des restrictions prévues par l'article 101, paragraphe 1 TFUE (ex-article 81 § 1 TCE) , tout accord :

– conclu entre entreprises concurrentes, ne dépassant pas 20 % de part de marché en cause ;

– conclu entre entreprises non concurrentes, ne dépassant pas 30 % de part de marché en cause.

Cette exemption est accordée à condition que les accords ne contiennent pas certaines restrictions ayant des effets anticoncurrentiels graves. À cet égard, le règlement liste toute une série de restrictions caractérisées ayant des effets anti-concurrentiels graves et de ce fait interdites. En d'autres termes, tout ce qui n'est pas expressément exclu du règlement d'exemption par catégorie est exempté. En l'absence de restrictions caractérisées, les entreprises, signant des accords qui ne dépassent pas les seuils relatifs aux parts de marché, peuvent considérer que leurs accords soient compatibles avec le droit européen de la concurrence.

La dernière dérogation à l'interdiction de l'article 101 § 1 TFUE (ex-article 81 § 1 TCE) profite aux accords n'ayant pas d'incidence sensible sur les échanges intra-communautaires ou sur la concurrence. Après la reconnaissance par la

CJUE que les dispositions de l'article 101 § 1 TFUE (ex-article 81 § 1 TCE) n'étaient pas applicables dans un tel cas, la Commission a publié une Communication concernant les **accords d'importance mineure** qui ne restreignent pas sensiblement le jeu de la concurrence au sens de l'article 101 § 1 TFUE (*de minimis*) (*JO*, C 368 du 22/12/2001).

Les instruments de mesure de cette sensibilité sont donnés par la Communication sur la notion d'affectation du commerce du 27 avril 2004 (*JO*, C 101 du 27/04/2004). La Commission choisit ainsi un seuil en deçà duquel, il n'y a, en principe, pas d'affectation, sans que l'on puisse toutefois tirer une conséquence d'accords ou de pratiques au-delà dudit seuil.

Ladite communication propose un chiffrage de la sensibilité sur la base de deux conditions cumulatives, en fonction des critères de part de marché et de chiffre d'affaires.

Ainsi, il n'y a **pas d'affectation sensible** si :

• la part de marché totale des parties sur un marché communautaire en cause affecté par l'accord n'excède pas 5 %, et ;

• dans le cas des accords horizontaux, le chiffre d'affaires annuel moyen réalisé dans l'Union européenne par les entreprises en cause avec les produits concernés par l'accord n'excède pas 40 millions d'euros.

Dans le cas d'accords concernant l'achat conjoint de produits, le chiffre d'affaires pertinent sera celui des achats combinés des parties de produits couverts par l'accord. Pour les accords verticaux, c'est celui du fournisseur avec les produits concernés.

En matière de contrats de licence, il faudra regarder le chiffre d'affaires total réalisé par les cessionnaires avec les produits contenant la technologie concédée sous licence ainsi que celui réalisé par le concédant de la licence avec lesdits produits.

Dans le cas d'accords conclus entre un acheteur et plusieurs fournisseurs, le chiffre d'affaires déterminant est celui des achats combinés de l'acheteur des produits couverts par les accords en question.

Dans l'hypothèse de réseaux d'accords établis par le même fournisseur avec des distributeurs différents, les ventes prises en compte sont celles réalisées par l'ensemble du réseau. Le même principe d'appréhension globale s'appliquera dans le cas de plusieurs contrats faisant partie d'un même accord commercial.

Une exception au principe de la cumulation des seuils du part de marché et du chiffre d'affaires est à noter cependant pour les accords ou pratiques, qui, par leur nature même, sont susceptibles d'affecter le commerce entre États membres. Pour ceux-ci, la Commission estime qu'il existe une présomption positive réfutable que cette affectation du commerce est sensible, dès lors que l'une ou l'autre des conditions ci-dessus est remplie, sauf si l'accord ne couvre qu'une partie d'un État membre (cf. Communication du 27/04/2004, point 53).

À noter également que les comportements échappant ainsi au droit communautaire parce qu'ils ne sont pas susceptibles d'affecter le commerce entre États membres, peuvent toujours constituer des entraves illicites à la concurrence au regard des droits nationaux et, à ce titre, faire l'objet de sanctions par ceux-ci.

d. Coopération entre la Commission et les autorités de concurrence des États membres

La mise en place du système d'exception légale décrit plus haut s'accompagne d'une coopération accrue entre la Commission et les autorités de concurrence des États membres : Le règlement 1/2003 institutionnalise l'échange d'informations en prévoyant une communication constante de tout élément de fait et de droit, y compris des informations confidentielles, pouvant aider à identifier des éventuelles violations aux règles de la concurrence.

De leur côté, les autorités de concurrence des États membres sont tenues d'informer la Commission de toute décision portant sur l'application des articles 101 et 102 TFUE, au plus tard trente jours avant son adoption. Pour faciliter cette communication, le règlement prévoit la création d'un réseau européen de la concurrence.

Il n'est cependant pas dérogé à la règle selon laquelle les autorités de concurrence des États membres sont automatiquement dessaisies lorsque la Commission intente une procédure, et ce pour éviter les doublons et afin d'assurer une application uniforme et cohérente du droit communautaire de la concurrence. La Commission devra néanmoins consulter l'autorité nationale concernée avant d'initier la procédure.

Par ailleurs, lorsqu'une autorité de concurrence d'un État membre ou la Commission sont saisies d'une plainte contre un accord, une décision d'association ou une pratique concertée qui est ou a déjà été traitée par une autre autorité de concurrence, elles peuvent suspendre leur procédure ou rejeter la plainte.

La Commission, avant de prendre une décision ou d'infliger une amende ou une astreinte, consultera le Comité consultatif en matière d'ententes et des positions dominantes, comité composé de représentants experts des autorités de concurrence des États membres.

Les juridictions nationales peuvent elles demander à la Commission de leur communiquer des informations en sa possession ou des avis au sujet de questions relatives à l'application des règles communautaires de la concurrence. Les États membres doivent transmettre à la Commission copie de tout jugement écrit rendu par des juridictions nationales statuant sur l'application de l'article 101 ou 102 TFUE. La Commission aussi bien que les autorités de concurrence des États membres peuvent formuler des observations écrites ou orales devant les juridictions nationales.

Un recours devant la Cour de Justice est ouvert contre les décisions par lesquelles la Commission a fixé une amende ou une astreinte.

2. *Prohibition de l'abus de position dominante*

« Est incompatible avec le Marché intérieur et interdit, dans la mesure où le commerce entre États membres est susceptible d'en être affecté, le fait pour une ou plusieurs entreprises d'exploiter de façon abusive une position dominante sur le Marché intérieur ou dans une partie substantielle de celui-ci » (article 102 TFUE).

Le principe à l'égard de l'abus de position dominante est l'interdiction de plein droit, dans la mesure où le commerce entre États membres est susceptible d'en être affecté, sous peine de condamnation à des amendes (articles 102 et 103 TFUE).

Dans ce cadre, la Commission s'efforce de faire respecter le **principe** dit **de « l'équité économique »**, laquelle porte sur trois axes :

- préserver l'égalité des chances pour les opérateurs économiques ;
- tenir compte de la grande variété des situations en favorisant les petites et moyennes entreprises, puis
- prendre en considération les intérêts des travailleurs, des utilisateurs et des consommateurs.

À la différence des ententes, un abus de position dominante ne pourra jamais faire l'objet d'une exemption ou bénéficier d'une exception légale.

a. Notion de position dominante

Le traité lui-même ne contient aucune définition de la position dominante. Celle-ci est fournie par la jurisprudence communautaire, qui est citée et analysée *supra* sous Section 3 et on peut s'y référer dans le cadre des présentes.

Il est à noter qu'une entreprise occupant une position dominante sur le marché ne tombe pas nécessairement dans le champ d'application de l'article 102 TFUE, par exemple lorsqu'elle assume une mission d'intérêt légal qui relève des fonctions essentielles de l'État (cf. CJUE, 18/03/1997, aff. 343/95, *Diego Cali et Figli*).

Néanmoins, la Cour a relevé des cas où de telles entreprises étaient amenées, par le simple exercice de leur droit exclusif, à exploiter leur position dominante de façon abusive. Ce droit exclusif peut lui-même être susceptible de créer des situations, dans laquelle l'entreprise bénéficiaire de ce droit commettra automatiquement un abus de position dominante.

EXEMPLES • CJUE, 23/04/1991, aff. 41/90, *Höfner et Elser* – monopole de placement des employés octroyé en Belgique à l'office fédéral pour l'emploi ;
• CJUE, 18/06/1991, aff. 260/89, *ERT* – droit exclusif de retransmission d'émissions de télévision en Grèce ;
• CJUE, 13/12/1991, aff. 18/88, *RTT c/ GB-Inno-BM* – exploitation d'un réseau public de télécommunication en Belgique et extension du monopole au marché de l'entretien et du raccordement des appareils.

Contrairement à l'article 101 TFUE, la définition du marché en cause est, dans le cadre de l'article 102 TFUE, une condition nécessaire et préalable au jugement porté sur un comportement anticoncurrentiel.

Le **marché** est défini à partir des éléments suivants :
• d'un côté, il comprend tous les produits (ou services) vendus par l'entreprise, mais aussi ceux qui peuvent leur être substitués en vue du même usage ;
• d'autre côté, il est fonction de l'espace géographique dans lequel les produits de l'entreprise sont commercialisés.

Ensuite, il convient d'examiner la place que tient l'entreprise en question sur ce marché, notamment, mais pas uniquement, quelle part de marché elle y détient.

Il faut également tenir compte des avantages structurels dont dispose l'entreprise.

Selon la Commission, la part de marché doit être appréciée :

> *« en liaison notamment avec la disposition de connaissances techniques, de matières premières, de capitaux ou d'autres facteurs importants, tel par exemple l'attachement à une marque. »*

À cet égard, il faut également se référer à la Communication « sur la définition du marché en cause aux fins du droit communautaire de la concurrence » précité (cf. cette section *supra* 1 c)) qui a vocation à s'appliquer à l'ensemble des règles de la concurrence.

b. Abus de position dominante

Détenir une position dominante n'est pas en soi critiquable. Seul l'abus de cette position est illicite.

Toujours selon la CJUE, (03/07/1991, aff. 62/86 *Akzo*) :

> *« la notion d'exploitation abusive est une notion objective qui vise les comportements d'une entreprise en position dominante qui sont de nature à influencer la structure d'un marché où, à la suite précisément de la présence de l'entreprise en question, le degré de concurrence existant encore sur ce marché ou au développement de cette concurrence. »*

Quelques exemples d'**abus de position dominante** :

• certaines politiques de prix qui ne seraient pas justifiées par des raisons objectives :

– prix excessifs par rapport aux prestations fournies ;

– prix discriminatoires ;

– fixation de prix anormalement bas ;

– certaines remises et rabais.

• le refus de livrer une entreprise concurrente ;

• la limitation de la liberté des cédants au moyen de contrats d'approvisionnement exclusifs ;

• la subordination de la conclusion de contrats à l'acceptation par les partenaires de prestations supplémentaires n'ayant pas de lien avec l'objet de ces contrats.

• renforcement par une entreprise de sa position dominante.

c. Sanctions

Suite au constat de l'existence d'un abus de position dominante, la Commission peut imposer aux entreprises impliquées de cesser cette infraction, article 7 § 1 du règlement n° 1/2003.

Le cas échéant, elle indiquera les mesures à prendre dans ce sens, qui peuvent être d'ordre comportemental, mais aussi structurel, allant jusqu'au démantèlement d'une entreprise, si cela est proportionnée à l'infraction et nécessaire pour sa cessation.

En présence d'infractions moins graves ou moins clairement définies, elle pourra également selon l'article 9 § 1 du règlement 1/2003 accepter par décision des engagements proposés par les entreprises concernées et de les rendre ainsi obligatoires à leur égard. La procédure sera ainsi close et la Commission reconnaît qu'elle n'a plus d'intérêt d'agir, en sachant qu'elle peut être rouverte à tout moment s'il s'avère, par exemple, que les engagements donnés ne sont pas respectés.

EXEMPLES Décisions n° 2005/396/CE de la Commission du 19 janvier 2005 concernant la vente combinée des droits médiatiques sur le championnat allemand de football (Bundesliga) : *JO*, L 134 ou n° 2005/670/CE du 22 juin 2005, *affaire Coca-Cola* : *JO*, L 253.

La Commission imposera le respect de ces décisions par des astreintes pouvant aller jusqu'à 5 % du chiffre d'affaires journalier moyen par jour de retard (article 24 § 1 du règlement 1/2003).

Comme pour les ententes illicites, la Commission peut sanctionner les entreprises coupables d'un abus de position dominante ou ne respectant pas un engagement rendu obligatoire par une décision par des amendes.

EXEMPLES Décisions de la Commission n° 2005/8/CE du 24 juin 2004, *affaire Ordre des architectes belge*, *JO*, L 4 et n° 2006/857/CE du 15 juin 2005, *affaire AstraZeneca*, *JO*, L 332.

D'importantes réductions peuvent être obtenues par les entreprises qui sont ou ont été partie à des ententes secrètes et qui coopèrent à l'enquête de la Commission, conformément à la Communication de la Commission du 8 décembre 2006 : *JO*, C 298, qui n'est autre qu'une incitation à la (auto-)dénonciation.

d. Ententes injustifiables et « transaction »

La Commission a récemment adopté un dispositif introduisant une procédure dite de transaction en droit communautaire de la concurrence. Son objectif principal est d'améliorer l'efficacité de l'action de la Commission à l'encontre des cartels, en accélérant le traitement de certaines affaires afin de pouvoir concentrer plus de moyens (humains et logistiques) sur des affaires plus complexes (et souvent plus graves). Pour y parvenir, deux textes ont été adoptés : d'une part, le règlement (CE) n° 622/2008 du 30 juin 2008, qui modifie le règlement n° 773/2004 en prévoyant une communication des griefs et un déroulement de la procédure allégés ainsi que la possibilité de choisir un nouvel ordre pour les étapes de la procédure, certaines pouvant désormais avoir lieu avant l'adoption de la communication des griefs ; d'autre part, une communication de la Commission « relative aux procédures de transaction engagées en vue de l'adoption de décisions en vertu des articles 7 et 23 du règlement (CE) n° 1/2003 du Conseil dans les affaires d'entente », qui explique en détail à l'intention des entreprises et de leur conseils les différentes étapes de la procédure.

La nouvelle procédure prévoit que les parties qui ont pris connaissance des éléments de preuve figurant dans le dossier de la Commission pourront décider de reconnaître leur participation à l'entente et leur responsabilité en la matière. En contrepartie de cette reconnaissance, la Commission pourra réduire de 10 % le montant de l'amende qui leur est infligée. On notera donc que la Commission ne négocie pas l'utilisation des preuves, ni la sanction appropriée, mais qu'elle peut récompenser les parties pour leur coopération afin de faire des économies de procédure.

La nouvelle procédure est à distinguer de celle dite de clémence, instaurée par le règlement 773/2004, qui intervient en amont, mais avec laquelle elle peut se cumuler. Les parties n'ayant alors aucun droit à conclure une « transaction », c'est finalement à la Commission que revient l'initiative de cette procédure simplifiée.

Les parties seront alors informées des griefs envisagés et des preuves détenues aussi bien sur l'existence de l'infraction que sur leur participation et leur responsabilité. Elles seront autorisées à faire valoir leur point de vue en la matière avant la communication officielle des griefs. Si elles choisissent de présenter une « proposition de transaction » en admettant les faits qui leur sont reprochés et leur responsabilité, la communication de la Commission reprendra le contenu de cette proposition de transaction et pourra ainsi être beaucoup plus courte qu'une communication des griefs en cas de procédure classique. La procédure adoptée semble se rapprocher davantage du « *plea bargaining* » du droit américain que des modèles européens, telle que la procédure de non-contestation des griefs en droit français de la concurrence.

Les étapes postérieures sont également simplifiées puisqu'après confirmation par les parties, la Commission pourra passer rapidement à l'adoption d'une décision finale après consultation du comité consultatif.

Néanmoins, la Commission pourra, jusqu'au moment de la décision finale, revenir à la procédure habituelle, laquelle s'applique en toute hypothèse par défaut au cas où la procédure simplifiée n'aboutirait pas.
L'impact qu'aura ce nouveau dispositif est incertain : pour la Commission la procédure n'a d'intérêt que si toutes les parties de l'entente incriminée acceptent de s'y engager ; pour les entreprises, leur acceptation présuppose qu'elles jugent le dossier de la Commission suffisamment solide pour que cela vaille la peine de faire l'économie d'un recours, qui statistiquement, permet souvent d'obtenir une réduction d'amende du même ordre que les 10 % prévus par la nouvelle procédure…

◆ Principaux textes pertinents :

– Articles 101, 102, 103 et 106 TFUE (ex-articles 81, 82, 83 et 86 TCE).
– Règlement 17/1962 du Conseil du 6 février 1962 (*JO*, 13).
– Règlement 1/2003 du Conseil du 16 décembre 2002 (*JO*, L 1 2003).
– Règlement (CE) n° 1215/99 du Conseil du 15 juin 1999 (*JO*, L 148).
– Règlement (CEE) n° 2821/71 du Conseil du 20 décembre 1971 (*JO*, L 285).
– Règlement (CEE) n° 1534/91 du Conseil du 31 mai 1991 (*JO*, L 143).
– Règlement 2790/1999 du 22 décembre 1999 (*JO*, L 336).
– Règlement (CE) n° 2790/1999 de la Commission du 22 décembre 1999 (*JO*, L 336).
– Règlement (CE) n° 1400/2002 de la Commission du 31 juillet 2002 (*JO*, L 203).
– Règlement (CE) n° 2659/2000 de la Commission du 29 novembre 2000 (*JO*, L 304).
– Règlement (CE) n° 2658/2000 de la Commission du 29 novembre 2000 (*JO*, L 304).
– Règlement (CE) n° 774/2004 de la Commission du 7 avril 2004 (*JO*, L 123).
– Règlement (CE) n° 1459/2006 de la Commission du 29 septembre 2006 (*JO*, L 272).
– Règlement (CE) n° 622/2008 de la Commission du 30 juin 2008 modifiant le règlement (CE) n° 773/2004 en ce qui concerne les procédures de transaction engagées dans les affaires d'entente ;
– Communication de la Commission sur la définition du marché en cause aux fins du droit communautaire de la concurrence du 9 décembre 1997, *JO*, C 372.
– Communication de la Commission concernant les accords d'importance mineure qui ne restreignent pas sensiblement le jeu de la concurrence au sens de l'article 81 § 1 du traité instituant la Communauté européenne (*de minimis*) (*JO*, C 368 du 22 décembre 2001).
– Communication de la Commission du 8 décembre 2006 sur l'immunité d'amendes et la réduction de leur montant dans les affaires portant sur des ententes, *JO*, C 298 du 8 décembre 2006.
– Communication de la Commission du 27 avril 2004, Lignes directrices relatives à la notion d'affectation du commerce figurant aux articles 81 et 82 du Traité CE, *JO*, C 101).

◆ Jurisprudence pertinente

• Jurisprudence communautaire :
– Tribunal 08/07/2008, *aff.* T-99/04, *AC – Treuhand* ;

– CJUE, 16/12/1975, *aff.* jointes 40 à 48, 50, 54 à 56, 111, 113 et 114/73, *Suiker Unie e.a. c/ Commission*, 1663.
– CJUE, 18/3/1997, *aff.* 343/95, *Diego Cali et Figli.*
– CJUE, 23/4/1991, *aff.* 41/90, *Höfner et Elser.*
– CJUE, 13/12/1991, *aff.* 18/88, *RTT c/ GB-Inno-BM.*
– CJUE, 21/02/1973, *Continental Can, aff.* 6/72, *Rec.*, 215.
– CJUE, 09/11/1983, *aff.* 322/81 *Michelin.*
– CJUE, 03/07/1991, *aff.* 62/86 *Akzo.*

• Décisions de la Commission :
– COM 2006/485/CE, 03/09/2004, *aff. n° C.38.069 – Tubes sanitaires en cuivre*, *JO*, L 192.
– COM 2005/471/CE, 27/11/2002, *aff. COMP/E-1/37.152 – Plaques en plâtre*, *JO*, L 166.
– COM 2005/493/CE, 01/10/2003, *aff. n° C.37.370 – Sorbates*, *JO*, L 182.
– COM 2006/897/CE, 19/01/2005, *aff. n° C.37.773 – AMCA*, *JO*, L 353.
– COM 2005/396/CE, 19/01/2005, *aff. DG COMP/C-2/37.214 – Vente combinée des droits médiatiques sur le championnat allemand de football (Bundesliga)*, *JO*, L 134.
– COM 2005/670/CE, 22/06/2005, *aff. COMP/A.39.116/B2 – Coca-Cola*, *JO*, L 253.
– COM 2005/8/CE, 24/06/2004, *aff. COMP/A.38549 – Ordre des architectes belge*, *JO*, L 4.
– COM 2006/857/CE, 15/06/2005, *aff. COMP/A.37.507/F3 – AstraZeneca*, *JO*, L 332.

section 5 La mise en œuvre de l'interdiction

A - Mise en œuvre de l'interdiction par les autorités nationales des États membres

B - Mise en œuvre de l'interdiction par les autorités communautaires

1. *Les compétences générales de la Commission*
2. *Les compétences de la Commission pour adopter des décisions dans le champ de la concurrence*
3. *Les compétences de la Commission pour effectuer des enquêtes*

C - Mise en œuvre de l'interdiction par la coopération entre les autorités nationales des États membres et les autorités communautaires

1. *La coopération entre les autorités nationales et la Commission*
2. *La coopération entre les autorités européennes de concurrence et les juridictions nationales*

L'application du droit communautaire de la concurrence est mise en œuvre à la fois par la Commission européenne et les autorités nationales de la concurrence de chacun des États membres, mais aussi par les autorités judiciaires communautaires et nationales.

Deux règlements communautaires sont venus remplacer les règles qui existaient jusque-là, à la fois dans le domaine du contrôle des **ententes et positions dominantes**, et à la fois concernant le contrôle des **concentrations**. Nous ne reviendrons pas sur les dispositions portant sur le contrôle des concentrations car il a été examiné dans la section 4 de cet ouvrage.

Au sujet des ententes et positions dominantes, depuis 1962, le règlement n° 17/62 du Conseil du 6 février 1962 comportait des règles de base. Ce texte confiait à la Commission une **compétence exclusive**, qui prenait la forme d'un **contrôlé centralisé**. Il obligeait les entreprises à notifier préalablement leurs ententes à la Commission, afin de pouvoir bénéficier d'une autorisation d'exemption, qui leur était également délivrée par la Commission. Pour cette raison, cette institution a été amenée à réagir dans un nombre de cas tout à fait considérable et de plus en plus important, à tel point que l'application des règles dans ce domaine en a été compromise. À ce sujet, l'examen des motifs du règlement n° 1/2003 apporte un éclairage intéressant :

> *« Le régime centralisé mis en place par le règlement n° 17 n'est plus en mesure d'assurer l'équilibre entre ces deux objectifs. D'une part, il freine l'application des règles communautaires de concurrence par les juridictions et les autorités de concurrence des États membres, et le système de notification qu'il implique empêche la Commission de se concentrer sur la répression des infractions les plus graves. D'autre part, il entraîne pour les entreprises des coûts importants... ».*

Une réforme permettant la modernisation du système de contrôle mis en place s'avérait donc nécessaire. Elle a commencé avec la publication du Livre blanc de 1999. Elle s'est achevée avec la publication du règlement (CE) n° 1/2003 du Conseil du 16 décembre 2002. Ce dernier remplace le règlement (CEE) n° 17/62. Il met en place, à compter du 1er mai 2004, un **système décentralisé d'application des règles de concurrence et un renforcement du contrôle *a posteriori***. C'est donc toute la conception du contrôle qui est remise en cause. Cela a pour effet de modifier les interventions respectives des autorités communautaires et des autorités nationales dans chacun des États membres. Un des objectifs de cette réforme est donc de soulager la Commission d'une partie de ses tâches, ce qui doit lui permettre de se concentrer sur les infractions les plus importantes. Elle doit aussi permettre d'accroître le rôle des autorités et juridictions nationales dans l'application du droit de la concurrence.

En raison du caractère novateur du système décentralisé aujourd'hui en vigueur, et de la compétence des autorités nationales qui en résulte, nous commencerons par examiner ce point. Notre seconde partie portera sur la compétence des autorités communautaires. Enfin, nous nous consacrerons à l'étude de la coopération entre les autorités nationales des États membres et les autorités communautaires, coopération nécessaire pour assurer le fonctionnement efficace du système décentralisé mis en place.

A - Mise en œuvre de l'interdiction par les autorités nationales des États membres

Le règlement n° 1/2003 envisage à la fois la compétence des autorités de concurrence des États membres et celle de leurs juridictions nationales.
La compétence des autorités de concurrence des États membres est prévue à l'article 5 du règlement n° 1/2003 :

> *« Les autorités de concurrence des États membres sont compétentes pour appliquer les articles 81 et 82 TCE [101 et 102 TFUE] dans des cas individuels. À cette fin, elles peuvent, agissant d'office ou saisies d'une plainte, adopter les décisions suivantes :*
> *– ordonner la cessation d'une infraction,*
> *– ordonner des mesures provisoires,*
> *– accepter des engagements,*
> *– infliger des amendes, astreintes ou toute autre sanction prévue par leur droit national.*
> *Lorsqu'elles considèrent, sur la base des informations dont elles disposent, que les conditions d'une interdiction ne sont pas réunies, elles peuvent également décider qu'il n'y a pas lieu pour elles d'intervenir ».*

La compétence des autorités nationales s'apparente à celle de la Commission européenne, prévue à l'article 7 du règlement n° 1/2003, comme cela sera montré ultérieurement. En vertu de l'article 5, les autorités nationales peuvent donc adopter des décisions à l'égard des entreprises. Dans ce cadre, elles peuvent faire cesser les infractions qu'elles constatent, décider de mesures temporaires, valider des engagements proposés par les entreprises et enfin adopter des formes de sanctions différentes.
Enfin, selon l'article 22 du règlement n° 1/2003, les autorités compétentes de tous les États membres sont susceptibles d'être amenées à faire des enquêtes en application de leur droit national, pour le compte d'une autre autorité nationale compétente, voire de la Commission, afin de constater une infraction aux dispositions des articles 101 et 102 TFUE.
En France, deux autorités sont susceptibles d'intervenir dans le domaine de la concurrence. D'une part, le Conseil de la concurrence assume les fonctions d'instruction et de décision. D'autre part, le ministre de l'Économie a le pouvoir d'effectuer des enquêtes en recourant aux services de la DGCCRF (Direction générale de la concurrence, de la consommation et de la répression des fraudes) qui l'assiste.
La compétence des juridictions nationales des États membres est prévue à l'article 6 du règlement n° 1/2003 :

> *« Les juridictions nationales sont compétentes pour appliquer les articles 81 et 82 du traité [101 et 102 TFUE] ».*

Ainsi, comme nous le montrent les articles 5 et 7 du règlement n° 1/2003, ce dernier confie-t-il une compétence générale aux autorités nationales pour contrôler l'application des articles 101 et 102 TFUE, alors que suivant la réglementation précédente, elles n'intervenaient qu'à titre auxiliaire. Même si c'est bien un système décentralisé qui est mis en place, qui vise à renforcer le pouvoir des autorités et juridictions nationales, il convient d'ores et déjà de noter que les dispositions du règlement n° 1/2003 portant sur la coopération entre ces autorités et la Commission assurent toujours une certaine **prééminence des pouvoirs de cette dernière sur ceux des premières**, comme cela sera montré dans le point C de cette section.

◆ Dispositions pertinentes du droit communautaire

Règlement (CEE) n° 17/62 du Conseil du 6 février 1962.
Règlement (CE) n° 1/2003 du Conseil du 16 décembre 2002.

B - Mise en œuvre de l'interdiction par les autorités communautaires

1. *Les compétences générales de la Commission*

La Commission européenne est l'organe qui, au niveau communautaire, est chargé de veiller à **l'application des règles de concurrence**. Cette compétence est spécifiquement visée à l'article 105 TFUE (ex-article 85 TCE), qui prévoit que :

> *« La Commission veille, dès son entrée en fonction, à l'application des principes fixés par les articles 81 et 82 [101 et 102 TFUE] ».*

Le Traité lui-même détermine donc la compétence générale de la Commission concernant les accords, décisions d'association et pratiques concertées (article 101 TFUE) ainsi que les abus de position dominante (article 102 TFUE). Dans ce cadre, la Commission dispose d'un certain nombre de pouvoirs étendus, prévus par le règlement n° 1/2003. La Commission agit au cas par cas.
De façon générale, les compétences de la Commission européenne sont prévues à l'article 4 du règlement n° 1/2003 :

> *« Pour l'application des articles 81 et 82 du traité [101 et 102 TFUE], la Commission dispose des compétences prévues par le présent règlement ».*

L'article 4 renvoie à plusieurs autres articles qui concernent des compétences plus spécifiques de la Commission, qui font l'objet du chapitre III du règlement n° 1/2003 et qui traitent des « décisions » adoptées par cette institution. Ce terme renvoie à la typologie établie en droit communautaire, qui instaure plusieurs catégories de règles en matière de droit dérivé, dont précisément les décisions.

2. *Les compétences de la Commission pour adopter des décisions dans le champ de la concurrence*

En vertu de l'article 7 du règlement n° 1/2003, la Commission peut constater l'**existence d'une infraction aux règles de concurrence** et adopter des mesures à ce sujet pour la faire cesser. Ainsi, l'article 7 prévoit-il que :

> *« 1. Si la Commission, agissant d'office ou saisie d'une plainte, constate l'existence d'une infraction aux dispositions de l'article 81 ou 82 du traité [101 et 102 TFUE], elle peut obliger par voie de décision les entreprises et associations d'entreprises intéressées à mettre fin à l'infraction constatée. À cette fin, elle peut leur imposer toute mesure corrective de nature structurelle ou comportementale, qui soit proportionnée à l'infraction commise et nécessaire pour faire cesser effectivement l'infraction. Une mesure structurelle ne peut être imposée que s'il n'existe pas de mesure comportementale qui soit aussi efficace ou si, à efficacité égale, cette dernière s'avérait plus contraignante pour l'entreprise concernée que la mesure structurelle. Lorsque la Commission y a un intérêt légitime, elle peut également constater qu'une infraction a été commise dans le passé.*
> *2. Sont habilités à déposer une plainte aux fins du paragraphe 1 les personnes physiques ou morales qui font valoir un intérêt légitime et les États membres ».*

L'examen de cette disposition montre que si la Commission constate que les dispositions prévues aux articles 101 et 102 TFUE ne sont pas respectées, elle peut adopter une décision par laquelle elle contraint les entreprises concernées à mettre fin à leur comportement et à adopter ainsi des mesures pour se conformer aux règles de concurrence. Elle peut également prendre note de la fin de la violation aux articles 101 et 102 TFUE.
Selon l'article 8 du règlement n° 1/2003, la Commission est également compétente pour ordonner des **mesures provisoires** :

> *« 1. Dans les cas d'urgence justifiés par le fait qu'un préjudice grave et irréparable risque d'être causé à la concurrence, la Commission, agissant d'office, peut, par voie de décision et sur la base d'un constat prima facie d'infraction, ordonner des mesures provisoires.*
> *2. Une décision prise en application du paragraphe 1 est applicable pour une durée déterminée et est renouvelable dans la mesure où cela est nécessaire et opportun ».*

À la lecture de cet article, il faut conclure que dans les situations urgentes, la Commission peut, lorsqu'elle agit d'office et qu'elle a déjà constaté l'infraction, ordonner des mesures provisoires. Ces mesures sont susceptibles d'être reconduites.
L'article 9 du règlement n° 1/2003 octroie des compétences à la Commission pour rendre obligatoire **les engagements que prennent les entreprises** afin de se conformer aux observations contenues dans les décisions rendues par la Commission. L'article 9 est rédigé comme suit :

> *« 1. Lorsque la Commission envisage d'adopter une décision exigeant la cessation d'une infraction et que les entreprises concernées offrent des engagements de nature à répondre aux préoccupations dont la Commission les a informées dans son évaluation préliminaire, la Commission peut, par voie de décision, rendre ces engagements obligatoires pour les entreprises. La décision peut être adoptée pour une durée déterminée et conclut qu'il n'y a plus lieu que la Commission agisse.*
> *2. La Commission peut rouvrir la procédure, sur demande ou de sa propre initiative :*
> *a) si l'un des faits sur lesquels la décision repose subit un changement important ;*
> *b) si les entreprises concernées contreviennent à leurs engagements, ou*
> *c) si la décision repose sur des informations incomplètes, inexactes ou dénaturées fournies par les parties ».*

L'article 9 apporte donc des précisions sur les pouvoirs que détient la Commission dans le cadre des engagements qu'elle peut être amenée à conclure avec les entreprises. Lorsque la Commission constate la fin d'une violation aux règles de concurrence par le biais d'une décision, et que les entreprises s'engagent à tenir compte de ses observations, la Commission peut, pour une durée limitée, contraindre les entreprises à respecter ces engagements. La Commission est également compétente pour ouvrir la procédure lorsque la situation de fait change, lorsque les entreprises ne respectent pas leurs engagements ou lorsque la décision prise antérieurement par la Commission dans une affaire repose en réalité sur des informations incomplètes, inexactes ou dénaturées.

Enfin, l'article 10 du règlement n° 1/2003 donne le pouvoir à la Commission de **déterminer les situations dans lesquelles les articles 81 et 82 TCE (101 et 102 TFUE) ne sont pas applicables** :

> *« Lorsque l'intérêt public communautaire concernant l'application des articles 81 et 82 du traité [101 et 102 TFUE] le requiert, la Commission, agissant d'office, peut constater par voie de décision que l'article 81 du traité [101 TFUE] est inapplicable à un accord, une décision d'association d'entreprises ou une pratique concertée soit parce que les conditions de l'article 81, paragraphe 1, du traité [101 § 1 TFUE] ne sont pas remplies, soit parce que les conditions de l'article 81, paragraphe 3, du traité [101 § 3 TFUE] sont remplies.*
> *La Commission peut également faire une telle constatation en ce qui concerne l'article 82 du traité [102 TFUE] ».*

Ainsi, la Commission prend-elle une **décision d'inapplicabilité** lorsque les articles 101 et 102 TFUE ne s'appliquent pas dans un cas donné. Ces articles sont susceptibles de ne pas être appliqués dans plusieurs situations. Si les conditions déterminées au paragraphe 1er de l'article 101 TFUE ne sont pas remplies, la Commission peut, pour des motifs tenant à la protection d'un intérêt public communautaire, constater que suivant les informations qui sont à sa disposition, l'article 101 n'est pas applicable. Si les conditions posées au paragraphe 3 de l'article 101 ne sont pas non plus remplies, la Commission peut être amenée à faire le même constat. Il en va de même concernant les dispositions prévues à l'article 102 TFUE du Traité concernant les abus de position dominante.

3. *Les compétences de la Commission pour effectuer des enquêtes*

Dans les hypothèses où les échanges entre les États membres se modifient ou que la rigidité des prix ou d'autres circonstances laissent présager que les règles de concurrence ne sont pas respectées à l'intérieur du marché commun, la Commission dispose du pouvoir de mener des **enquêtes** sur un secteur économique spécifique ou sur un type d'accords dans des secteurs divers. Dans le cadre de pouvoir, la Commission dispose de compétences particulières, qui sont prévues au chapitre V du règlement. Ainsi, en vertu de l'article 17 du règlement n° 1/2003 :

P

> *« 1. Lorsque l'évolution des échanges entre États membres, la rigidité des prix ou d'autres circonstances font présumer que la concurrence peut être restreinte ou faussée à l'intérieur du marché commun, la Commission peut mener son enquête sur un secteur particulier de l'économie ou un type particulier d'accords dans différents secteurs. Dans le cadre de cette enquête, la Commission peut demander aux entreprises ou aux associations d'entreprises concernées les renseignements nécessaires à l'application des articles 81 et 82 du traité [101 et 102 TFUE] et effectuer les inspections nécessaires à cette fin.*
> *La Commission peut notamment demander aux entreprises ou associations d'entreprises concernées de lui communiquer tous accords, décisions et pratiques concertées.*
> *La Commission peut publier un rapport sur les résultats de son enquête portant sur des secteurs particuliers de l'économie ou des types particuliers d'accords dans différents secteurs et inviter les parties intéressées à faire part de leurs observations.*
> *2. Les articles 14, 18, 19, 20, 22, 23 et 24 s'appliquent* mutatis mutandis ».

Comme le montre cet article, les pouvoirs de la Commission consistent à demander aux entreprises soupçonnées de ne pas se conformer aux règles de concurrence de lui fournir des informations au sujet de leurs comportements. La Commission peut communiquer le résultat de ses enquêtes par le biais de rapports publiés.

Les articles suivants du règlement précisent les pouvoirs spécifiques dont dispose la Commission pour mener ces enquêtes.

Ainsi, en vertu de l'article 18 du règlement n° 1/2003, la Commission a-t-elle le **pouvoir de demander des renseignements**. La Commission peut, par simple demande ou par une décision, demander des informations auprès des gouvernements et des autorités nationales des États membres. Il en va de même concernant les entreprises. Toute personne physique ou morale est obligée de fournir les renseignements exigés. La Commission peut également demander toute information utile à l'accomplissement de ces missions auprès des gouvernements et des autorités nationales des États membres. Les pouvoirs de la Commission sont limités par des dispositions concernant les droits de la défense des entreprises mises en cause. Ainsi, avant de prendre une décision, la Commission a-t-elle l'obligation de permettre aux entreprises de faire connaître leur point de vue, au sujet des reproches qu'elle formule. Les entreprises impliquées peuvent également accéder à leur dossier.

Selon l'article 19 du règlement n° 1/2003, la Commission est également compétente pour recueillir des informations. À cet effet, la Commission peut interroger toute personne physique ou morale qui accepte de l'être.

Enfin, l'article 20 du règlement n° 1/2003 détermine le **pouvoir d'inspection** détenu par la Commission. Elle peut procéder à toutes les inspections nécessaires. Ses agents disposent des pouvoirs suivants :

> *« a) accéder à tous les locaux, terrains et moyens de transport des entreprises et associations d'entreprises ;*
> *b) contrôler les livres ainsi que tout autre document professionnel, quel qu'en soit le support ;*
> *c) prendre ou obtenir sous quelque forme que ce soit copie ou extrait de ces livres ou documents ;*
> *d) apposer des scellés sur tous les locaux commerciaux et livres ou documents pendant la durée de l'inspection et dans la mesure où cela est nécessaire aux fins de celle-ci ;*
> *e) demander à tout représentant ou membre du personnel de l'entreprise ou de l'association d'entreprises des explications sur des faits ou documents en rapport avec l'objet et le but de l'inspection et enregistrer ses réponses ».*

Les agents de la Commission doivent au commencement de l'inspection présenter les pouvoirs qu'ils détiennent en produisant un mandat écrit. Ce dernier doit indiquer l'objet et le but de l'inspection. Il doit également préciser les sanctions encourues. La Commission doit informer l'autorité compétente de l'État membre sur le territoire duquel une inspection doit avoir lieu.

La Commission dispose également d'un **pouvoir de sanction**. Ces sanctions peuvent prendre la forme d'une amende ou d'une astreinte en vertu des articles 23 et 24 du règlement n° 1/2003. Les amendes peuvent être infligées dans plusieurs situations et notamment lorsque l'entreprise fournit des renseignements inexacts ou incomplets :

> *« La Commission peut, par voie de décision, infliger aux entreprises et associations d'entreprises des amendes jusqu'à concurrence de 1 % du chiffre d'affaires total réalisé au cours de l'exercice social précédent lorsque, de propos délibéré ou par négligence :*
> *a) elles fournissent un renseignement inexact ou dénaturé (...) ;*
> *b) elles fournissent un renseignement inexact, incomplet ou dénaturé ou ne fournissent pas un renseignement dans le délai prescrit... ».*

La Commission peut en vertu du paragraphe 2 de l'article 23 n° 1/2003 du règlement infliger des **sanctions** pour le non-respect des articles 101 et 102 TFUE :

> *« La Commission peut, par voie de décision, infliger des amendes aux entreprises et associations d'entreprises lorsque, de propos délibéré ou par négligence :*
> *a) elles commettent une infraction aux dispositions de l'article 81 ou 82 du traité [101 et 102 TFUE]... ».*

Comme nous l'indiquions à l'instant, la Commission dispose également du pouvoir d'infliger des **astreintes**, qui sont perçues comme l'instrument juridique le plus efficace afin de faire en sorte qu'une entreprise respecte le plus vite possible les règles en matières de concurrence :

> *« 1. La Commission peut, par voie de décision, infliger aux entreprises et associations d'entreprises des astreintes jusqu'à concurrence de 5 % du chiffre d'affaires journalier moyen réalisé au cours de l'exercice social précédent par jour de retard à compter de la date qu'elle fixe dans sa décision, pour les contraindre :*
> *a) à mettre fin à une infraction aux dispositions de l'article 81 ou 82 du traité [101 et 102 TFUE] conformément à une décision prise en application de l'article 7 ;*
> *b) à respecter une décision ordonnant des mesures provisoires prises en application de l'article 8 ;*
> *c) à respecter un engagement rendu obligatoire par décision en vertu de l'article 9 ;*
> *d) à fournir de manière complète et exacte un renseignement qu'elle a demandé par voie de décision prise en application de l'article 17 ou de l'article 18, paragraphe 3 ;*
> *e) à se soumettre à une inspection qu'elle a ordonnée par voie de décision prise en application de l'article 20, paragraphe 4.*
> *2. Lorsque les entreprises ou les associations d'entreprises ont satisfait à l'obligation pour l'exécution de laquelle l'astreinte a été infligée, la Commission peut fixer le montant définitif de celle-ci à un chiffre inférieur à celui qui résulte de la décision initiale. Les dispositions de l'article 23, paragraphe 4, s'appliquent* mutatis mutandis *».*

◆ Dispositions pertinentes du droit communautaire

Article 101 TFUE (81 TCE).
Article 102 TFUE (82 TCE).
Article 105 TFUE (85 TCE).
Règlement (CEE) n° 17/62 du Conseil du 6 février 1962.
Règlement (CE) n°1/2003 du Conseil du 16 décembre 2002.

C - Mise en œuvre de l'interdiction par la coopération entre les autorités nationales des États membres et les autorités communautaires

Les questions relatives à la coopération entre les autorités nationales des États membres et la Commission font l'objet du chapitre IV du règlement (CE) n° 1/2003. Elles sont importantes car elles revêtent un enjeu particulier. Comme nous l'avons indiqué à plusieurs reprises, le règlement met en place un système largement décentralisé au regard de l'application des règles de concurrence. Il existe alors des dangers qui pourraient aboutir, du fait de cette nouvelle organisation décentralisée, à une application non uniforme des règles dans ce domaine. Ces dangers peuvent se manifester différentes façons. Ils sont spécifiquement visés dans les motifs au règlement.

> *« L'application cohérente des règles de concurrence requiert également la mise en place de mécanismes de coopération entre les juridictions des États membres et la Commission. Cela vaut pour toutes les juridictions des États membres qui appliquent les articles 81 et 82 du traité [101 et 102 TFUE], qu'elles le fassent dans le cadre de litiges entre particuliers, en tant qu'autorités agissant dans l'intérêt public ou comme instances de recours. En particulier, les juridictions nationales doivent pouvoir s'adresser à la Commission pour obtenir des informations ou des avis au sujet de l'application du droit communautaire de la concurrence. D'autre part, il est nécessaire de permettre à la Commission et aux autorités de concurrence des États membres de formuler des observations écrites ou orales devant les juridictions lorsqu'il est fait application de l'article 81 ou 82 du traité [101 et 102 TFUE]. Ces observations doivent être communiquées conformément aux règles de procédure et aux pratiques nationales, y compris celles qui sont destinées à sauvegarder les droits des parties. À cette fin, il y a lieu de s'assurer que la Commission et les autorités de concurrence des États membres disposent d'informations suffisantes sur les procédures intentées devant les juridictions nationales.*
> *Afin de garantir le respect des principes de la sécurité juridique et l'application uniforme des règles de concurrence communautaires dans un système de compétences parallèles, il faut éviter les conflits de décisions. Il convient donc de préciser, conformément à la jurisprudence de la Cour de justice, les effets que les décisions et délibérations de la Commission comportent pour les juridictions et les autorités de concurrence des États membres. Les décisions relatives aux engagements adoptées par la Commission n'affectent pas le pouvoir qu'ont les juridictions et les autorités de concurrence des États membres d'appliquer les articles 81 et 82 du traité [101 et 102 TFUE] ».*

Pour éviter que ces dangers ne surviennent, le règlement contient donc un nombre de règles important instaurant la nécessaire coopération entre toutes les institutions impliquées dans l'application de ce **système décentralisé**.

Afin de faciliter le travail des autorités nationales des États membres, la Commission européenne a élaboré un ensemble de textes accompagnant la réforme des règles de droit communautaire. Cet ensemble est souvent désigné sous les termes « paquet de modernisation ». Il doit permettre aux autorités nationales de participer plus facilement à l'application des règles de concurrence. Cet ensemble de textes trouve son fondement juridique dans le présent règlement.
Des règles différentes sont mises en place concernant, d'une part, la coopération entre les autorités nationales et la Commission et, d'autre part, la coopération entre les juridictions nationales et la Commission. Elles sont examinées successivement.

1. *La coopération entre les autorités nationales et la Commission*

Le principe des règles concernant la coopération entre les autorités nationales et la Commission est posé à l'article 11, paragraphe premier, du règlement n° 1/2003 :

> *« La Commission et les autorités de concurrence des États membres appliquent les règles communautaires de concurrence en étroite collaboration ».*

Si l'examen de ce premier paragraphe laisse entendre que les rapports existants entre les autorités nationales des États membres et la Commission s'instaurent sur un mode égalitaire, dans la réalité, les paragraphes qui suivent inversent cette tendance et réinstaurent une **prééminence de la Commission** qui existait auparavant, et à laquelle nous faisions allusion précédemment. C'est dans ce sens que se prononce le Tribunal dans l'une des affaires opposant France Telecom à la Commission :

> *« Si l'article 11, paragraphe 1, du règlement n° 1/2003 énonce une règle générale selon laquelle la Commission et les autorités nationales sont tenues de collaborer étroitement, il n'impose pas à la Commission de s'abstenir d'effectuer une inspection relative à une affaire dont une autorité nationale de concurrence serait saisie en parallèle… ».*

Même si, comme nous allons le montrer, la Commission a des obligations à l'égard des autorités nationales, il n'en demeure pas moins qu'elle dispose d'une suprématie. Le paragraphe 6 de l'article 11 ne laisse aucun doute concernant l'existence d'une telle prééminence :

> *« L'ouverture par la Commission d'une procédure en vue de l'adoption d'une décision en application du chapitre III dessaisit les autorités de concurrence des États membres de leur compétence pour appliquer les articles 81 et 82 du traité [101 et 102 TFUE]… ».*

Cette disposition consacre donc bien l'existence d'une suprématie de la Commission sur les autorités nationales, dans le cadre de l'application des articles 101 et 102 TFUE. Elle instaure un dessaisissement automatique des autorités de concurrence nationale au profit de la Commission, dès que cette dernière ouvre une procédure. Comme nous l'indiquions plus tôt, il est possible d'y voir les réticences à confier des compétences trop importantes aux autorités nationales. De telles dispositions ont été introduites afin d'éviter les difficultés inhérentes à la mise en place d'un **système de contrôle décentralisé**. Il existe en effet un risque que des autorités différentes soient saisies d'une même affaire, ce qui pourrait aboutir à des décisions différentes et opposées. L'article 11 paragraphe 6 peut également être interprété dans le sens où il donne aux autorités nationales une **compétence subsidiaire** par rapport à celle de la Commission. Le règlement (CEE) n° 17/62 précité contenait, cela va sans dire, une disposition allant dans le même sens. Cette interprétation est confirmée par une jurisprudence récente, issue d'un des arrêts opposant France Telecom à la Commission européenne, concernant le sens à donner à cette disposition. Ainsi le Tribunal est-il sans équivoque lorsqu'il déclare que :

> *« Bien que le règlement n° 1/2003 instaure une coopération entre la Commission et les autorités nationales de concurrence, il maintient le rôle prépondérant de la Commission dans la recherche des infractions (...). En particulier, son article 11, paragraphe 6, prévoit, sous réserve d'une simple consultation de l'autorité nationale concernée, que la Commission garde la possibilité d'ouvrir une procédure en vue de l'adoption d'une décision même si une autorité nationale traite déjà de l'affaire... ».*

Cette position de principe est réaffirmée par le Tribunal dans un autre arrêt concernant les mêmes parties, et cela de la même façon :

> *« Cette disposition prévoit en effet, sous réserve d'une simple consultation de l'autorité nationale concernée, que la Commission garde la possibilité d'ouvrir une procédure en vue de l'adoption d'une décision même si une autorité nationale traite déjà de l'affaire. Partant, la Commission doit a fortiori pouvoir procéder à une inspection. En effet, une décision ordonnant une inspection ne constitue qu'un acte préparatoire au traitement au fond d'une affaire, qui n'emporte pas ouverture formelle de la procédure au sens de l'article 11, paragraphe 6, précité, une telle décision d'inspection ne manifestant pas en elle-même la volonté de la Commission d'adopter une décision sur le fond de l'affaire... ».*

Pour terminer sur ce point, il convient également de mentionner que la réciproque n'est pas vraie, puisque dans l'hypothèse où la Commission est saisie d'une plainte déjà traitée par une autorité nationale, elle n'a pas l'obligation de la rejeter mais a seulement la possibilité de le faire, comme le prévoit le paragraphe 2 de l'article 13 du règlement n° 1/2003 :

> *« Lorsqu'une autorité de concurrence d'un État membre ou la Commission est saisie d'une plainte contre un accord, une décision d'association ou une pratique qui a déjà été traitée par une autre autorité de concurrence, elle peut la rejeter ».*

La prééminence des pouvoirs de la Commission dans l'application des règles des articles 101 et 102 TFUE sur les autorités nationales est donc réaffirmée dans l'article 13, paragraphe 2. Elle se manifeste également par d'autres mesures. Ainsi, l'article 11 du règlement n° 1/2003 prévoit-il que les autorités nationales compétentes ont **l'obligation d'informer la Commission**, à propos de toute décision portant sur l'application des articles 101 et 102 TFUE (ex-articles 81 et 82 du TCE). Il s'agit d'une information préalable, prévue au paragraphe 3 de l'article 11 :

> *« Lorsqu'elles agissent en vertu de l'article 81 ou 82 du traité [101 ou 102 TFUE], les autorités de concurrence des États membres informent la Commission par écrit avant ou sans délai après avoir initié la première mesure formelle d'enquête. Cette information peut également être mise à la disposition des autorités de concurrence des autres États membres ».*

Cette information préalable doit avoir lieu dans un délai de trente jours avant l'adoption de la décision, tel que le prévoit le paragraphe 4 de l'article 11 :

> *« Au plus tard trente jours avant l'adoption d'une décision ordonnant la cessation d'une infraction, acceptant des engagements ou retirant le bénéfice d'un règlement d'exemption par catégorie, les autorités de concurrence des États membres informent la Commission. À cet effet, elles communiquent à la Commission un résumé de l'affaire, la décision envisagée ou, en l'absence de celle-ci, tout autre document exposant l'orientation envisagée. Ces informations peuvent aussi être mises à la disposition des autorités de concurrence des autres États membres. Sur demande de la Commission, l'autorité de concurrence concernée met à la disposition de la Commission d'autres documents en sa possession nécessaires à l'appréciation de l'affaire. Les informations fournies à la Commission peuvent être mises à la disposition des autorités de concurrence des autres États membres. Les autorités nationales de concurrence peuvent également échanger entre elles les informations nécessaires à l'appréciation d'une affaire qu'elles traitent en vertu de l'article 81 ou 82 du traité [101 ou 102 TFUE] ».*

Le danger résultant de la mise en place du système décentralisé et la prééminence de la Commission sur les autorités nationales ont également conduit les rédacteurs du règlement n° 1/2003 à insérer le paragraphe 5 de l'article 11. Ce dernier prévoit que :

> *« Les autorités de concurrence des États membres peuvent consulter la Commission sur tout cas impliquant l'application du droit communautaire ».*

L'article 16, paragraphe 2nd, du règlement n° 1/2003 manifeste une dernière fois la prééminence des pouvoirs de la Commission sur celle des autorités nationales. Il concerne la conformité des décisions adoptées par les autorités nationales avec celles de la Commission :

> *« Lorsque les autorités de concurrence des États membres statuent sur des accords, des décisions ou des pratiques relevant de l'article 81 ou 82 du traité [101 ou 102] qui font déjà l'objet d'une décision de la Commission, elles ne peuvent prendre de décisions qui iraient à l'encontre de la décision adoptée par la Commission ».*

Cette règle doit être interprétée dans le sens où elle donne une **autorité supérieure aux décisions préalablement adoptées par la Commission**. Les autorités nationales qui seraient saisies au sujet d'affaires sur lesquelles la Commission s'est déjà prononcée ont l'obligation de se conformer à celles précédemment adoptées par cette institution.

Toutes ces manifestations de la suprématie de la Commission sur les autorités nationales ne signifie pas pour autant que la Commission est dépourvue d'obligations à leur égard.

La Commission **est notamment chargée de communiquer les documents les plus importants**. Sur demande des autorités nationales compétentes, elle fournit tout document nécessaire pour qu'elles aient une bonne appréciation de l'affaire. Cette règle est prévue au paragraphe 2 de l'article 11 du règlement n° 1/2003 :

> *« La Commission transmet aux autorités de concurrence des États membres une copie des pièces les plus importantes qu'elle a recueillies en vue de l'application des articles 7, 8, 9 et 10 et de l'article 29, paragraphe 1. Si l'autorité de concurrence d'un État membre en fait la demande, la Commission lui fournit une copie des autres documents existants qui sont nécessaires à l'appréciation de l'affaire ».*

La Commission doit, avant de commencer une procédure, **consulter l'autorité nationale concernée**, comme le prévoit la fin du paragraphe 6 de l'article 11 du règlement n° 1/2003 :

> *« Si une autorité de concurrence d'un État membre traite déjà une affaire, la Commission n'intente la procédure qu'après avoir consulté cette autorité nationale de concurrence ».*

Il faut également noter que la Commission doit, avant de prendre une décision ou d'infliger une amende ou encore une astreinte, consulter le **Comité consultatif en matière d'ententes et de position dominante**. Cette règle est prévue à l'article 14, paragraphe 1er du règlement n° 1/2003 :

> *« La Commission consulte un comité consultatif en matière d'ententes et de positions dominantes avant de prendre une décision en application des articles 7, 8, 9, 10 et 23, de l'article 24, paragraphe 2, et de l'article 29, paragraphe 1 ».*

Ce Comité est composé de représentants des autorités compétentes nationales, comme en dispose le paragraphe 2 de l'article 14 du règlement n° 1/2003 :

> *« Pour l'examen des cas individuels, le comité consultatif est composé de représentants des autorités de concurrence des États membres. Pour les réunions au cours desquelles sont examinées d'autres questions que les cas individuels, un représentant supplémentaire de l'État membre, compétent en matière de concurrence, peut être désigné. Les représentants désignés peuvent, en cas d'empêchement, être remplacés par d'autres représentants ».*

Le Comité doit servir de forum, pour « examiner » les affaires qui sont traitées par les autorités nationales compétentes, mais en aucun cas il ne s'agit d'une autorité décisionnaire, comme le précise le paragraphe 7 de l'article 14 :

> *« À la demande d'une autorité de concurrence d'un État membre, la Commission inscrit à l'ordre du jour du comité consultatif les affaires qui sont traitées par une autorité de concurrence d'un État membre au titre de l'article 81 ou 82 du traité [101 ou 102 TFUE]. La Commission peut également procéder à une telle inscription en agissant de sa propre initiative. Dans les deux cas, la Commission informe l'autorité de concurrence concernée.*
> *Une autorité de concurrence d'un État membre peut notamment présenter une demande concernant une affaire dans laquelle la Commission a l'intention d'intenter une procédure ayant l'effet visé à l'article 11, paragraphe 6.*
> *Le comité consultatif ne rend pas d'avis sur les affaires traitées par les autorités de concurrence des États membres. Il peut aussi débattre de questions générales relevant du droit communautaire de la concurrence ».*

Le Comité constitue donc simplement un espace de discussion, mais en aucun cas un organe décisionnaire ou une juridiction. À ce sujet, il convient également de rappeler que la Cour de justice tranche les litiges relatifs aux contestations portant sur les décisions prises par la Commission.
Enfin, une dernière disposition mérite d'être évoquée. Elle concerne la mise en place du système décentralisé et doit permettre d'éviter que plusieurs autorités nationales compétentes se trouvent saisies en même temps d'une plainte identique. Si la Commission ou les autorités nationales compétentes sont saisies par le biais d'une plainte concernant un accord, une décision d'association ou une pratique concertée, qui est déjà en cours d'examen ou a déjà été traitée par une autre autorité, elles ont la possibilité de **suspendre la procédure ou de rejeter la plainte**. Cette règle est prévue à l'article 13, paragraphe 1er du règlement n° 1/2003 :

> *« Lorsque les autorités de concurrence de plusieurs États membres sont saisies d'une plainte ou agissent d'office au titre de l'article 81 ou 82 du traité [101 ou 102 TFUE] à l'encontre d'un même accord, d'une même décision d'association ou d'une même pratique, le fait qu'une autorité traite l'affaire constitue pour les autres autorités un motif suffisant pour suspendre leur procédure ou rejeter la plainte. La Commission peut également rejeter une plainte au motif qu'une autorité de concurrence d'un État membre la traite ».*

Dans une des affaires opposant France Telecom à la Commission déjà évoquée, le Tribunal se prononce sur le sens à donner à cette disposition. Ainsi le Tribunal considère-t-il que :

> *« de même, l'article 13, paragraphe 1, du règlement n° 1/2003 n'entraîne qu'une simple faculté pour l'autorité concernée de suspendre la procédure ou de rejeter une plainte au motif qu' une autre autorité de concurrence traite la même affaire… ».*

Cette disposition ne doit donc pas être interprétée comme créant une obligation pour les autorités des États membres, mais uniquement une possibilité.

2. *La coopération entre les autorités européennes de concurrence et les juridictions nationales*

Le règlement n° 1/2003 comporte également un volet ayant trait à la coopération entre les autorités européennes de concurrence et les juridictions nationales.

Alors que, comme nous l'avons montré précédemment, le règlement organise une prééminence de la Commission sur les autorités nationales, notamment en ce qu'il dispose que ces dernières sont dessaisies lorsque la Commission ouvre une procédure, cette règle n'est pas prévue dans les rapports entre les juridictions nationales et la Commission. Il faut donc considérer que les **compétences sont ici concurrentes** alors que dans les rapports entre la Commission et les autorités nationales des États membres, nous avions vu que l'article 11, paragraphe 6 instaure en réalité une **compétence subsidiaire des autorités nationales**.

L'article 15, paragraphe 1er du règlement n° 1/2003 prévoit que les juridictions nationales peuvent s'adresser à la Commission pour lui demander de leur notifier des informations dont elle disposerait ou un avis concernant l'application des règles de droit communautaire de la concurrence. Ainsi dispose-t-il que :

> *« Dans les procédures d'application de l'article 81 ou 82 du traité [101 ou 102 TFUE], les juridictions des États membres peuvent demander à la Commission de leur communiquer des informations en sa possession ou un avis au sujet de questions relatives à l'application des règles communautaires de concurrence ».*

L'article 15, paragraphe 2nd du règlement n° 1/2003 fait peser sur les États membres une **obligation d'informer la Commission de tout jugement rendu par leurs juridictions nationales**, portant sur l'application des articles 101 et 102 TFUE (ex-articles 81 et 82 du TCE)…

> *« Les États membres transmettent à la Commission copie de tout jugement écrit rendu par des juridictions nationales statuant sur l'application de l'article 81 ou 82 du traité [101 et 102 TFUE]. Cette copie est transmise sans délai lorsque le jugement complet est notifié par écrit aux parties ».*

Enfin, comme le prévoit l'article 15, paragraphe 3 du règlement n° 1/2003, la Commission et les autres autorités nationales compétentes peuvent **formuler des observations écrites et orales devant les juridictions nationales saisies** :

> *« Les autorités de concurrence des États membres, agissant d'office, peuvent soumettre des observations écrites aux juridictions de leur État membre respectif au sujet de l'application de l'article 81 ou 82 du traité [101 et 102 TFUE]. Avec l'autorisation de la juridiction en question, elles peuvent aussi présenter des observations orales. Lorsque l'application cohérente de l'article 81 ou 82 du traité [101 ou 102 TFUE] l'exige, la Commission, agissant d'office, peut soumettre des observations écrites aux juridictions des États membres. Avec l'autorisation de la juridiction en question, elle peut aussi présenter des observations orales ».*

Comme nous venons de le voir, le dispositif mis en place par le règlement n° 1/2003 est très complet. Il reste maintenant à savoir de quelle façon il sera mis en œuvre par les différentes entités impliquées dans son application. Il n'est pas évident que les autorités nationales n'aient pas le désir de résister à la prééminence dont dispose toujours la Commission dans la répartition des compétences prévues dans le règlement. Le problème ne devrait, en principe, pas se poser concernant les juridictions nationales, sauf si ces dernières ou la Commission instaurent un autre rapport de force.

◆ Dispositions pertinentes du droit communautaire

Règlement (CEE) n° 17/62 du Conseil du 6 février 1962.
Règlement (CEE) n° 4064/89 du Conseil du 21/12/1989.
Règlement (CE) n°1/2003 du Conseil du 16 décembre 2002.
Règlement (CE) n° 139/2004 du Conseil du 20 janvier 2004.

◆ Jurisprudence pertinente

• Tribunal, 08/03/2007, France Telecom SA c. Commission, Affaire T-340/03, *Rec.* 2007 p. II-573.
• Tribunal, 08/03/2007, France Telecom SA c. Commission, Affaire T-339/04, *Rec.* 2007 p. II-521.

section **6**

Règles de concurrence applicables aux États membres de l'Union européenne

A - L'encadrement des aides d'État

1. *Cadre juridique*
2. *La notion « d'aide d'État » : les éléments constitutifs*
3. *La notion « d'aide d'État » : les diverses formes d'aides*
4. *L'examen de compatibilité des aides d'État*
5. *Les obligations des autorités nationales face au contrôle des aides d'État*
6. *Les recours ouverts dans le domaine des aides d'État*
7. *Les sanctions en cas de non-respect de la réglementation communautaire*

B - Les entreprises publiques et le droit de la concurrence

1. *Définition de l'entreprise publique*
2. *L'apparente neutralité du traité à l'égard des entreprises publiques*
3. *La soumission des entreprises publiques aux règles du commun de la concurrence*
4. *La spécificité des règles de concurrence applicables aux entreprises publiques*

C - Les monopoles nationaux

1. *La disparition programmée des monopoles nationaux*
2. *La possibilité de maintenir certains monopoles nationaux*

***Une des caractéristiques importantes du texte instituant, le 25 mars 1957, la Communauté Économique Européenne (CEE), par rapport aux autres traités mettant en place des zones de libres-échanges* a priori *similaires (accord AELE, accord ALENA), c'est que, dès l'origine, les comportements anticoncurrentiels des personnes publiques ont été réglementés par le traité CECA puis par le traité CEE. Conscients des risques que pouvaient faire courir les États sur la réalisation et l'achèvement d'un marché commun, les rédacteurs du traité de Rome consacrent en effet au sein du chapitre dédié aux règles de concurrence (Titre V, chapitre premier), deux sections s'intéressant spécifiquement aux actions des personnes publiques susceptibles d'affecter le libre jeu de la concurrence. Le traité de Lisbonne consacre le titre VII qui reprend les règles communes sur la concurrence, la fiscalité et le rapprochement des législations. Sont ainsi interdites, les pratiques de dumping et font l'objet d'une réglementation très restrictive, le versement d'aides d'État. Au surplus, l'action que peut exercer les autorités publiques sur le libre jeu du marché au travers des monopoles nationaux ou des entreprises publiques, fait également l'objet, dès 1957, d'une réglementation* ad hoc.**

A - L'encadrement des aides d'État

1. *Cadre juridique*

• Après l'article 4 c du traité CECA qui interdisait, sans échappatoire possible, toutes les subventions étatiques aux entreprises des secteurs du charbon et de l'acier, le traité CEE pose, au travers de son article 92 (devenu 107 TFUE), un principe d'incompatibilité des aides versées aux entreprises assortit toutefois ici d'un certain nombre d'exceptions. En effet, même si les aides publiques demeurent incompatibles avec la réalisation d'un marché commun, les rédacteurs du traité de Rome tiennent compte de la difficulté à exclure définitivement la puissance publique du champ d'intervention économique (notamment pour remédier aux difficultés structurelles ou conjoncturelles auxquelles les économies nationales peuvent être confrontées) pour aménager des dérogations à l'interdiction de principe. Ainsi, deux catégories d'exceptions (limitativement énumérées) coexistent : les aides compatibles de plein droit (art. 107 § 2 TFUE : « *Sont compatibles, les aides qui…* ») et les aides compatibles après examen de la Commission européenne (art. 107 § 3 TFUE : « *Peuvent être considérées comme compatibles avec le marché commun les aides destinées à…* »).

Article 107 § 2 TFUE (ex-article 87 § 2 CE) : « Sont compatibles avec le marché intérieur :
A. les aides à caractère social octroyées aux consommateurs individuels, à condition qu'elles soient accordées sans discrimination liée à l'origine des produits ;
B. les aides destinées à remédier aux dommages causés par les calamités naturelles ou par d'autres événement extraordinaires ;
C. les aides octroyées à l'économie de certaines régions de la République Fédérale d'Allemagne affectées par la division de l'Allemagne, dans la mesure où elles sont nécessaires pour compenser les désavantages économiques causés par cette division ». Cinq ans après l'entrée en vigueur du Traité de Lisbonne, le Conseil, sur proposition de la Commission, peut adopter une décision abrogeant le présent point.

Article 107 § 3 TFUE (ex-article 87 § 3 CE) : « Peuvent être considérées comme compatibles avec le marché intérieur :
A. les aides destinées à favoriser le développement économique de régions dans lesquelles le niveau de vie est anormalement bas ou dans lesquelles sévit un grave sous-emploi ainsi que celui des régions visées à l'article 349, compte tenu de leur situation structurelle, économique et sociale ;
B. les aides destinées à promouvoir la réalisation d'un projet important d'intérêt européen commun ou à remédier à une perturbation grave de l'économie d'un État membre ;
C. les aides destinées à faciliter le développement de certaines activités ou de certaines régions économiques, quand elles n'altèrent pas les conditions des échanges dans une mesure contraire à l'intérêt commun ;
D. les aides destinées à promouvoir la culture et la conservation du patrimoine, quand elles n'altèrent pas les conditions des échanges et la concurrence dans l'Union dans une mesure contraire à l'intérêt commun ;
E. les autres catégories d'aides déterminées par décision du Conseil sur proposition de la Commission ».

• Si cette distinction entre les aides « compatibles *de jure* » (art. 107 § 2 TFUE) et celles « compatibles *de facto* » (107 § 3 TFUE) modifie peu la procédure d'examen de compatibilité des aides susceptibles d'être versées, elle bouleverse en revanche l'étendue des compétences de l'autorité habilitée à effectuer cet examen : la Commission. En effet, alors que la « gardienne des traités » est dans une situation de compétence liée à l'égard des premières (la Commission devant se borner à vérifier que les soutiens publics projetés répondent aux conditions restrictives de l'article 107 § 2 TFUE avant de les autoriser), elle dispose d'une compétence discrétionnaire à l'égard des secondes (la Commission pouvant autoriser, interdire ou autoriser sous conditions le versement des aides qu'elle doit examiner à la lumière de l'article 107 § 3 TFUE). La finalité du contrôle des aides commande toutefois une interprétation stricte du cadre dérogatoire forgé par le traité. C'est ce qui explique que même les aides compatibles de plein droit (aides compatibles *de jure*), doivent faire l'objet d'une interprétation stricte de la part de la Commission et ne sauraient être autorisées que si elles sont proportionnées et nécessaires aux dommages subis (CJUE, 23 février

2006, « Giuseppe Atzeni e.a., Marco Salas, Renato Lilliu/Regione autonoma della Sardegna », aff. C-346/03 et C-529/03, pts 79-82).

• Si la procédure d'examen de compatibilité des aides d'État est décrite à l'article 108 TFUE, celle-ci est très embryonnaire. De sorte que, comme cela est souvent le cas en droit communautaire, c'est la jurisprudence de la Cour de Justice et celle du Tribunal de l'Union qui a forgé l'essentiel des règles procédurales applicables.

• Après quarante années d'une pratique décisionnelle de la Commission en cette matière, très largement modelée par les juges communautaires, les règles de procédure ont enfin été codifiées dans un texte de droit dérivé contraignant : le règlement n° 659/1999 du 22 mars 1999, JOUE L. 83 du 27 mars 1999.

2. *La notion « d'aide d'État » : les éléments constitutifs*

• La notion d'aide d'État est difficile à appréhender en ce qu'elle est large, parfois complexe et, surtout, difficilement réductible à quelques hypothèses. Le Traité de Rome ne procède en effet pas à l'énoncé des mesures entrant dans le champ des aides d'État incompatibles. Une définition a priori de toutes les formes d'aides étant bien évidemment impossible.

• En revanche, l'article 107 qui énonce le principe d'incompatibilité des aides d'État en énumère les éléments constitutifs. Celui-ci dispose :

> « ... *sont incompatibles avec le marché intérieur, dans la mesure où elles affectent les échanges entre les États membres, les aides accordées par les États ou au moyen de ressources d'État sous quelque forme que ce soit qui faussent ou qui menacent de fausser la concurrence en favorisant certaines entreprises ou certaines productions* ».

• Aux termes de cette disposition, il apparaît que quatre éléments cumulatifs doivent être remplis pour être en présence d'une aide d'État : l'origine de l'aide, l'avantage procuré à l'entreprise, la sélectivité de la mesure, la distorsion de concurrence provoquée.

a. L'origine de l'aide

• Ce critère apparaît dans l'extrait de l'article 107 et suivants : « ...*les aides accordées par les États ou au moyen de ressources d'État sous quelque forme que ce soit...* ». De cette phrase, ressort la volonté des institutions communautaires d'appréhender toutes les pratiques « étatiques » qui pourraient altérer la concurrence entre entreprises.

• Le premier signe tangible de cette volonté ressort de l'interprétation qui est donnée de la phrase :

> « Sauf dérogations prévues par le présent traité, sont incompatibles (...) *les aides accordées par les États* ».

En effet, comme la Cour de Justice l'a dit pour droit, cela signifie qu'il s'agit de « ...*l'ensemble des aides sans qu'il y ait lieu de distinguer entre le cas où l'aide est accordée directement par l'État ou par des organismes publics ou privés qu'il (l'État) institue ou désigne en vue de gérer l'aide* » (CJUE, 22 mars 1977, Steinike et Weinlig, *aff.* 78/76).

L'origine publique de l'aide dépasse donc l'origine étatique du financement. En clair, rentrent dans le champ de l'article 107 TFUE, les aides versées par les collectivités territoriales, l'État, un organisme de droit public, un organisme de

droit privé sous la tutelle d'une autorité publique, voire un organisme de droit privé n'étant pas sous le contrôle étroit d'une personne publique, mais qui est chargé de gérer un régime d'aides financé par l'État.
Cette recherche d'un « effet utile » à l'interdiction posée à l'article 107 § 1 TFUE oblige donc les institutions communautaires (et spécialement la Commission) à procéder à des analyses poussées puisqu'il faudra déterminer si la structure publique ou privée, qui octroie la mesure litigieuse, agit de sa propre initiative ou sous l'autorité directe/indirecte de la puissance publique. En d'autres termes, il convient de déterminer si la mesure est ou non « *imputable à l'État* ».
Ce critère dit de « l'imputabilité de la mesure » oblige donc à examiner la structure de l'actionnariat, l'indépendance organique et fonctionnelle, l'autonomie financière de la structure dispensatrice pour déterminer si elle agit seule ou sous « l'impulsion » de l'État.

EXEMPLE Ainsi dans l'affaire Van Der Kooy (CJUE, 2 fév. 1988, *aff.* 213/85), la fixation d'un tarif référentiel de gaz aux horticulteurs hollandais par un organisme indépendant de l'État (le Gasunie) a été qualifiée :

> « ... *d'un comportement imputable à l'État néerlandais et est donc susceptible de rentrer dans la notion d'aides accordées par un État membre aux termes de l'article 87 du traité [107 TFUE]* »

après qu'il a été démontré que 50% du capital du Gasunie était détenu par l'État, que celui-ci y disposait de la moitié des sièges au conseil d'administration et conservait un pouvoir d'approbation sur la fixation du tarif litigieux.
Ce critère de « l'imputabilité de la mesure », longtemps présumé quand le comportement suspecté était le fait d'une personne publique (v. Tribunal, 12 déc. 1996, « Air France et CDC-P/Commission », *aff.* T-358/94), doit désormais être démontré. Ainsi, comme il a été jugé dans l'importante affaire « Stardust Marine » (CJUE, 16 mai 2002, « France/Commission », *aff.* C-482/99) :

> « ... *même si l'État est en mesure de contrôler une entreprise publique et d'exercer une influence dominante sur les opérations de celle-ci, l'exercice effectif de ce contrôle dans un cas concret ne saurait être présumé (car) une entreprise publique peut agir avec plus ou moins d'indépendance, en fonction du degré d'autonomie qui lui est laissé par l'État. (...) Dès lors, le seul fait qu'une entreprise publique soit sous contrôle étatique ne suffit pas pour imputer des mesures prises par celle-ci à l'État. Il est encore nécessaire d'examiner si les autorités publiques doivent être considérées comme ayant été impliquées d'une manière ou d'une autre, dans l'adoption de ces mesures* ».

L'imputabilité à l'État ne se présume donc pas, elle se démontre.
Ainsi, l'imputabilité à l'État est rejetée, et la qualification d'aide non retenue, à l'égard d'une mesure d'exonération des droits d'accises sur les carburants utilisés par la navigation aérienne au motif que cette mesure n'a été mise en œuvre par les autorités allemandes que par la simple transposition d'une directive communautaire. Cet allègement n'étant pas « imputable à l'État » (mais aux institutions communautaires), il ne relève pas de l'article 107 §1 TFUE (Tribunal 5 avril 2006, « Deutsch Bahn c/ Commission », aff. T-351/02).

• Le deuxième signe ressort de l'interprétation qui est donnée de la phrase :

> « … *ou au moyen de ressources d'État* ».

La présence du « ou » montre, à l'évidence, le caractère alternatif de cette condition. Elle témoigne de la volonté des rédacteurs d'éviter que les États membres ne contournent la réglementation des aides en faisant verser des soutiens qu'ils financeraient par l'intermédiaire de structures totalement privées (associations, holding privées…) agissant, apparemment, librement.
La Commission comme la Cour de Justice ont donc d'abord estimé « …*qu'il n'est pas nécessaire que la mesure litigieuse soit financée par les ressources de l'État pour être qualifiée d'aide* », un seul comportement imputable à l'État étant jugé suffisant (affaire « Van der Kooy » préc.). L'avocat général M. Darmon résumant cette approche par le fait :

> « … *que le caractère étatique d'une aide vise plus l'autorité ayant décrété la mesure que l'organisme ou la personne qui en assure le financement. (…) L'origine des fonds n'a pas spécialement à être prise en compte puisque ce sont les effets de l'aide (…) qu'il y a lieu de prendre en considération ; et que dès lors (…) l'absence de financement au moyen de ressources publiques ne suffit pas à exclure la qualification d'aide à l'égard d'une mesure décrétée par l'État ou l'une de ses émanations* ».

Cette lecture maximale du corps de l'article 107 § 1 TFUE a pourtant été remise en cause par un revirement jurisprudentiel intervenu avec l'affaire « Firma Sloman Neptun » (CJUE, 17 mars 1993, *aff.* C-72 et C-73/91). Depuis cet arrêt – contre lequel la Commission ne cesse d'ailleurs de batailler – la Cour de Justice à consacré une nouvelle condition qui n'apparaît pourtant pas à la lecture de l'article 107 § 1 TFUE : il faut que la mesure litigieuse implique une « *charge pour l'État* ».
En clair, tous les systèmes imaginés par les États membres au bénéfice des entreprises qui n'ont pas pour conséquence de grever le budget de l'État ou des collectivités publiques (renoncement à une recette fiscale, simple réduction du montant des impôts et autres prélèvements opérés…) ne tombent pas sous le coup de l'interdiction posée à l'article 107 § 1. Ainsi lorsqu'un système d'aide aux entreprises productrices d'énergies renouvelables, pourtant décidé par l'État, est financé par les exploitants de réseau, voire par le consommateur final, il n'est plus constitutif d'un régime d'aides au sens de l'article 107 § 1 du TFUE (v. CJUE, 13 mars 2001, « Preussen Elektra », *aff.* C-379/98). Cette interprétation, particulièrement contestable de la lettre de l'article 107 § 1, conduit donc à substituer le « ou » par un « et » puisqu'il faut désormais que la mesure incriminée soit « *une aide accordée par les États <u>et</u> au moyen de ressources d'État* ».
Cette lecture de l'article 107 § 1 par les juges communautaires, jamais démentie depuis (v. en dernier lieu, CJUE, 15 juill. 2004, « Pearle BV e.a. », *aff.* C-345/02), a conduit paradoxalement la Commission mais aussi le Tribunal et la Cour de Justice à interpréter très largement la notion de « ressources d'État » pour éviter que les États ne contournent trop aisément la réglementation des aides d'État.

Constituent ainsi des « ressources d'État » :

> « ... *tous les moyens pécuniaires que le secteur public peut effectivement utiliser pour soutenir des entreprises, sans qu'il soit pertinent que ces moyens appartiennent ou non de manière permanente au patrimoine dudit secteur* » (Tribunal « Air France et CDP/ Commission », préc.).

De même, ont été qualifiées de « ressources d'État » des sommes intégralement financées par des particuliers mais sur lesquelles l'État exerce un plein contrôle (affaire dite du dépôt des notaires en milieu rural obligeant les officiers ministériels à déposer les fonds privés dont ils ont la garde auprès du seul Crédit Agricole, ce qui offrait à ce dernier l'assurance de disposer de fonds à hauteur de trois milliards d'euros, rémunérés au faible taux de 1 % ; mécanisme qualifié d'aide d'État par la Commission).
Il reste que pour que ces fonds privés puissent être qualifiés de « ressources d'État » (et, partant, d'aides publiques), il faut que l'État. « ...*exerce un contrôle légal, direct ou indirect, sur les ressources considérées* » (affaire « Stardust Marine » préc.).
• Le dernier signe découle de l'interprétation donnée à l'extrait :

> « ... *sous quelque forme que ce soit* ».

Pour faire face à l'inventivité des États membres pour élaborer des systèmes discrets d'aides aux entreprises, les institutions communautaires se devaient d'être particulièrement pragmatiques dans leur contrôle des soutiens publics ; c'est ce qu'elles firent dès l'origine.
La Cour énonça ainsi dès 1961 qu'une aide d'État peut procéder :

> « ... *non seulement de prestations positives telles que les subventions elles mêmes, mais également des interventions qui, sous des formes diverses, allègent les charges qui normalement grèvent le budget d'une entreprise* » (CJUE, 23 fév. 1961, « Steenkolen mien »).

Ont donc, par exemple été qualifiés de mécanismes instituant des aides d'État : des exonérations de charges sociales, des bonifications d'intérêts, des abandons de créances, des rabais sur des ventes ou des locations de propriétés publiques, le rééchelonnement du remboursement d'un prêt à des conditions plus favorables que celles du marché, la fourniture d'une assistance logistique et commerciale par une entreprise publique à ses filiales de droit privé à des conditions préférentielles, des opérations de privatisation d'entreprises publiques...

b. L'avantage procuré à l'entreprise

Ce deuxième élément constitutif n'apparaît pas à la lecture de la lettre de l'article 107 § 1 TFUE mais il permet à la Commission d'isoler la présence d'éléments d'aide d'État dans l'application de législation ou, plus fréquemment encore, dans la réalisation d'opérations financières, industrielles ou commerciales qui peuvent être réalisées entre des personnes publiques et des entreprises.
Concrètement, les institutions communautaires doivent rechercher si une entreprise a bénéficié, grâce aux opérations litigieuses examinées, d'avantages

particuliers qu'elle n'aurait pas pu obtenir « *dans des conditions normales de marché* » (Tribunal 17 oct. 2002, « Linde/Commission », *aff.* T-98/00).

EXEMPLES Ainsi, la réservation de chambres par une collectivité territoriale à l'année au profit d'un exploitant d'hôtel de luxe (Tribunal, 13 janv. 2004, « Thermenhotel Stoiser Franz e. a./Commission », *aff.* T-158/99), l'octroi par des organismes publics de facilités de paiement à un opérateur économique (Tribunal, 21 oct. 2004, « Lenzing A.G./Commission », *aff.* T-36/99), la vente de terrains ou de bâtiments publics à une entreprise (Tribunal, 16 sept. 2004, « Valmont Nederland BV/Commission », *aff.* T-274/01), l'entrée d'une collectivité dans le capital d'une société privée (CJUE, 8 mai 2003, « Italie et SIM 2 Multimédia/Commission », *aff.* C-328 et C-329/00)… doivent être comparés aux conditions en vigueur sur le marché. S'il apparaît que les opérations réalisées l'ont été à des conditions plus favorables que celles en vigueur sur le marché considéré, l'avantage procuré à l'entreprise bénéficiaire sera établi et, partant, la qualification d'aide d'État retenue. À l'inverse, si la collectivité publique s'est comportée comme un opérateur normal (un « *investisseur privé en économie de marché* » dit la jurisprudence), l'opération ne recèlera pas d'éléments d'aide d'État (Tribunal, 12 déc. 1996, « Air France/Commission », *aff.* T-358/94).

Enfin, on relèvera que pour être soumis aux articles 107 et suivants du traité, il faut que le bénéficiaire soit une « entreprise » au sens du traité. Notion large, qui peut bien évidemment englober des structures publiques financées ou non par l'État (CJUE 23 mars 2006, « Enirisorse c/Sotacarbo », aff. C-237/04).

c. La sélectivité de la mesure

Ce troisième élément constitutif découle du membre de phrase :

> « … *les aides favorisant certaines entreprises ou certaines productions* ».

Ce critère de la sélectivité de la mesure vise à distinguer une « mesure générale », permise, d'une « aide d'État », par principe incompatible. En effet, le traité n'interdit pas que les États adoptent des réglementations en matière fiscale ou sociale qui touchent l'ensemble des secteurs économiques (même si le traité prévoit par ailleurs qu'au regard des articles 116 et 117 TFUE (ex-articles 96 et 97 TCE), les États doivent s'efforcer de rapprocher leurs législations). En revanche, les législations nationales ne doivent pas, sous couvert d'une approche globale, favoriser certaines entreprises ou certaines productions car il ne s'agit plus alors d'une mesure générale, mais d'un système mettant en place des aides d'État au profit de quelques acteurs économiques.
Pour faire le départ entre ce qui relève des articles 116 et 117 TFUE et ce qui entre dans le champ de l'article 107 § 1, les institutions communautaires regardent si les mesures litigieuses sont « sélectives ».

EXEMPLES Ainsi, une loi italienne qui instaure une procédure exceptionnelle d'administration des grandes entreprises, permettant uniquement à ces dernières d'échapper aux règles communes en matière de faillite, constitue-t-elle un système sélectif favorisant certaines entreprises (les très grandes) et leur octroyant, par ce biais, des aides d'État incompatibles (CJUE, 1 déc. 1998, « Ecotrade SRL », *aff.* C-200/97). De même, la loi française qui prévoit des exonérations de charges sociales au profit des seules entreprises travaillant dans le secteur du cuir, de la chaussure et du textile, confère-t-elle un avantage économique sélectif qualifié d'aides d'État (CJUE, 5 oct. 1999, « France/Commission », *aff.* C-251/97). Tout aussi logiquement est qualifiée de régime d'aides – et non de mesures générales – la législation belge réservant des réductions de cotisations sociales « *aux seules entreprises industrielles les plus exposées à la concurrence internationale* » (CJUE, 17 juin 1999, « Belgique/Commission », *aff.* C-75/97). De même sont sélectives et, partant, sont constitutives d'aides d'État, les mesures fiscales dérogatoires au droit commun et/ou applicables uniquement à certains opérateurs économiques (CJUE, 22 juin 2006, « Belgique & Forum 187 ASBL/Commission », *aff.* C-182/03 et C-217/03, pts 120 à 123).

Si ces exemples peuvent paraître évidents, il y a des hypothèses plus complexes où il n'est pas forcément aisé de distinguer une « mesure générale » d'une aide d'État. Ainsi, la loi française obligeant les entreprises à financer un plan social en cas de licenciement, mais offrant à ces dernières la possibilité d'obtenir un cofinancement par le Fond National pour l'Emploi (FNE), a-t-elle été qualifiée par la Commission de système offrant aux entreprises françaises des aides d'État dans la mesure où le cofinancement n'était pas automatique et où le FNE pouvait, au cas par cas, moduler le montant des contributions allouées (CJUE, 26 oct. 1996, « France/Commission », *aff.* C-241/94).

Cette jurisprudence démontre donc que pour apprécier « la sélectivité de la mesure », les institutions communautaires tiennent compte non seulement des cas où il est possible d'isoler clairement les bénéficiaires des mesures décidées (grandes entreprises en Italie, entreprises des secteurs de la chaussure, du cuir et du textile en France, entreprises industrielles les plus exposées à la concurrence internationale en Belgique…) mais aussi du caractère mécanique, automatique, de l'application de la réglementation nationale. Ainsi, lorsqu'une autorité nationale dispose du pouvoir discrétionnaire pour accorder un avantage économique (Tribunal, 21 oct. 2004, « Lenzing A.G./Commission », *aff.* T-36/99), pour en moduler le montant (affaire du FNE), alors la mesure est sélective et il s'agit d'une aide d'État. À l'inverse, quand l'octroi d'un avantage est automatique, qu'il s'applique à l'ensemble des entreprises et des secteurs (affaire « Maribel quater », Bull UE-3/97, point 1.3.48), il s'agit d'une mesure générale et non d'une aide d'État prohibée.

d. La distorsion de concurrence provoquée

Cette dernière condition, redondante, apparaît à deux reprises dans le libellé de l'article 107 § 1 :

> « … *dans la mesure où elles affectent les échanges entre les États membres (…) elles faussent ou elles menacent de fausser la concurrence* ».

C'est en réalité l'élément constitutif le plus aisément consacré. En effet, depuis l'origine, la Commission et la Cour de Justice ont posé une véritable présomption d'affectation des échanges intra-communautaires dès lors que les autres éléments constitutifs d'une aide d'État sont remplis.

EXEMPLES En effet, même si l'entreprise bénéficiaire d'une aide réserve la totalité de sa production au marché national et ne participe pas aux échanges intracommunautaires (CJUE, 21 mars 1990, « Belgique/Commission », *aff.* C-142/87), si elle exporte la totalité de sa production vers des pays tiers, si elle reçoit une aide d'une faible importance (CJUE, 29 avril 2004, « Grèce/France », *aff.* C-278/00) ou si le récipiendaire est lui-même d'une taille modeste (CJUE, 19 sept. 2002, « Espagne/Commission », *aff.* C-113/00), la concurrence et les échanges entre États membres sont présumés altérés par les aides versées.

Longtemps affranchie de toutes contraintes, la constatation de la distorsion de concurrence provoquée doit néanmoins aujourd'hui être démontrée par la Commission ; celle-ci devant au minimum indiquer s'il y a des concurrents sur le marché et préciser les secteurs qui pourraient être affectés par le versement de subsides publics (CJUE, 19 oct. 2000, « Italie/Commission », *aff.* C-15/98 et C-105/99).

3. *La notion « d'aide d'État » : les diverses formes d'aides*

a. Les aides nouvelles et les aides existantes

Définition

• **Les aides nouvelles :**
Il s'agit d'aides individuelles (au profit donc d'un seul bénéficiaire) ou de régimes d'aides (au bénéfice d'un grand nombre d'entreprises) que les autorités nationales souhaitent, pour la première fois, verser à des opérateurs économiques. À titre d'exemple, on peut citer, comme aide individuelle nouvelle, l'aide exceptionnelle dont a bénéficié le Crédit Lyonnais (aide individuelle nouvelle) et, les aides que les collectivités territoriales françaises peuvent verser aux entreprises (régime d'aides nouveau) en vertu de la loi du 13 août 2004 (art. L. 1511-2 du CGCT).

Définition

• **Les aides existantes** :
Elles regroupent, essentiellement, trois catégories d'aides d'État :
– Les aides et régimes d'aides qui existaient avant l'entrée en vigueur du traité dans l'État membre concerné (c'est-à-dire les systèmes d'aides mis à exécution avant que l'État ne soit membre de l'Union et qui sont toujours applicables dans celui-ci),
– Les aides individuelles ou régimes d'aides ayant fait l'objet d'une décision d'autorisation de la part de la Commission ou du Conseil,
– Les financements qui ne constituaient pas des aides au moment de leur entrée en vigueur, mais qui se révèlent finalement, du fait de l'achèvement du marché commun, satisfaire aux conditions de l'article 107 § 1 TFUE.

Il convient de rajouter que toutes les modifications substantielles introduites dans un régime d'aides existant (montant des sommes pouvant être obtenues, liste des bénéficiaires, conditions d'obtention des aides…) font perdre aux aides pouvant être versées sans approbation préalable de la Commission leur caractère d'aides existantes. Ces modifications donnent donc naissance à des aides nouvelles, soumises à l'obligation de notification préalable (TPI, 30 avr. 2002, « Gouvernement of Gibraltar/ Commission », *aff.* T-195 et T-207/01).

Il convient de distinguer les « aides nouvelles » des « aides existantes » car elles répondent à un système de contrôle communautaire différent : contrôle *a priori* pour les premières (à l'initiative des États membres qui doivent notifier les mesures d'aides), contrôle *a posteriori* pour les secondes (à l'initiative de la Commission qui déclenche le contrôle à l'égard des mesures suspectes) ; voir tableaux.

b. Les aides individuelles et les régimes d'aides

Définition

• **Les aides individuelles :**
Une aide individuelle (appelée également aide *ad hoc*) est une aide qui n'est accordée sur la base d'aucun régime d'aides. Il s'agit d'une mesure de soutien au profit d'une entreprise, qui n'a pas vocation à être renouvelée et qui est attribuée au regard de la situation spécifique dans laquelle se trouve l'entreprise récipiendaire (aide à la restructuration d'Air France ou du PMU).

Définition

• **Les régimes d'aides** :
Les régimes d'aides regroupent toutes les dispositions législatives ou réglementaires nationales instaurant des mécanismes d'aides définis d'une manière générale et abstraite. Ces aides pourront être attribuées individuellement aux entreprises qui remplissent objectivement les conditions du régime, sans qu'il soit besoin de mesures d'application supplémentaires.

Rentrent par exemple dans cette catégorie, les aides que les collectivités territoriales peuvent verser à toutes les entreprises remplissant les conditions posées par les lois de décentralisation de 1982 et définissant le régime de la prime régionale à la création d'entreprise, de la prime régionale à l'emploi ou des garanties d'emprunt.

c. Les aides illégales et les aides incompatibles

Définitions

• **Les aides illégales** :
Il s'agit des aides qui sont illégales d'un point de vue uniquement procédural. Ainsi, avant d'être allouées, les aides nouvelles doivent être notifiées à la Commission par l'État membre. Si l'aide est octroyée sans notification, ou avant que la Commission ne rende sa décision finale, l'aide est illégale. On notera que l'illégalité de l'aide ne préjuge pas de sa compatibilité. En d'autres termes, une aide illégale peut néanmoins être compatible. En outre, le juge de la légalité procédurale est le juge national (v. 4).

• **Les aides incompatibles** :
Il s'agit des aides incompatibles avec les règles de fond du traité. Ainsi, une aide est incompatible si la Commission estime qu'elle ne peut pas remplir les conditions restrictives posées par les paragraphes 2 et 3 de l'article 107 TFUE. L'examen de compatibilité des aides d'État est une compétence qui appartient par principe à la Commission et, à titre exceptionnel, au Conseil (art. 108 § 2 TFUE).

d. Les financements non qualifiés d'aides d'État

• Tous les financements publics, alors même qu'ils répondent apparemment à la définition de l'article 107 § 1 TFUE, ne sont pas qualifiés d'aides d'État au sens du traité. Il en est ainsi des aides dites *de minimis* et des compensations d'obligations de service public.

• **Les aides *de minimis* :**

Elles sont considérées par la Commission comme n'affectant pas les échanges intra-communautaires. En ne remplissant pas le dernier élément constitutif de l'aide d'État (la distorsion de concurrence provoquée), le financement public en cause ne constitue donc pas une aide au sens de l'article 107 § 1 du traité.

Ces aides *de minimis* sont définies (dans le règlement de la Commission n° 69/2001 du 12 janvier 2001) comme suit : il s'agit des aides accordées à une même entreprise dont le montant ne peut, sur une période de trois ans, excéder 100 000 €. Ces aides peuvent donc être versées sans notification préalable à la Commission. Ce règlement communautaire, qui expirait au 31 décembre 2006, a été reconduit et modifié par le nouveau règlement du 15 décembre 2006 (n° 1998/2006, *JO*, n° L 379 du 28 déc. 2006, p. 5) applicable jusqu'au 31 décembre 2013. Ce texte reprend l'essentiel du dispositif antérieur en prévoyant toutefois deux modifications importantes :

• Le champ du règlement d'exemption est étendu : les secteurs du transport et de la transformation des produits agricoles sont entrés, depuis le 1er janvier 2007, dans le cadre dérogatoire.

• Le montant des sommes pouvant être accordées sans notification préalable est doublé : c'est-à-dire qu'il est porté à 200 000 € sur trois ans auprès de la même entreprise.

En revanche, les États membres doivent tenir à disposition de la Commission un registre compilant toutes les informations concernant l'application des aides *de minimis* ; ils doivent avertir les bénéficiaires du caractère *de minimis* des aides versées ; ils doivent veiller au respect des règles relatives au cumul des aides…

• Les compensations d'obligations de service public :

Préoccupées par la nécessité d'offrir aux services d'intérêt économique général les moyens financiers indispensables à la perpétuation de leurs missions, les institutions communautaires ont forgé une pratique décisionnelle « par laquelle ont d'abord été considérées comme compatibles avec le traité, les aides visant à compenser le coût des obligations de service public imposées par les collectivités publiques aux entreprises en charge d'une mission d'intérêt général (aides considérées comme compatibles sur le fondement de l'article 106 § 2 TFUE). Puis, après de nombreuses incertitudes (Tribunal, 27 fév. 1997, Fédération Française des Sociétés d'Assurances/ Commission », *aff.* T-106/95 ; CJUE, 22 nov. 2001, « ferring SA et A.C.O.S.S. », *aff.* C-53/00), la Cour de Justice a rompu avec cette pratique en considérant que les compensations d'obligations de service public n'étaient pas des aides d'État dont la compatibilité devait être examinée par la Commission, mais des financements dont la nature était différente de ceux compris à l'article 107 § 1 (CJUE, 24 juill. 2003, « Altmark Trans », *aff.* C-280/00).

Ainsi est une « compensation d'obligations de service public » – ne devant donc pas être notifiée préalablement à la Commission avant d'être allouée – la somme versée en contrepartie des obligations de service public imposées, dès lors que ce soutien public est accordé selon une procédure ouverte, transparente, non discriminatoire et, sous la réserve, qu'elle n'excède pas le coût réel de l'obligation imposée.

Concrètement, une collectivité peut donc imposer une obligation de service public (transport d'un nombre minimal de voyageurs, rotation plus importante de véhicules de ramassage scolaire…), chiffrer le surcoût de cette obligation et offrir à l'entreprise sélectionnée, après une procédure ouverte et transparente (appel d'offres communautaire par exemple), les montants strictement proportionnés à l'exercice de cette mission ; le tout, sans tomber sous le coup de l'article 107 § 1 TFUE.

Inversement on le comprend, la surcompensation du coût d'une obligation de service public est une aide d'État (v. CJUE 7 septembre 2006, « Laboratoires Boiron SA/ACOSS », *aff.* C-526/04, pt 37).

4. *L'examen de compatibilité des aides d'État*

a. Les autorités compétentes pour procéder à cet examen

• L'examen de compatibilité des aides d'État avec les règles du traité est une compétence exercée, à titre quasi-exclusif, par la Commission. Gardienne des traités et en charge de la définition de l'intérêt communautaire, la Commission est en effet l'institution la mieux placée pour apprécier la compatibilité d'une aide projetée avec les autres impératifs du traité : l'établissement d'une concurrence non faussée, le renforcement de la cohésion économique et sociale au sein de l'Union, le rattrapage économique des régions en retard de développement…

• Par exception et « *…si des circonstances exceptionnelles justifient une telle décision* », le Conseil peut, en application de l'article 108 § 2, 3e alinéa, autoriser le versement d'une aide d'État prohibée. Ces décisions restent exceptionnelles en ce qu'elles exigent l'unanimité des membres du Conseil, qu'elles doivent intervenir dans un délai préfixe (trois mois) et qu'elles ne peuvent conduire le Conseil à remettre en cause les décisions prises par la Commission (CJUE, 29 juin 2004, « Commission/Conseil », *aff.* C-110/02).

b. La procédure applicable aux aides nouvelles

• Cette procédure, pour le moins complexe (v. tableau n° 1), est présentée à l'article 108 TFUE (ex-article 88 CE). Le caractère très lacunaire du libellé de cet article a conduit la Commission et plus encore les juges communautaires à préciser (après trente années d'une jurisprudence très constructive) l'ensemble des règles de procédure aujourd'hui applicables. Ces dernières sont désormais consacrées dans le règlement n° 659/1999 du 22 mars 1999 précité, « *portant modalités d'application de l'article 88 du traité CE [108 TFUE]* ».

• L'examen de compatibilité des aides nouvelles se déroule en deux grandes phases : l'examen préliminaire et la procédure formelle d'examen.

• L'examen préliminaire :

Il débute, en principe, par la notification par l'État membre à la Commission de l'aide projetée. Si cette formalité obligatoire est remplie, l'aide est légale. À défaut, ou si l'État membre verse l'aide avant que la décision de la Commission n'intervienne, l'aide est illégale.

L'obligation de notification n'étant pas toujours respectée par les États membres, la Commission prend souvent connaissance de l'existence d'aides d'État par la lecture de la presse nationale, de rapports officiels (type rapports de la Cour des comptes ou des CRC en France) et, surtout, de plaintes de concurrents. Ces plaintes disposent aujourd'hui d'un véritable statut avec :

• l'existence d'un formulaire type de dépôt de plainte (*JO*, n° C 116 du 106 mai 2003, p. 3) ;

• l'obligation qui pèse désormais sur la Commission d'instruire les plaintes, indépendamment du fait de savoir si elles sont ou non fondées (Tribunal 5 avril 2006, « Deutsche Bahn AG/ Commission », *aff.* T-351/02, pt 41).

Dans tous les cas, la Commission doit, sans tenir compte du caractère légal ou non de la mesure, en étudier la compatibilité après avoir obtenu toutes les informations nécessaires à son examen (elle peut donc, pour se faire, adresser des demandes renouvelées aux États membres).

Plusieurs hypothèses apparaissent alors. La Commission peut, et sans hésitations, conclure à l'absence d'aide d'État au sens de l'article 107 § 1 TFUE, admettre la compatibilité du projet notifié avec les règles du traité ou, inversement, rendre une décision d'incompatibilité. Dans chacune de ces hypothèses, la procédure est terminée. En revanche, en cas de doutes sérieux sur la nature juridique des mesures examinées (est-ce une aide, un régime d'aides ?) ou sur leur compatibilité avec les règles du traité (l'aide est-elle compatible ?), il appartient à la Commission d'ouvrir la procédure formelle d'examen.

• **La procédure formelle d'examen :**
Elle s'ouvre par une « *lettre de mise en demeure aux États membres* » (publiée au Journal Officiel de l'Union Européenne) invitant tous les intéressés (États, entreprise(s) récipiendaire(s), concurrent(s)) à présenter leurs observations.
Cette lettre, qui expose les raisons qui incitent la Commission à douter de la qualification ou de la compatibilité de la mesure projetée, permet à tous les intéressés de faire valoir leurs observations dans un délai, en principe, d'un mois.
Au terme de celui-ci, la Commission doit, « *…autant que possible, adopter une décision dans un délai de 18 mois à compter de l'ouverture de la procédure formelle d'examen* » (art. 7-6 du règlement n° 659/1999).
La Commission pourra au final considérer : qu'il ne s'agit pas d'une mesure d'aide ; qu'il s'agit d'une aide d'État compatible ; qu'il s'agit d'une aide incompatible ou que l'aide peut être compatible sous certaines conditions (décision dite de « compatibilité conditionnelle »).

Procédures applicables aux aides d'État

AIDES NOUVELLES

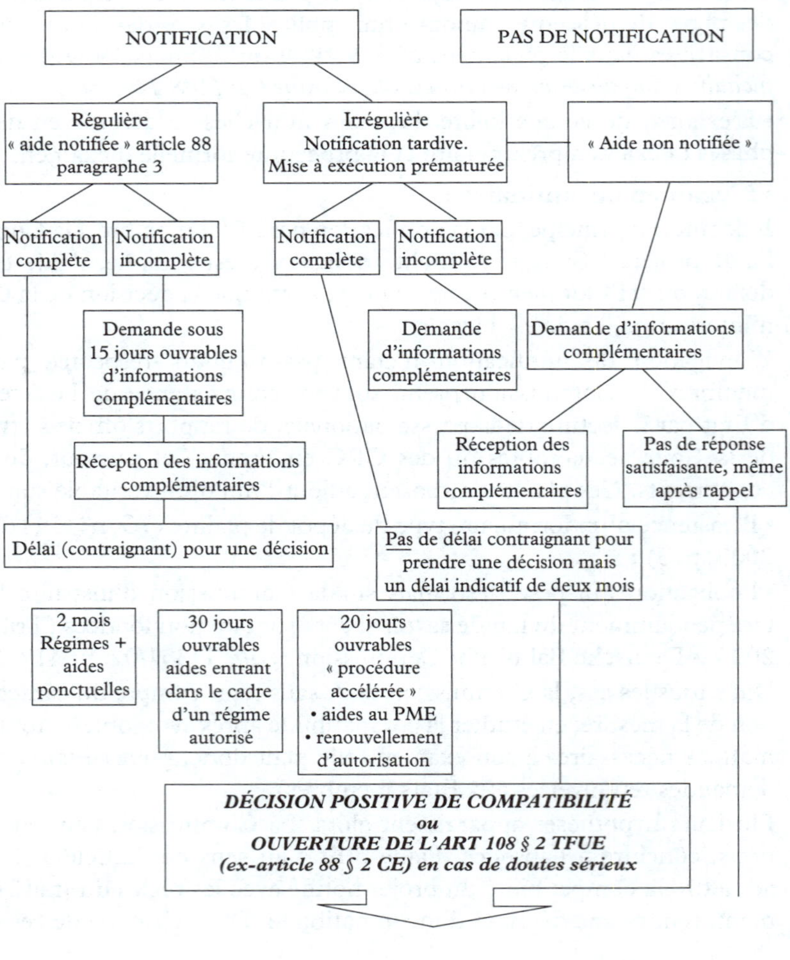

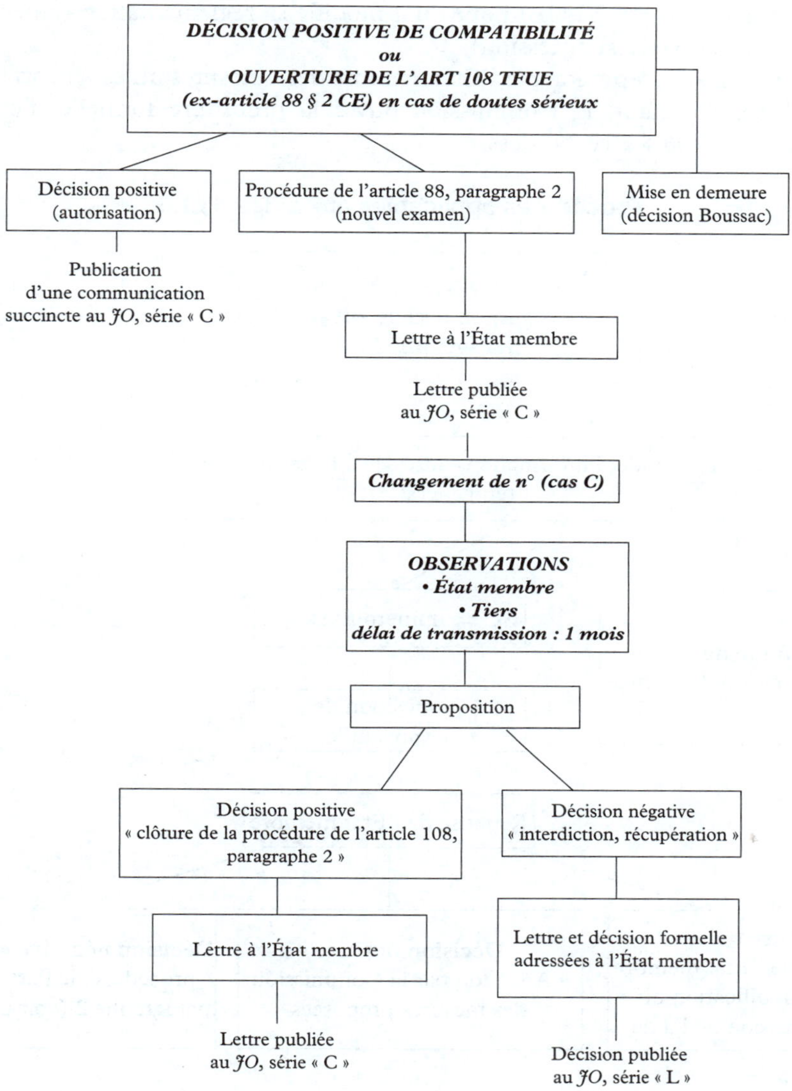

Tableau tiré du « Droit de la concurrence dans les Communautés européennes. Volume IIA, Règles applicables aux aides d'État, situation au 30 juin 1998 », OPOCE, 1999 et réalisé par R. Vitoz.

c. La procédure applicable aux aides existantes

• Contrairement à la précédente, la procédure d'examen des aides d'État existantes s'ouvre à l'initiative de la Commission (v. tableau n° 2).

• C'est cette dernière qui, alertée par une plainte ou informée par l'État intéressé, va déclencher la procédure de contrôle. En effet, si la Commission considère qu'un régime d'aides existant n'est pas, ou n'est plus (du fait de changements législatifs ou réglementaires intervenus) compatible avec le marché commun, elle informe l'État membre concerné des doutes qu'elle entretient sur la conformité du régime aux règles du traité et l'invite à présenter ses observations dans le délai, qui peut être prorogé, d'un mois.

• À la lumière des informations transmises, la Commission peut être convaincue de la compatibilité du régime et clore la procédure. Dans le cas inverse, elle propose à l'État membre concerné des « mesures utiles » (sur le fondement de

l'article 108 § 1 TFUE) pour qu'il modifie sa réglementation (aménagement, réécriture voire suppression).
• En cas d'acceptation par l'État membre des « mesures utiles », la procédure est close. À défaut, la Commission ouvre la procédure formelle d'examen de l'article 108 § 2 (v. ci- dessus).

Procédures applicables aux aides d'État

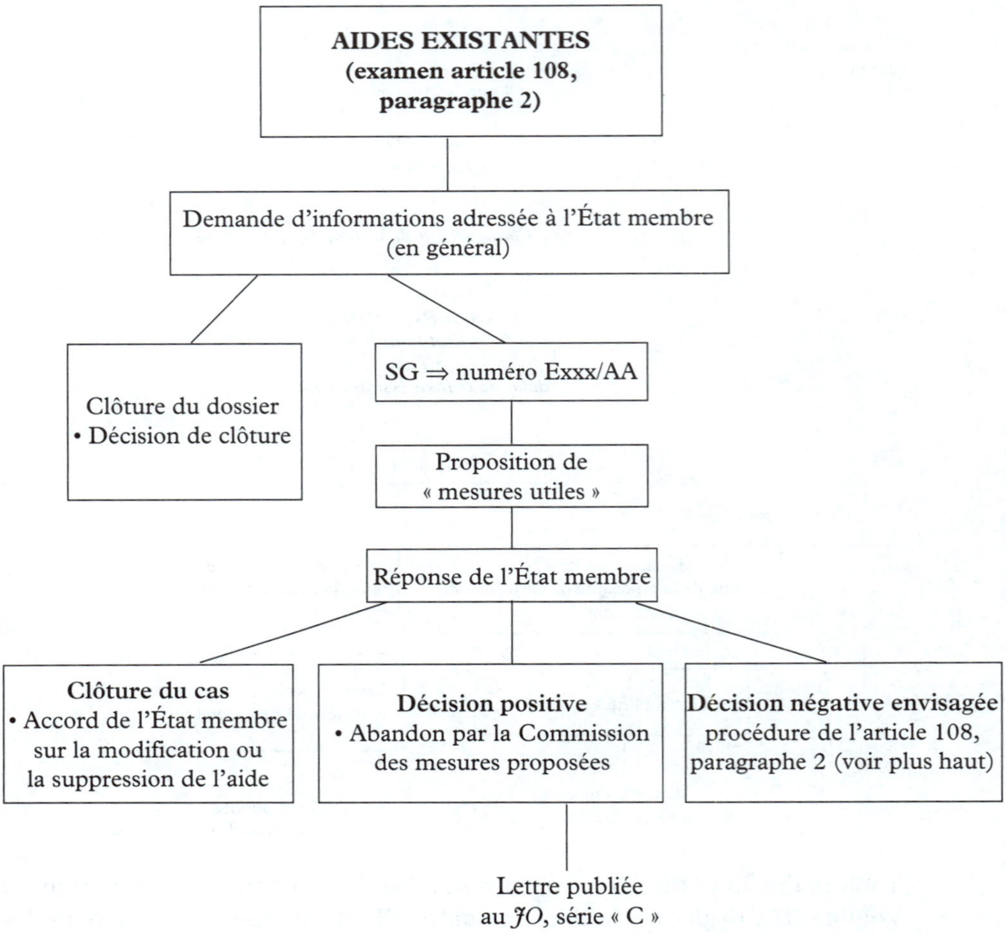

Tableau tiré du « Droit de la concurrence dans les Communautés européennes. Volume IIA, Règles applicables aux aides d'État, situation au 30 juin 1998 », OPOCE 1999 et réalisé par R. Vitoz.

d. Le pouvoir discrétionnaire d'appréciation de la Commission

• En dehors du cas singulier de l'application des dérogations prévues au paragraphe 2 de l'article 107 (les aides compatibles de plein droit, dites « *de jure* ») où la Commission est liée dans sa décision de compatibilité si les conditions posées aux lettres a, b, ou c de l'article 107 § 2 sont remplies (CJUE, 30 sept. 2003, « Freistaat Sachsen et Volkswagen Sachsen », *aff.* C-57/00P et C-61/00P), les dérogations prévues au paragraphe 3 (les aides compatibles « de facto ») offrent un large pouvoir d'appréciation à la Commission.

• Ainsi, comme la Cour de Justice l'a relevé à de multiples reprises :

> « ... *l'article 87 § 3 [107 TFUE] confère à la Commission un pouvoir discrétionnaire dont l'exercice implique des appréciations d'ordre économique et social qui doivent être effectuées dans un contexte communautaire* » (CJUE, 17 sept. 1980, « Philip Morris/Commission », *aff.* 730/79) ; de sorte que « ... *le contrôle juridictionnel appliqué à l'exercice de ce pouvoir d'appréciation se limite à la vérification du respect des règles de procédure et de motivation ainsi qu'au contrôle de l'exactitude matérielle des faits retenus et de l'absence d'erreur de droit, d'erreur manifeste dans l'appréciation des faits ou de détournement de pouvoir* » (CJUE, 26 sept. 2002, « Espagne/Commission », *aff.* C-351/98).

• Au-delà des rares cas dans lesquels la Commission est censurée pour erreur manifeste d'appréciation (Tribunal, 14 mai 2002, « Graphischer Mashinenbau/Commission », *aff.* T-126/99) et des hypothèses, plus fréquentes, ou ses décisions sont annulées pour insuffisance de motivation (voir, en dernier lieu, Tribunal, 18 janv. 2005, « Crédit Mutuel/Commission », *aff.* T-93/02), les juges refusent de remettre en cause les appréciations économiques souvent complexes auxquels se livrent les services de la Commission pour se prononcer sur la compatibilité des aides projetées ou déjà allouées. En outre, même si la Commission doit démontrer l'incidence des aides d'État sur les échanges intracommunautaires, elle n'est pas tenue (comme dans les autres pans du droit de la concurrence : entente, abus de position dominante) de délimiter le « marché pertinent » ou de procéder à une analyse économique des conséquences liées au versement des aides (Tribunal, 6 septembre 2006, Italie et Wam SpA/Commission », *aff.* T-304/04 et T-316/04, pts 63, 64).

• Il appartient en toute hypothèse à l'État notifiant les mesures de convaincre la Commission de la compatibilité des aides projetées. C'est, en d'autres termes, sur lui que pèse la charge de la preuve (Tribunal 6 avril 2006, « Schmitz-Gotha Fahrzeugwerke/Commission », *aff.* T-17/03, pt 48 ; Tribunal 13 septembre 2006, « British Aggregates Association/Commission », T-210/02, pt 107).

• En dernier lieu, on relèvera que la Commission, pour rendre plus prévisible ses décisions finales et encadrer son pouvoir discrétionnaire dans des limites acceptables, n'hésite pas à codifier les critères d'appréciation qu'elle retient dans des textes *ad hoc*, aux dénominations multiples (« *Encadrement des aides d'État dans le secteur du...* », « *Lignes directrices pour les aides aux...* », « *Communication de la Commission concernant les aides d'État en faveur de...* »).

• Ainsi, s'appuyant généralement sur l'article 108 § 1 TFUE, la Commission énonce les critères qui (dans un secteur donné ou face à une pratique développée au sein des pays de l'Union) la conduiront à ne pas soulever d'objection à l'encontre d'une mesure d'aide examinée.

À titre d'exemple, on citera la « *Communication de la Commission concernant les éléments d'aide d'État contenus dans les ventes de terrains et de bâtiments par les pouvoirs publics* » (*JO*, n° C 209 du 10 juill. 1997), « *Les lignes directrices communautaires pour les aides d'État au sauvetage et à la restructuration des entreprises en difficulté* » (*JO*, n° C 244 du 1 oct. 2004) ou, dernièrement, « *L'Encadrement des aides d'État à la recherche, au développement et à l'innovation* » (*JO*, n° C 323 du 30 déc. 2006).

• S'ils ne relèvent pas de la nomenclature des actes communautaires, ces « Encadrements », « Lignes directrices » et autres « Communications » n'en sont pas moins porteurs d'effets juridiques. En effet, comme la Cour l'a dit pour droit, la Commission est tenue de respecter les prescriptions de ces textes singuliers dans la mesure où « *…ces textes ne s'écartent pas des normes du traité et où il sont acceptés par les États membres* » (CJUE, 29 avr. 2004, « Italie/Commission », *aff.* C-91/01).

5. *Les obligations des autorités nationales face au contrôle des aides d'État*

L'État membre (sans qu'il y ait lieu de distinguer entre le cas où l'aide est accordée par les autorités centrales ou par des autorités déconcentrées ou décentralisées du pays) est systématiquement tenu au respect des obligations suivantes :

a. À l'égard des aides existantes

• L'État se doit de verser des aides conformément au régime approuvé par la Commission. Une aide dérogeant au régime approuvé (au regard tant des montants alloués que des conditions d'obtention) devant en effet être préalablement notifiée à la Commission en ce qu'elle est alors constitutive d'une aide nouvelle.
• De même, toutes les modifications (législatives ou réglementaires) apportées au régime d'aide approuvé doivent être notifiées à la Commission pour que celle-ci vérifie si le régime d'aide demeure conforme au traité.
• Dans l'attente d'une décision de la Commission, l'État doit suspendre la mise à exécution des nouvelles mesures.

b. À l'égard des aides nouvelles

• L'État doit notifier préalablement à la Commission les aides qu'il souhaite allouer et attendre la décision définitive de la Commission avant de les mettre à exécution (obligation dite de « standstill »).
• Il se doit de coopérer loyalement avec la Commission en l'informant complètement des aides ou des régimes d'aides qu'il souhaite mettre en œuvre (notamment au travers d'une notification aussi complète que possible).

c. Dans toutes les hypothèses

• Les décisions de la Commission sont d'effet direct et s'imposent aux États membres.
• Il reste toutefois aux États (mais aussi aux entreprises intéressées) la possibilité d'agir au contentieux en contestant la légalité des décisions de la Commission devant la Cour de Justice (voir point 5).

6. *Les recours ouverts dans le domaine des aides d'État*

Le contentieux des aides d'État se caractérise par le fait qu'il prospère tant devant les juges communautaires que nationaux.

a. Les recours communautaires

• Le recours en annulation :
S'exerçant directement devant la Cour de Justice lorsqu'il est introduit par un État membre ou devant le Tribunal dans les autres hypothèses, c'est le recours habituellement employé par les États membres, les entreprises récipiendaires d'aides et leurs concurrents.
Fondé sur l'article 283 TFUE (ex-article 230 CE), il permet (en s'appuyant sur l'incompétence de l'autorité auteur de la décision, sur une violation des formes substantielles, sur une violation du traité comme de toute règle de droit relative

à son application, ou sur un détournement de pouvoir commis) d'obtenir l'annulation de la décision de la Commission : décision de compatibilité (combattue par des entreprises concurrentes), décision d'incompatibilité (combattue par les entreprises récipiendaires et/ou l'État dispensateur).

Cette voie de droit, largement ouverte pour les États membres en qualité de « requérant privilégié » mais aussi parce que, juridiquement, seul l'État dispose d'un statut dans cette matière. En effet, il est le seul apte à notifier une mesure d'aide, il est le seul à pouvoir engager une discussion avec la Commission, il est le seul à pouvoir invoquer une violation de ses droits au cours de la procédure de contrôle (droits de la défense, principe du contradictoire accès au dossier… v., dernièrement Tribunal 31 mai 2006, « Kuwait Petroleum/Pays-Bas », *aff.* T-354/99, pts 80 et 82 ; Tribunal 12 décembre 2006, « Asociacion de Empresarios de Estaciones de Servicio de la Communidad Autonoma de Madrid, Federacion Catalana de estaciones de servicio/Commission », *aff.* T-95/03, pt 140) il est le seul destinataire des décisions de la Commission.

Si ce recours reste relativement aisé pour les entreprises récipiendaires (CJUE, 29 avril 2004, « Italie/Commission », *aff.* C-298/00P), cette voie est cependant assez étroite pour les entreprises concurrentes des bénéficiaires. En effet, ceux-ci doivent démontrer qu'ils sont bien **individuellement et directement concernés** par les décisions de la Commission qui n'ont pour destinataire, juridiquement, que l'État membre concerné (CJUE, 11 juill. 1996, « SFEI et autres/La Poste », *aff.* C-39/94).

Pour ce faire, les concurrents doivent soit démontrer qu'ils ont joué un rôle actif dans la procédure de contrôle des aides d'État (dépôt de plainte auprès de la Commission, participation à la phase d'examen formel, communication d'informations utiles à la Commission… v. CJUE, 28 janv. 1986, « COFAZ /Comission », *aff.* 169/84) tout en démontrant que leur position sur le marché est substantiellement affectée par la mesure d'aide contestée, soit établir qu'ils se trouvent, en l'absence d'un rôle actif lors de la procédure administrative, « *…dans une situation concurrentielle particulière les caractérisant ainsi au regard des aides d'État par rapport à tout autre opérateur économique* » (Tribunal, 27 avril 1995, « ASPEC », *aff.* T435/93).

On notera que ces recours en annulation ne sont pas réservés aux seules décisions finales de compatibilité ou d'incompatibilité rendues, mais qu'ils peuvent être introduits contre toutes les décisions de la Commission produisant des effets juridiques : décision de clore la procédure au terme de l'examen préliminaire (CJUE, 19 mai 1993, « Cook/Commission », *aff.* C-198/91) ; décision d'ouvrir la procédure d'examen formel (art. 88 § 2) à l'égard d'un régime d'aide (CJUE, 30 juin 1992, « Espagne/Commission », *aff.* C-312/90)…

Les recours en annulation prospèrent essentiellement sur un moyen : le défaut de motivation des décisions de la Commission. Conformément à une jurisprudence constante, il faut en effet que la motivation de la décision de la Commission établisse clairement, et de manière non équivoque, les raisons pour lesquelles une mesure est (ou n'est pas) constitutive d'une aide d'État et est, en l'espèce, déclarée compatible ou incompatible (Tribunal, 22 fév. 2006, « EURL Le Levant 001/Commission », *aff.* T-34/02). Au surplus, l'obligation de motivation qui pèse sur la Commission peut exiger, si les circonstances le justifient, une motivation plus détaillée pour permettre un plein contrôle juridictionnel sous peine d'illégalité (Tribunal, 7 juin 2006, « UFEX, DHL e.a./Commission », *aff.* T-613/97, pts 65, 96 et 100 ; Tribunal 12 décembre 2006, « Asociacion de Empresarios de Estaciones de Servicio de la Communidad Autonoma de Madrid, Federacion Catalana de estaciones de servicio/Commission », *aff.* T-146/03, pt 91).

• Le recours en carence :

Fondé sur l'article 265 TFUE (ex-article 230 CE), ce recours a très longtemps été inopérant en droit des aides d'État car il ne pesait sur la Commission aucune obligation d'agir dans des délais préfixes (n'étant pas obligé de prendre un acte, sa carence ne pouvait donc être constatée). Au surplus, cette voie était fermée pour les entreprises dans la mesure où, traditionnellement, toutes les décisions prises par la Commission en la matière ne s'adressent qu'aux États membres.

Toutefois, par un arrêt en date du 15 septembre 1998 (« Gestevision Telecinco », *aff.* T-95/96), le Tribunal a ouvert cette voie de droit, en l'encadrant néanmoins strictement.

Ainsi, l'inaction de la Commission pendant de nombreux mois (24 mois) à la suite d'une plainte d'un concurrent, la durée particulièrement longue (31 mois) d'un examen préliminaire sans ouvrir la procédure de l'article 108 § 2 TFUE à l'encontre d'une mesure d'aide (Tribunal, 3 juin 1999, « TFI/Commission », *aff.* T-17/96), ont conduit le Tribunal à reconnaître la carence de la Commission.

Il reste, que le défaut d'action de la Commission peut échapper à la critique des juges communautaires au regard de *« la complexité de l'affaire »*, du *« manque de coopération des autorités nationales »*, mais aussi de *« l'existence de circonstances exceptionnelles pouvant justifier l'écoulement d'un tel délai »*. C'est ainsi que, dernièrement, le Tribunal de l'Union a rejeté le recours en carence introduit par une entreprise plaignante aux motifs que la Commission n'était pas restée inactive, que l'affaire était complexe et que le délai écoulé n'était que de six mois (Tribunal, 10 mai 2006, « Air one /Commission », *aff.* T-395/04).

On notera, pour terminer, que si la Commission prend position même après l'introduction du recours mais avant que les juges communautaires ne se prononcent, la carence prend fin et le recours introduit devient sans objet (Tribunal, 19 fév. 2004, « SIC/Commission », *aff.* T-297/01 et T-298/01).

• Le recours en manquement d'État :

Contrairement aux deux autres recours évoqués, celui-ci est introduit à l'initiative de la Commission (art. 259 TFUE, ex-art. 227 CE).

Cette voie de droit qui vise à faire constater par les juges communautaires qu'un État membre n'a pas rempli ses obligations (notamment en ne procédant pas à la récupération d'une aide dont la Commission a prescrit le remboursement ; CJUE, 26 juin 2003, « Commission/Espagne », *aff.* C-404/00) fait l'objet d'aménagement spécifique en matière d'aide d'État.

En effet, la procédure de manquement est ici simplifiée (art. 108 § 2, 2e alinéa TFUE) par rapport à celle de droit commun. Ainsi, par dérogation à l'article 259 TFUE, la Commission n'est pas dans l'obligation d'émettre un « avis motivé ». Elle peut directement saisir la Cour de Justice d'un recours en manquement en cas de non-respect par l'État membre intéressé de sa décision prise en application de l'article 108 § 2 (CJUE, 14 fév. 1990, « France/Commission », *aff.* C-301/87).

• Les questions préjudicielles en interprétation :

Elles représentent quantitativement, et sans doute qualitativement, les affaires les plus importantes tranchées en matière d'aide d'État par la Cour de Justice (cette dernière ayant une compétence exclusive pour en connaître).

En effet, face aux difficultés d'interprétation de la notion d'aide d'État (CJUE, 20 nov. 2003, « GEMO », *aff.* C-126/01), à la complexité du partage des compétences entre les autorités nationales et communautaires (CJUE, 21 nov. 1991, « Fédération nationale du commerce extérieur des produits alimentaires/France », *aff.* C-354/90), les juges nationaux utilisent aujourd'hui communément cette voie pour mettre en œuvre les compétences qu'ils tirent de l'article 108 § 3, dernière phrase, TFUE (v. « les recours nationaux »).

• Les questions préjudicielles en appréciation de validité :

Cette dernière voie de droit s'exerçant devant le juge communautaire s'opère également sur renvoi du juge national.

Il s'agit ici de l'hypothèse où un requérant, estimant que la décision prise par la Commission en matière d'aide est illégale, tente d'en contester le bien-fondé devant le juge national. Ce dernier, incompétent pour se prononcer sur la légalité d'un acte communautaire, doit renvoyer aux « juges de Luxembourg » pour qu'ils statuent.

Cette voie, qui a pour effet de rouvrir le délai du recours contentieux en annulation, a toutefois été singulièrement réduite par la Cour de Justice (CJUE, 9 mars 1994, « Textilwerke Deggendorf », *aff.* C-188/92). Ainsi, un tel renvoi n'est possible que dans la mesure où la décision de la Commission n'est pas devenue définitive (elle fait l'objet d'un recours pendant devant les juges communautaires ; ord. Tribunal, 25 juin 2002, « B./Commission », *aff.* T-34/02 R), ou bien si les requérants n'étaient pas au nombre de ceux dont la recevabilité devant les juridictions communautaires – au titre du recours en annulation – était évidente.

La jurisprudence la plus récente rouvre néanmoins cette voie de droit dans l'hypothèse où le recours vise un régime d'aide et non une décision individuelle. Ainsi, comme la Cour de justice vient de le préciser (CJUE 23 février 2006, « Giuseppe Atzeni e.a., Marco Salas, Renato Lilliu/ Regione autonoma della Sardegna » , *aff.* C-346/03 et C-529/03, pts 32-34) :

• « *Il y a lieu de relever que dans l'affaire à l'origine de l'arrêt TWD Textillwerke Deggendorf, la décision de la Commission adressée à l'État membre concerné mentionnait expressément le bénéficiaire de l'aide individuelle en cause et cet État avait communiqué à ce dernier ladite décision en lui indiquant qu'il pouvait introduire un recours en annulation à l'encontre de celle-ci. Dans les affaires au principal, en revanche, la décision contestée adressée à la République italienne, porte sur des régimes d'aides destinées à des catégories de personnes définies de manière générale et non plus à des bénéficiaires expressément identifiés. De plus, cette décision n'a pas été notifiée par cet État membre à Atzeni e.a. ni à aucun autre bénéficiaire des aides en cause. Ainsi, contrairement aux circonstances à l'origine de l'arrêt TWD Textilwerke Deggendorf, il n'était pas manifeste qu'un recours en annulation à l'encontre de la décision contestée introduit par les bénéficiaires des quatre mesures d'aides aurait été recevable. Il y a lieu, dès lors, de considérer que les demandes de décision préjudicielle sont recevables* ».

b. Les recours nationaux

• Le contentieux de la légalité :

L'effet direct reconnu très tôt à l'article 108 § 3, dernière phrase, TFUE (CJUE, 15 juill. 1964, « Costa/Enel, *aff.* 6/64 et CJUE, 11 déc. 1973, « Lorenz/ Allemagne », *aff.* 120/73), a donné des prérogatives importantes aux juridictions nationales en même temps qu'il a opéré un partage fondamental des rôles entre les instances nationales et les autorités communautaires.

Ainsi**, le juge national** n'est juge que de la légalité procédurale ; il ne lui appartient donc jamais de se prononcer sur la compatibilité d'une mesure d'aide (cela étant de la compétence exclusive de la Commission et, exceptionnellement, du Conseil).

En revanche, garantes du respect des obligations de notification préalable et de *standstill* qui pèsent sur les États membres :

> « … les juridictions nationales *veillent à la sauvegarde des droits que les justiciables tirent de l'effet direct reconnu à l'article 88 § 3, [108 TFUE] dernière phrase* » (CJUE, 11 juill. 2001, « SFEI e.a. », *aff.* C-39/94).

À ce titre, elles peuvent donc prescrire **la récupération d'une aide** du seul fait de son illégalité (Tribunal, 18 mai 1995, « SIDE », *aff.* T-49/93) – ce que la Commission ne peut pas faire (CJUE, 14 fév. 1990, « France/Commission », *aff.* C-301/87) –, mais aussi ordonner toutes les mesures provisoires qu'offre le droit national afin de sauvegarder les intérêts des parties victimes de la violation des règles de procédure par les autorités nationales : injonction de suspension du versement des aides illégales par exemple.

Pour remplir correctement son office, il appartient logiquement au juge national d'interpréter et d'appliquer la notion d'aide visée à l'article 107 § 1 TFUE (et précisée par la jurisprudence communautaire) pour savoir si les mesures litigieuses étaient ou non soumises à l'obligation préalable de notification à la Commission (CJUE, 22 mars 1977, « Steinike & Weinlig/Allemegne », *aff.* 78/76).

Le juge national devra donc systématiquement répondre aux questions suivantes pour déterminer l'étendue de ses prérogatives : s'agit-il d'une aide d'État ? S'agit-il d'une aide nouvelle ou d'une aide existante ? S'agit-il d'une aide *de minimis* ? S'agit-il d'une compensation d'obligation de service public ?

Pour remplir son office, le juge national dispose de prérogatives importantes : il peut/doit écarter les règles nationales qui empêchent une application pleine et entière des règles communautaires (CJUE, 5 octobre 2006, « Commission/France », *aff.* C-232/05), il peut utiliser tous les moyens procéduraux mis à sa disposition pour permettre aux entreprises requérantes d'administrer la preuve qu'elles respectent le droit communautaire des aides d'État (CJUE, 7 septembre 2006, « Laboratoires Boiron SA/ACOSS », *aff.* C-526/04)…

• Les nouveautés introduites par les règlements d'exemption par catégorie :

Pris sur habilitation du Conseil par la Commission (règlement n° 994/98 du 7 mai 1998, *JO*, n° L 142 du 14 mai 1998), les règlements d'exemption par catégorie sont aujourd'hui au nombre de quatre : le règlement n° 68/2001 concernant l'application des articles 87 et 88 du traité CE (107 et 108 TFUE) aux aides d'État à la formation ; le règlement n° 69/2001 concernant l'application des articles 87 et 88 du traité CE (107 et 108 TFUE) aux aides *de minimis* ; le règlement n° 70/2001 concernant l'application des articles 87 et 88 du traité CE (107 et 108 TFUE) aux aides d'État en faveur des petites et moyennes entreprises ; le règlement n° 2204/2002 concernant l'application des articles 87 et 88 (107 et 108 TFUE) du traité CE aux aides d'État à l'emploi. Ces règlements d'exemption, qui expiraient tous au 31 décembre 2006, ont connu des fortunes diverses :

• Le règlement *de minimis* a été refondu (supra) et reconduit jusqu'au 31 décembre 2013.

Les trois autres règlements n'ont été que prorogés par le règlement du 20 décembre 2006 (n° 1976/2006, *JO*, n° L 368 du 23 déc. 2006) que jusqu'au 30 juin 2008. Avant cette date, la Commission et les États membres devraient se prononcer sur la modification de ces règlements ou sur leur abandon pur et simple au profit d'un « Règlement général d'exemption ». L'objectif du Règlement général d'exemption par catégorie (REC), adopté finalement le 7 juillet 2008, est de simplifier et d'accélérer le contrôle des aides d'État. Dans ce but, les États membres peuvent octroyer des catégories entières d'aides d'État sans les notifier au préalable à la Commission européenne.

Le REC consolide en un texte unique et harmonise les dispositions de cinq règlements d'exemption existants relatifs aux aides aux PME, à la recherche, à l'innovation, au développement régional, à la formation, à l'emploi et au capital-investissement. En pratique, cela signifie que tous les dispositifs développés dans ces domaines, à condition qu'ils respectent les plafonds et limites définis dans le règlement, seront autorisés immédiatement, sans exiger une procédure d'examen préalable par les services de la Commission européenne (au même titre, par exemple, que les aides ne dépassant pas les plafonds prévus par le règlement d'exemption par catégorie de minimis).

Le REC marque une réelle avancée pour les financeurs publics qui octroient des aides aux entreprises, dans la mesure où il « encourage les États membres à concentrer leurs ressources sur les aides qui profiteront réellement à l'emploi et à la compétitivité ». Le REC autorisera également les aides à la protection de l'environnement, les mesures en faveur de l'esprit d'entreprise (comme les aides aux jeunes entreprises innovantes), les aides aux nouvelles petites entreprises créées dans les régions aidées et les mesures répondant aux problèmes rencontrés par les femmes chefs d'entreprise tels que les difficultés d'accès aux financements.

7. *Les sanctions en cas de non-respect de la réglementation communautaire*

a. La récupération des aides illégales et incompatibles

• Absente des traités, l'obligation de procéder à la récupération des aides illégalement allouées a été tirée, par la Cour de Justice, de « l'effet utile » des dispositions communautaires (CJUE, 12 juill. 1973, « Commission/Allemagne », *aff.* 70/72).

• Désormais inscrite à l'article 14 du règlement de procédure en matière d'aide d'État (règlement n° 659/1999 préc.), l'obligation de restitution des aides illégales et incompatibles apparaît aujourd'hui « *…comme la conséquence logique de la constatation de l'illégalité commise* » par l'État membre (CJUE, 27 juin 2000, « Commission/Portugal », *aff.* C-404/97).

• Le remboursement par le bénéficiaire des sommes irrégulièrement versées est augmenté des intérêts de retard en vue de rétablir la situation préexistante à la violation commise.

• Cette récupération peut être ordonnée soit par le juge national (si l'aide est illégale), soit par la Commission (si l'aide est incompatible). Il est donc possible, pour assurer un effet maximal à l'obligation de notification préalable des aides à la Commission, que le juge national prescrive la récupération d'une aide illégale alors même que cette mesure est, par la suite, déclarée compatible par la Commission (CJUE, 5 octobre 2006, « Transalpine e.a. », *aff.* C-368/04, pts 54 à 56).

• C'est au nom de la recherche de cette même efficacité de la réglementation communautaire que tous les moyens qui sont invoqués par les États membres et les entreprises bénéficiaires pour échapper à l'obligation de restitution des aides indues (confiance légitime dans les aides versées, méconnaissance de la réglementation européennes… CJUE, 29 avril 2004, « République Hellénique/ Commission », *aff.* C-278/00) ou pour en suspendre l'exécution (voir, en dernier lieu, ord. Tribunal, 10 nov. 2004, « Wam SpA/Commission », *aff.* T-316/04R), sont systématiquement rejetés par les institutions communautaires.

Tout aussi logiquement, les règles nationales qui empêchent ou qui retardent l'exécution des décisions de la Commission ordonnant la récupération d'une aide doivent être écartées (CJUE, 5 octobre 2006, « Commission/France », *aff.* C-232/05).

b. Les autres sanctions possibles

• Les juges nationaux doivent non seulement prescrire la récupération des aides allouées en méconnaissance de l'article 108 § 3 TFUE, mais peuvent aussi, en s'appuyant sur leur droit national, sanctionner d'une manière supplémentaire les entreprises coupables d'avoir accepté des aides illégales et/ou incompatibles. Ainsi, ils peuvent par exemple exclure les entreprises « fautives » d'une procédure de marché public ou de délégation de service public au motif que la situation financière des entreprises récipiendaires candidates peut être remise en cause par l'obligation de procéder au remboursement d'aides contraires au droit communautaire (CJUE, 7 déc. 2000, « Arge », *aff.* C-94/99).

c. Les recours en responsabilité ouverts

• Non envisagés à l'origine, les recours intentés contre les entreprises acceptant des aides illégales et incompatibles ou dirigés contre les autorités dispensatrices tendent, aujourd'hui, à se développer.

• Si les premiers ne peuvent pas prospérer sur le seul fondement du droit communautaire (CJUE, 11 juill. 2001, « SFEI » *aff.* C-39/94), ils se développent néanmoins sur la base du droit national : action en concurrence déloyale notamment contre les entreprises bénéficiaires d'aides indues (Cass. Com. 15 juin 1999, Bull. civ. IV, n° 129).

• Contre les autorités nationales allouant des aides illégales, les recours bénéficient en revanche d'une base communautaire solide (violation de l'article 108 § 3, dernière phrase) et se multiplient avec succès (voir, en dernier lieu, TA de Clermont-Ferrand, 23 septembre 2004, « SA Fontanille », req. n° 0101282 ; AJDA, 21 fév. 2005, p. 385) ; CAA Paris 23 janv. 2006, « Groupe Salomon Arc-en-Ciel », AJDA, 12 juin 2006, p. 1142).

◆ Bibliographie

J.Y. Chérot, « Les aides d'État dans les Communautés européennes », Economica, 1998.

J.P. Keppenne, « Guide des aides d'État en droit communautaire », Bruylant, 1999.

M. Karpenschif, « La récupération des aides nationales versées en violation du droit communautaire à l'aune du règlement n° 659/1999 : du mythe à la réalité ? », *Revue Trimestrielle de droit européen*, 2001.

M. Karpenschif, « Qu'est-ce qu'une compensation d'obligation de service public ? », Les Petites Affiches, 30 mars 2004.

M. Karpenschif, « Le juge national doit-il obligatoirement prescrire la récupération d'aides illégales déclarées compatibles ? », JCP-A, 15 mai 2006.

M. Karpenschif, « Vers une modélisation communautaire du contentieux national de la restitution des aides indues ? », JCP-A, 18 déc. 2006.

B - Les entreprises publiques et le droit de la concurrence

Présentes, peu ou prou, dans l'ensemble des pays membres de l'Union, les entreprises publiques ne pouvaient être exclues du traité de Rome. Expressément mentionnées à l'article 106 TFUE (ex. article 86 CEE), elles ne font toutefois pas l'objet d'une définition dans les textes de droit primaire (ni dans le traité de Rome, ni dans les traités successifs). Pour autant, les entreprises publiques qui doivent respecter les règles du droit commun de la concurrence sous la réserve de quelques aménagements, sont aujourd'hui, en sus, soumises à des règles de concurrence et de transparence *ad hoc*.

1. *Définition de l'entreprise publique*

a. Une définition communautaire de l'entreprise publique

• À l'image de la notion « d'entreprise » qui reçoit en droit communautaire une définition totalement autonome par rapport aux droits nationaux (CJUE, 23 avril 1991, Höfner, *aff.* C-41/90), « l'entreprise publique » au sens du droit communautaire ne saurait être confondue avec la définition retenue en droit national (pour la France, voir CE Ass. 22 déc. 1982 « *Comité central d'entreprise de la Sté française d'équipement pour la navigation aérienne* »).

• Ainsi, alors qu'en droit français l'entreprise publique se caractérise par la réunion de trois éléments aisément décelables (l'existence d'une personnalité juridique distincte des personnes publiques propriétaires ; l'exercice d'une activité industrielle et commerciale ; l'appartenance au secteur public, c'est-à-dire que plus de la moitié du capital ou des droits de vote doit appartenir à une ou à des personnes publiques, v. CE 6 déc. 1996 « Sté Lambda »), la définition communautaire est à la fois plus large et plus diffuse.

• Ainsi, aux termes de l'article 2 de la directive n° 80/723/CEE de la Commission du 25 juin 1980 « *relative à la* ***transparence*** *des relations financières entre les États membres et les entreprises publiques* » (*JO*, n° L 195 du 29 juill. 1980), on entend par entreprise publique :

> « *toute entreprise sur laquelle les pouvoirs publics peuvent exercer directement ou indirectement une influence dominante du fait de la propriété, de la participation financière ou des règles qui la régissent. L'influence dominante est présumée lorsque les pouvoirs publics, directement ou indirectement à l'égard de l'entreprise :*
> *a) détiennent la majorité du capital souscrit de l'entreprise ;*
> *b) ou disposent de la majorité des voix attachées aux parts émises par l'entreprise ;*
> *c) ou peuvent désigner plus de la moitié des membres de l'organe d'administration, de direction ou de surveillance de l'entreprise* ».

• Bien évidemment, si « l'influence dominante » est présumée dans les trois hypothèses qu'énonce la directive, elle peut être établie par d'autres moyens : existence d'un pouvoir de direction, de gestion ou de contrôle de la puissance publique par d'autres biais qu'une participation majoritaire au capital.

b. Une définition matérielle de l'entreprise publique

• Comme c'est toujours le cas en droit communautaire (voir la définition des aides d'État), l'entreprise publique reçoit donc une définition non pas orga-

nique, mais matérielle. En un mot, l'habillage juridique national en vigueur est sans valeur par rapport à la qualification finalement retenue.
Ainsi, une société d'économie mixte locale qui est une SA de droit privé au sens du droit français (lois du 7 juillet 1983 et du 2 janvier 2002), France Telecom ou Air France qui sont également des SA, répondent parfaitement à la définition communautaire de l'entreprise publique.

2. *L'apparente neutralité du traité à l'égard des entreprises publiques*

a. La neutralité posée par l'article 345 TFUE

• En application de l'article 345 TFUE (ex. article 295 CE) qui dispose : « *Le présent traité ne préjuge en rien le régime de la propriété dans les États membres* », il est de jurisprudence constante que les institutions communautaires ne sont pas compétentes pour imposer aux États de se retirer du capital d'entreprises publiques, ou, plus largement, pour forcer ces derniers à les privatiser.
• Ainsi, comme a pris soin de le rappeler la Commission (*in*, « *Communication de la Commission concernant certains aspects juridiques touchant aux investissements intracommunautaires* », *JO*, n° C 220 du 19 juill. 1997) :

> « *... le passage d'une entreprise du secteur public au secteur privé est un choix de politique économique qui, en tant que tel, relève de la compétence exclusive des États membres, découlant du principe de neutralité du traité vis à vis du régime de propriété, principe consacré par l'article 222 [345 TFUE]* ».

• Cette neutralité imposée aux institutions communautaires prend également appui sur la règle de **l'égalité de traitement**. En effet, l'égalité de traitement ne se résume pas à l'égalité des ressortissants de l'Union Européenne (art. 45 TFUE ex-art. 39 CE), mais comprend aussi l'égalité de traitement entre « le secteur privé et le secteur public ».
• Ainsi, comme la Cour de Justice l'a dit pour droit dès 1991 :

> « *Il convient (...) de rappeler que la Commission s'est montrée consciente des implications du principe de l'égalité de traitement entre entreprises publiques et privées (...). Elle y constate, à juste titre, que son action ne peut désavantager ou favoriser les pouvoirs publics lorsqu'ils procèdent à des apports de capitaux* » (CJUE, 21 mars 1991, « Italie/Commission », *aff.* C-303/88).

• Au nom de l'égalité de traitement, les juges communautaires autorisent donc les États membres à apporter des capitaux aux entreprises qu'ils contrôlent, à mener des actions économiques par leur biais, à se comporter, plus largement, comme tout investisseur agissant dans une économie de marché.

b. Une neutralité de façade ?

• Il reste néanmoins que l'ouverture à la concurrence de pans entiers de l'économie où des entreprises publiques étaient particulièrement présentes (transport aérien, secteur de l'énergie, secteur des télécommunications...), conduit à la réduction progressive du nombre d'entreprises publiques dans les États membres.

• Ainsi, sans être exigées par le droit communautaire, les privatisations d'entreprises publiques se multiplient pendant que d'autres sont annoncées (Air France, France Telecom, GDF, EDF ?).

3. *La soumission des entreprises publiques aux règles du droit commun de la concurrence*

a. Une soumission de principe

• Aux termes de l'article 106 TFUE (ex-article 86 § 1 CE), qui dispose : « *Les États membres, en ce qui concerne les entreprises publiques (...), n'édictent ni ne maintiennent aucune mesure contraire aux règles des traités, notamment à celles prévues aux articles 18 et 101 à 109 inclus* »), les entreprises publiques ne bénéficient d'aucun privilège et sont soumises, de plein droit, à l'ensemble des règles de concurrence du traité.

• Dès lors, et en application d'une abondante jurisprudence (v. CJUE, 3 fév. 1976, « Pubblico Ministerio/ Flavia Manghera », *aff.* 59/75 ; CJUE, 17 juill. 1997, « GT-Link », *aff.* C-242/95 ; CJUE, 29 mars 2001, « Portugal/ Commission », *aff.* C-163/99...), les entreprises publiques ne peuvent créer ou conserver un monopole, commettre un abus de position dominante, être à l'origine d'ententes prohibées ou d'entraves à la libre circulation des marchandises.

• Car, comme le relevait dès 1982 l'avocat général Rieschl dans ses conclusions sous l'affaire « France, Italie et Royaume-Uni / Commission » (CJUE, 6 juill. 1982, *aff.* Jtes 188/80 à 190/80) :

> « *(Si) Les États membres (...) peuvent en principe décider librement de l'existence de leurs entreprises publiques, (...) cette liberté d'organisation doit être soumise à une limitation dans la mesure où elle ne peut pas être utilisée pour mettre en cause les bases du traité, notamment le principe de la libre circulation des marchandises et la loyauté de la concurrence. Cela signifie qu'en principe toutes les règles du traité doivent s'appliquer de la même manière à toutes les entreprises tant privées que publiques dans tous les États membres* ».

b. L'existence d'un aménagement important

• Après la rigueur du paragraphe 1 de l'article 106 TFUE, il convient de noter que les rédacteurs ont prévu, au § 2 de ce même article, une dérogation significative à la pleine application des règles de concurrence aux entreprises publiques. Ainsi :`

> « *celles qui sont chargées de la gestion de services d'intérêt économique général ou présentant le caractère d'un monopole fiscal sont soumises (...) aux règles de concurrence, dans les limites où l'application de ces règles ne fait pas échec à l'accomplissement en droit ou en fait de ma mission particulière qui leur a été impartie* ».

• Ce paragraphe consacre donc, depuis 1957, une place spécifique aux entreprises chargées de la gestion de ce que l'on appelle abusivement un « service public ».

• En réalité, seuls **les services d'intérêt économique général (SIEG)** sont visés par le traité. À l'inverse, ce que l'on qualifie au niveau de l'Union de services d'intérêt général (c'est-à-dire des services publics non marchands, ou SPA en droit français : éducation, santé, justice, police, défense...) échappent totalement au respect des règles de concurrence communautaire.

• L'article 106 § 2 TFUE exonère donc les entreprises chargées de la gestion d'un SIEG (c'est-à-dire les services publics marchands, ou SPIC en droit français : énergie, transport, télécommunication...) du respect des règles de concurrence dans le cas où l'application de ces dernières empêcherait ces entreprises (pour des raisons essentiellement financières) d'exécuter les missions particulières qui leur sont confiées.

Ainsi, la Commission (sous le contrôle de la Cour) a notamment écarté l'application des règles de concurrence à des entreprises publiques opérant dans le secteur postal (CJUE, 19 mai 1993, « Corbeau », *aff.* C-320/91 ; CJUE, 27 avril 1994 « Commune d'Almelo », *aff.* C-393/92 ; CJUE, 17 mai 2001, « TNT Traco », *aff.* C-340/99) ou dans celui des transports (CJUE, 18 juin 1998, « Corsica Ferries », *aff.* C-266/96).

• Cette prise en compte de la place centrale qu'occupent **les « services publics »** dans le modèle européen (notamment pour réduire l'omnipotence des règles de concurrence) se traduit d'ailleurs par la multiplication de textes spécifiquement consacrés à l'existence, à l'accès, au financement de ces « services publics ».

EXEMPLE On citera pour s'en convaincre les deux « *Communications de la Commission sur les services d'intérêts économique général en Europe* » (celle du 11 sept. 1996 publiée au *JO*, n° C 281 et celle du 20 sept. 2000, publiée au *JO*, n° C 17), l'article 14 TFUE ou, plus récemment encore, l'article 36 de la Charte des droits fondamentaux de l'Union Européenne.

• Au reste, d'autres textes à vocation plus sectorielle existent pour délimiter l'application des règles de concurrence à des activités d'intérêt général qui sont fréquemment prises en charge par des entreprises publiques ; voir, par exemple, les « *Orientations communautaires sur les aides d'État au transport maritime* », *JO*, n° C 205 du 5 juill. 1997, ou la « *Communication de la Commission sur l'application des règles de concurrence au secteur postal et sur l'évaluation de certaines mesures d'État relatives aux services postaux* », *JO*, n° C 39 du 6 fév. 1998.

4. *La spécificité des règles de concurrence applicables aux entreprises publiques*

a. L'élaboration d'un cadre *ad hoc* : les directives « transparence »

• Depuis 1980, et la directive précitée n° 80/723/CEE du 25 juin 1980 « *relative à la **transparence** des relations financières entre les États membres et les entreprises publiques* », la Commission fait peser sur les entreprises publiques des contraintes nouvelles de transparence qui prennent, essentiellement, la forme d'obligations déclaratives et comptables bien particulières.

• Ainsi, en vertu de la dernière mouture de la directive « transparence » (directive 2000/52/CE du 26 juill. 2000, *JO*, n° L 193 du 29 juill. 2000), les entreprises publiques doivent non seulement faire apparaître l'intégralité des subsides publics dont elles ont bénéficié (pour que la Commission puisse apprécier la compatibilité de ces transferts avec les règles applicables aux aides d'État) ; mais aussi tenir une comptabilité analytique permettant de faire le départ entre les recettes et les dépenses provenant d'activités monopolistiques, de celles découlant d'activités ouvertes à la concurrence afin d'éviter les systèmes de « subventions croisées » (où les ressources tirées d'activités exercées sous monopole viennent, illégalement, financer des activités fortement concurrentielles).

• Ce système, qui oblige également l'État à informer la Commission des transferts financiers réalisés au bénéfice des entreprises publiques mais aussi à conserver l'intégralité de ces données pendant une durée de cinq années pour les laisser à la disposition de la Commission, permet de limiter les pratiques anticoncurrentielles auxquelles les entreprises publiques peuvent se livrer : subventions croisées, développement de prix prédateurs, abus de position dominante, ventes à pertes, surcompensation d'obligation de service public…

• Dernièrement, la directive « transparence » a été légèrement modifiée (directive n° 2006/111/CE, *JO*, n° L 318 du 16 nov. 2006) alors qu'elle a enfin été transposée en droit français par l'ordonnance n° 2004-503 du 7 juin 2004.

b. Le respect des règles de l'achat public

• Il convient, en dernier lieu, de noter que les « entreprises publiques » peuvent rentrer dans la catégorie des « **entités adjudicatrices** », soumises, comme telles, au respect des directives communautaires réglementant l'achat public.

• En effet, en application de l'article 2 de la nouvelle directive n° 2004/17/CE du 31 mars 2004 « *portant coordination des procédures de passation des marchés dans les secteurs de l'eau, de l'énergie, des transports et des services postaux* » (*JO*, n° L 134 du 30 avr. 2004), les entreprises publiques qui interviennent dans l'un des domaines précités doivent, lorsque les montants de leurs achats (en travaux, en fournitures et./ou en services) excèdent les seuils communautaires, respecter les procédures communautaires *ad hoc* sous peine d'illégalité des marchés passés.

◆ Bibliographie

L. Dubouis et C. Blumann, « Droit communautaire matériel », Montchrestien, 2003.

M. Bazex, « Règles de concurrence applicables au secteur public », Juris-Classeur Europe, fasc. 1500.

D. Berlin, « L'adaptation du régime des entreprises publiques aux normes internationales et européennes », Revue Trimestrielle de Droit Européen, 1983.

M. Karpenschif, *La privatisation des entreprises publiques : une pratique encouragée sous surveillance communautaire*, Revue Française de Droit Administratif, 2002.

M. Karpenschif, « Face au droit communautaire : quel avenir pour le financement des services publics ? », CJEG/RJEP, fév. 2006.

C - Les monopoles nationaux

Relativement nombreux au début de la construction communautaire (notamment dans certains domaines comme ceux des tabacs, des alcools, des allumettes ou des poudres), les monopoles nationaux sont en voie de totale disparition. Suspectés de restreindre les échanges entre les États membres et/ou d'abriter des pratiques contraires aux règles de concurrence, les monopoles d'État évoluent logiquement en même temps que s'ouvrent à la concurrence des activités longtemps affranchie des contraintes du marché unique.

1. *La disparition programmée des monopoles nationaux*

a. L'obligation « d'aménager » ces monopoles présentant un caractère commercial

• L'article 37 TFUE (ex-article 31 TCE) dispose :

> *« Les États membres aménagent les monopoles nationaux présentant un caractère commercial, de telle façon que soit assurée dans les conditions d'approvisionnement et de débouchés, l'exclusion de toute discrimination entre les ressortissants des États membres ».*

• Cet article s'insère, à côté des règles consacrées à l'interdiction de maintenir ou de mettre en place « *...des restrictions quantitatives à l'exportation ainsi que toutes mesures d'effet équivalent* » (art. 34 CEE), dans la deuxième partie du traité de Rome intitulé : « *Les fondements de la Communauté* ». Dans le Traité de Lisbonne, référence est faite aux politiques et actions internes de l'Union. Dans cette partie est visée, après la suppression des droits de douane entre les États membres et l'établissement du tarif douanier commun, l'élimination des restrictions quantitatives aux échanges au sein de laquelle « l'aménagement » des monopoles nationaux est expressément visé.

• Par « aménagement », les rédacteurs du traité poursuivent en réalité un objectif plus clair : la disparition, à terme, des monopoles étatiques présentant un caractère commercial dans la mesure où ceux-ci apparaissent difficilement compatibles avec l'instauration d'un grand marché fondé sur un modèle de libre concurrence.

• Les monopoles nationaux soumis à l'article 37 TFUE sont définis, une fois encore, au regard d'une recherche de l'effet utile des dispositions du traité. Ainsi, la forme juridique du monopole national importe peu (entreprise publique, holding, régie, société de droit privé contrôlé par l'État...) et celui-ci présentera un caractère commercial dès lors que l'activité exercée peut avoir une incidence sur les échanges commerciaux entre les États membres (CJUE, 15 juill. 1964, « Costa/Enel », *aff.* 6/64 ; CJUE, 4 mai 1998, « Bodson / Pompes funèbres des régions libérées », *aff.* 30/87).

• À ce titre, l'aménagement des monopoles qui ne visait à l'origine qu'à mettre fin aux entraves concernant les échanges de marchandises a été étendu à toutes les autres mesures conduisant à des discriminations entre les produits nationaux et les produits importés (CJUE, 27 oct. 2003, « Decoster », *aff.* C-69/91).

• Enfin, le monopole d'État s'apprécie sur des critères objectifs. Ainsi, sont concernés par l'article 37 TFUE, non seulement les monopoles de droit (c'est-à-dire les structures qui bénéficient de droits exclusifs), mais aussi les monopoles de fait (c'est-à-dire, les « *...organismes sur lesquels un État membre, de jure ou de facto, dirige ou influence sensiblement, directement ou indirectement, les importations ou les exportations entre les États membres* », art. 37 § 1, 2e alinéa, TFUE).

• Au reste, les monopoles limités à une partie du territoire national (monopoles régionaux notamment) peuvent également tomber sous le coup de l'article 37 TFUE.

b. L'obligation de faire disparaître les entraves aux échanges entre les pays membres

• L'article 37 TFUE, qui semblait devoir cesser de produire ses effets juridiques au terme de la période de transition (au 1er janvier 1970), a été maintenu par les traités successifs car il poursuit les mêmes objectifs que les articles spécifiquement consacrés à l'interdiction des **mesures équivalentes aux restrictions quantitatives (MERRQ)** : faire disparaître les entraves aux échanges entre les pays membres.

• Le maintien dans l'ordre juridique communautaire de l'article 37 TFUE, en dépit de son caractère normalement temporaire (CJUE, 13 mars 1979, « Hansen », *aff.* 91/78), a en réalité pour conséquence de permettre à la Commission d'appréhender tous les comportements anticoncurrentiels des États membres ; que ceux-ci passent par le biais d'entreprises publiques (art. 106 TFUE), par l'adoption de mesures restrictives aux échanges (art. 34 TFUE), par l'instauration de droit de douane à l'importation et à l'exportation comme de taxes d'effet équivalent (art. 30 TFUE), ou par l'intermédiaire de monopoles nationaux (art. 37 TFUE).

• Rien n'interdit donc qu'une même mesure tombe sous le coup d'une application combinée de ces dispositions (CJUE, 17 fév. 1976, « Rewe », *aff.* 47/75).

c. L'obligation d'ouvrir à la concurrence des activités monopolistiques

• L'achèvement du marché unique et l'ouverture à la concurrence d'activités souvent exercées sous monopole (distribution de l'électricité, du gaz ; acheminement du courrier ; transport aérien intérieur ; télécommunication ; transport ferroviaire...) ont conduit les pouvoirs publics à renoncer à la plupart des monopoles nationaux existants.

• Certes, avant même que les secteurs de l'énergie ne s'ouvrent à la concurrence à partir des années 2000, la Cour de Justice avait, dès 1976 (CJUE, 3 fév. 1976, « Manghera », *aff.* 59/75 préc.), estimé : « *que le droit exclusif d'importation représente une discrimination prohibée par l'article 37 § 1 [37 § 1 TFUE]* ». Mais, avec la fin par exemple des droits exclusifs dont jouissent EDF et de GDF en France, il devient évident que les jours des monopoles d'importations sont comptés (CJUE, 23 oct. 1997, « Commission / Pays-Bas, Italie, France et Espagne », *aff.* C-157 à 160/94). Cette logique de libéralisation progressive des activités longtemps exercées sous monopole d'État consolide, à l'évidence, les objectifs fixés par l'article 37 TFUE (v. en ce sens le corps des directives « postales », « télécommunication », « transport ferroviaire »).

• Au surplus, on notera la disparition effective des monopoles d'importation et/ou d'exportation qui existaient dans des secteurs traditionnels comme ceux des tabacs, des allumettes ou des alcools. Pour la France, voir, par exemple, la suppression du monopole d'importation dont bénéficiait la SEITA (loi n° 72-1069 du 4 déc. 1972).

2. *La possibilité de maintenir certains monopoles nationaux*

• En dépit d'une hostilité évidente du droit communautaire à l'égard des monopoles nationaux, ceux-ci ne sont pas nécessairement condamnés par le droit primaire ou la jurisprudence communautaire. En effet, ceux-ci offrent trois séries d'échappatoires.

• En premier lieu, les moyens tirés des exceptions de l'article 36 TFUE (devenu 30 CE, qui autorise à mettre en place :

> « ... *des restrictions d'importation, d'exportation ou de transit, justifiées par des raisons de moralité publique, d'ordre publique, de sécurité publique, de protection de la santé et de la vie des personnes et des animaux ou de préservations des végétaux, de protection des trésors nationaux ayant une valeur artistique, historique ou archéologique, ou de protection de la propriété industrielle et commerciale* » sous la réserve que : « *Ces interdictions ou restrictions ne doivent constituer ni un moyen de discrimination arbitraire, ni une restriction déguisée dans le commerce entre États membres* »)

peuvent permettre, à titre temporaire, de maintenir ou de rétablir des monopoles d'importation et/ou d'exportation (CJUE, 10 juill. 1984, « Campus Oil Limited », *aff.* 72/83). Il convient toutefois de considérer ce cas de figure comme exceptionnel dans la mesure où les dérogations énoncées à l'article 36 TFUE) ne sont normalement applicables qu'aux articles 34 à 36 TFUE (28) ; à l'exclusion donc de l'article 37 TFUE.

• En deuxième lieu, il ne peut être exclu qu'un monopole national doive être maintenu pour que celui-ci assume efficacement le service d'intérêt économique général qui lui a été confié ; conformément à l'exception aux règles de concurrence qu'énonce l'article 106 § 2 TFUE et dans la mesure où les monopoles nationaux sont fréquemment pris en charge par des « entreprises publiques » au sens du traité.

• En dernier lieu, les monopoles nationaux n'étant pas, par principe, interdits par les règles du traité, ceux-ci peuvent se maintenir sous la réserve de proscrire tout traitement discriminatoire entre les produits nationaux et les produits importés. Ainsi, comme la Cour l'a dit pour droit à maintes reprises :

> L'article 37 TFUE « ... *n'exige pas l'abolition totale des monopoles nationaux présentant un caractère commercial, mais prescrit leur aménagement de façon que soit assurée, dans les conditions d'approvisionnement et de débouchés, l'exclusion de toute discrimination entre les ressortissants des États membres* » (CJUE, 13 mars 1979, « Hansen », *aff.* 91/98 ; CJUE, 14 déc. 1995, « Banchero », *aff.* C-387/93). En d'autres termes, l'article 37 exige simplement « ... *que l'organisation et le fonctionnement du monopole soient aménagés de façon à exclure toute discrimination entre les ressortissants des États membres dans les conditions d'approvisionnement et de débouchés, de sorte que le commerce de marchandises en provenance des autres États membres ne soit désavantagé, ni en droit ni en fait, par rapport à celui des marchandises nationales et que la concurrence entre les économies des États membres ne soit pas faussée* » (CJUE, 23 oct. 1997, « Harry Franzén », *aff.* C-189/95).

• C'est en s'appuyant sur un tel raisonnement que la Cour de Justice n'a pas condamné l'existence et le fonctionnement d'un monopole national de vente au détail des boissons alcoolisées en Suède (« Harry Fanzén », préc.).

◆ Bibliographie

R.C. Beraud, « L'aménagement des monopoles nationaux prévu à l'article 37 du traité CEE », Revue trimestrielle de droit européen, 1979.

« Dictionnaire permanent de droit des affaires », p. 1951.

« Actualité du droit communautaire : Monopoles commerciaux, droits exclusifs et réglementations du commerce », Actualité Juridique de Droit Administratif 1996, p. 228.

J.L. Clergerie, « Les monopoles d'importation et d'exportation d'EDF-GDF et le traité CE », JCP éd. G, n° 41, 7 oct. 1998, p. 1761.

◆ Jurisprudence

CJUE, 23 fév. 1961, « Steenkolen mien ».
CJUE, 15 juill. 1964, « Costa/Enel », *aff.* 6/64.
CJUE, 12 juill. 1973, « Commission/Allemagne », *aff.* 70/72.
CJUE, 11 déc. 1973, « Lorenz/Allemagne », *aff.* 120/73.
CJUE, 3 fév. 1976, « Pubblico Ministerio/ Flavia Manghera », *aff.* 59/75.
CJUE, 17 fév. 1976, « Rewe », *aff.* 47/75.
CJUE, 22 mars 1977, « Steinike & Weinlig/Allemegne », *aff.* 78/76.
CJUE, 13 mars 1979, « Hansen », *aff.* 91/78.
CJUE, 17 sept. 1980, « Philip Morris/Commission », *aff.* 730/79.
CJUE, 6 juill. 1982, « France, Italie et Royaume-Uni / Commission », *aff.* Jtes 188/80 à 190/80.
CJUE, 10 juill. 1984, « Campus Oil Limited », *aff.* 72/83.
CJUE, 28 janv. 1986, « COFAZ /Comission », *aff.* 169/84.
CJUE, 2 fév. 1988, Van Der Kooy ? *aff.* 213/85.
CJUE, 14 fév. 1990, « France/Commission », *aff.* C-301/87.
CJUE, 21 mars 1990, « Belgique/Commission », *aff.* C-142/87.
CJUE, 21 mars 1991, « Italie/Commission », *aff.* C-303/88.
CJUE, 23 avril 1991, Höfner, *aff.* C-41/90.
CJUE, 21 nov. 1991, « Fédération nationale du commerce extérieur des produits alimentaires/France », *aff.* C-354/90.
CJUE, 30 juin 1992, « Espagne/Commission », *aff.* C-312/9.
CJUE, 17 mars 1993, « Firma Sloman Neptun », *aff.* C-72 et C-73/91.
CJUE, 19 mai 1993, « Cook/Commission », *aff.* C-198/91.
CJUE, 19 mai 1993, « Corbeau », *aff.* C-320/91.
CJUE, 9 mars 1994, « Textilwerke Deggendorf », *aff.* C-188/92.
CJUE, 27 avril 1994 « Commune d'Almelo », *aff.* C-393/92.
Tribunal, 27 avril 1995, « ASPEC », *aff.* T435/93.
Tribunal, 18 mai 1995, « SIDE », *aff.* T-49/93.
CJUE, 14 déc. 1995, « Banchero », *aff.* C-387/93.
CJUE, 11 juill. 1996, « SFEI et autres/La Poste », *aff.* C-39/94.
CJUE, 26 oct. 1996, « France/Commission », *aff.* C-241/94.
Tribunal, 12 déc. 1996, « Air France et CDC-P/Commission », *aff.* T-358/94.
Tribunal, 12 déc. 1996, « Air France/Commission », *aff.* T-358/94.
Tribunal, 27 fév. 1997, « Fédération Française des Sociétés d'Assurances/ Commission », *aff.* T-106/95.
CJUE, 17 juill. 1997, « GT-Link », *aff.* C-242/95.
CJUE, 23 oct. 1997, « Commission / Pays-Bas, Italie, France et Espagne », *aff.* C-157 à 160/94.
CJUE, 23 oct. 1997, « Harry Franzén », *aff.* C-189/95.
CJUE, 4 mai 1998, « Bodson / Pompes funèbres des régions libérées », *aff.* 30/ 87.

CJUE, 18 juin 1998, « Corsica Ferries », *aff.* C-266/96.
Tribunal, 15 septembre 1998, « Gestevision Telecinco », *aff.* T-95/96.
CJUE, 1 déc. 1998, « Ecotrade SRL », *aff.* C-200/97.
Tribunal, 3 juin 1999, « TFI/Commission », *aff.* T-17/96.
CJUE, 17 juin 1999, « Belgique/Commission », *aff.* C-75/97.
CJUE, 5 oct. 1999, « France/Commission », *aff.* C-251/97.
CJUE, 27 juin 2000, « Commission/Portugal », *aff.* C-404/9.
CJUE, 19 oct. 2000, « Italie/Commission », *aff.* C-15/98 et C-105/99.
CJUE, 7 déc. 2000, « Arge», *aff.* C-94/99.
CJUE, 13 mars 2001, « Preussen Elektra », *aff.* C-379/98.
CJUE, 29 mars 2001, « Portugal/Commission », *aff.* C-163/99.
CJUE, 17 mai 2001, « TNT Traco », *aff.* C-340/99.
CJUE, 11 juill. 2001, « SFEI e.a. », *aff.* C-39/94.
CJUE, 22 nov. 2001, « Ferring SA et A.C.O.S.S. », *aff.* C-53/00.
Tribunal 30 avr. 2002, « Gouvernement of Gibraltar/ Commission », *aff.* T-195 et T-207/01.
Tribunal, 14 mai 2002, « Graphischer Mashinenbau/Commission », *aff.* T-126/99.
« Stardust Marine » (CJUE, 16 mai 2002, « France/Commission », *aff.* C-482/99).
ord. Tribunal, 25 juin 2002, « B./Commission », *aff.* T-34/02 R.
CJUE, 19 sept. 2002, « Espagne/Commission », *aff.* C-113/00.
Tribunal, 17 oct. 2002, « Linde/Commission », *aff.* T-98/00.
CJUE, 8 mai 2003, « Italie et SIM 2 Multimédia/Commission », *aff.* C-328 et C-329/00.
CJUE, 26 juin 2003, « Commission/Espagne », *aff.* C-404/00.
CJUE, 24 juill. 2003, « Altmark Trans », *aff.* C-280/00.
CJUE, 30 sept. 2003, « Freistaat Sachsen et Volkswagen Sachsen », *aff.* C-57/00P et C-61/00P.
CJUE, 27 oct. 2003, « Decoster », *aff.* C-69/91.
CJUE, 20 nov. 2003, « GEMO », *aff.* C-126/01.
Tribunal 13 janv. 2004, « Thermenhotel Stoiser Franz e. a./Commission », *aff.* T-158/99.
Tribunal, 19 fév. 2004, « SIC/Commission », *aff.* T-297/01 et T-298/01.
CJUE, 29 avril 2004, « Grèce/France », *aff.* C-278/00.
CJUE, 29 avr. 2004, « Italie/Commission », *aff.* C-91/01.
CJUE, 29 avril 2004, « Italie/Commission », *aff.* C-298/00P.
CJUE, 29 avril 2004, « République Hellénique/ Commission », *aff.* C-278/00.
CJUE, 29 juin 2004, « Commission/Conseil », *aff.* C-110/02.
CJUE, 15 juill. 2004, « Pearle BV e.a. », *aff.* C-345/02.
Tribunal, 16 sept. 2004, « Valmont Nederland BV/Commission », *aff.* T-274/01.
Tribunal, 21 oct. 2004, « Lenzing A.G./Commission », *aff.* T-36/99.
ord. Tribunal 10 nov. 2004, « Wam SpA/Commission », *aff.* T-316/04R.
Tribunal, 18 janv. 2005, « Crédit Mutuel/Commission », *aff.* T-93/02.
Tribunal, 22 fév. 2006, « EURL Le levant 001/Commission », *aff.* T-34/02.
CJUE, 23 fév. 2006, « Giuseppe Atzeni e.a., Marco Salas, Renato Lilliu/Regione autonoma della Sardegna », *aff.* C-346/03 et C-529/03.
CJUE, 23 mars 2006, « Enirisorse c/Sotacarbo », *aff.* C-237/04.
Tribunal, 5 avril 2006, « Deutsch Bahn c/Commission », *aff.* C-351/02.
Tribunal, 6 avril 2006, « Schmitz-Gotha Fahrzeugwerke/Commission », *aff.* T-17/03.
Tribunal, 31 mai 2006, « Kuwait Petroleum/Pays-Bas », *aff.* T-354/99.

Tribunal, 7 juin 2006, « UFEX, DHL e.a./Commission, *aff.* T-613/97.
CJUE, 22 juin 2006, « Belgique & Forum 187 ASBL/Commission », *aff.* C-182/03 et C-217/03.
CJUE, 11 juil. 2006, « FENIN », *aff.* C-205/03P.
Tribunal, 6 septembre 2006, Italie et Wam SpA/Commission », *aff.* T-304/04 et T-316/04.
CJUE, 7 septembre 2006, « Laboratoires Boiron SA/ACOSS », *aff.* C-526/04.
Tribunal, 13 septembre 2006, « British Aggregates Association/Commission », *aff.* T-210/02.
CJUE, 5 octobre 2006, « Transalpine e.a. », *aff.* C-368/04.
CJUE, 5 octobre 2006, « Commission/France », *aff.* C-232/05.
Tribunal, 12 décembre 2006, « Asociacion de Empresarios de Estaciones de Servicio de la Communidad Autonoma de Madrid, Federacion Catalana de estaciones de servicio/Commission », *aff.* T-95/03.

section **7**

Le Marché intérieur et l'entreprise : de l'harmonisation à la normalisation

A - L'approche initiale

1. *Les avantages de l'harmonisation / normalisation*
2. *L'activité normative de la Cour de justice des Communautés européennes*

B - Une nouvelle politique

1. *La politique de la « Nouvelle Approche »*
2. *Les organisations européennes de normalisation*
3. *Les secteurs harmonisés*
4. *La distinction entre normes et réglementations techniques*
5. *La directive 83/189/CEE prévoyant une procédure d'information mutuelle dans le domaine des normes et des réglementations techniques*
6. *La procédure d'information dans le domaine des normes et des règles techniques*
7. *Et quand il n'y a pas d'harmonisation ? La procédure d'information mutuelle sur les mesures nationales restrictives*
8. *Le marquage CE*
9. *L'évaluation de la conformité du produit*

L'existence des normes et des réglementations techniques différentes d'un État membre à l'autre ne peut que constituer un obstacle à la réalisation et au bon fonctionnement du Marché intérieur. De telles disparités obligent les entreprises d'engager des frais supplémentaires et de gaspiller de précieuses ressources. En plus, le consommateur se trouve limité dans son choix. Finalement, la compétitivité européenne en pâtit.
C'est pourquoi, l'harmonisation / normalisation au niveau européen est considérée par la Commission européenne comme un moyen puissant de renforcer la compétitivité des entreprises dans l'UE.

A - L'approche initiale

1. *Les avantages de l'harmonisation / normalisation*

Les avantages de la normalisation s'étendent dans plusieurs domaines. Le développement des entreprises européennes et la compétitivité croissante en sont la preuve. Ainsi, la normalisation peut promouvoir :
• la qualité des produits, procédés et services,
• l'amélioration de la qualité de la vie, de la sécurité, de la santé et de la protection de l'environnement,
• le principe d'économie concernant l'effort humain, l'énergie et les matériaux utilisés pour la production et l'échange des produits,
• une communication claire entre les parties intéressées,
• le commerce international par la suppression des obstacles dus aux différences dans les pratiques nationales,
• l'efficacité industrielle grâce à la maîtrise de la variété.
De manière plus détaillée :

a. La conformité du produit aux normes harmonisées
Tout produit conforme aux normes nationales qui transposent les normes harmonisées est présumé conforme aux exigences essentielles correspondantes fixées par la ou les directives de référence.
Cette présomption a pour conséquence que les États membres ne peuvent interdire ou restreindre l'accès à leur territoire et la mise sur leur marché de ce produit.

b. L'application des normes a des effets positifs sur les entreprises
Elles sont assurées que leurs produits et leurs services sont conformes aux exigences du marché, sûrs et efficaces. D'ailleurs, dans plusieurs cas, la conformité aux exigences des normes est une condition absolue pour avoir accès au marché. Cela est valable tant en ce qui concerne l'aspect législatif que l'aspect commercial.
• Les conditions législatives ou les spécifications des clients imposent à un produit d'être conforme à une norme ou d'être testé suivant une certaine norme.

• Les acheteurs exigent de plus en plus une garantie supplémentaire de qualité et de sécurité. La **conformité aux normes** apporte une référence objective sur les produits et constitue un argumentaire commercial de premier ordre.

c. Grâce aux normes, le marché est devenu plus transparent

En utilisant les mêmes critères partout en Europe et dans le monde, il est plus facile de comparer les produits et leurs performances.

• La **normalisation** peut se définir comme « *un outil de communication qui permet aux différents partenaires économiques de se retrouver autour d'un langage commun* ». Elle garantit une référence minimale de performance, notamment pour définir les produits hauts de gamme.

d. La normalisation a des conséquences sur la productivité et la qualité des produits

• « *elle réduit la diversité des composants, des équipements et des pièces* » ;

• « *elle permet l'utilisation de méthodes validées de mise en œuvre et de bonne pratique de fabrication* » ;

• « *elle apporte la garantie que les outils, machines, équipements et réseaux sont échangeables ou compatibles* » ;

• « *elle autorise le contrôle de la qualité et la conformité des matériaux, des composants et des produits finis* » ;

• « *elle induit une maîtrise de l'organisation de la production en suivant des méthodes déjà expérimentées et validées par d'autres entreprises* ».

e. Les entreprises essaient de lier l'innovation à la normalisation

La normalisation du nouveau produit permet :

• « *de valoriser le produit et de le faire connaître, ce qui entraîne des économies sur les coûts de diffusion de l'information* » ;

• « *de bénéficier d'une validation technique et commerciale reconnue à l'échelle européenne* » ;

• « *d'éviter des divergences techniques avec la concurrence, notamment pour ce qui concerne les questions de compatibilité* » ;

• « *de partager les frais de recherche préconcurrentielle* ».

Finalement, des normes européennes sont mises au point parce qu'ils existent des besoins importants de l'industrie, du marché ou du public. Par exemple, le marché peut utiliser une norme pour s'assurer que la concurrence est équitable. L'industrie et les entreprises sont encouragées par l'Union européenne à utiliser les normes lorsque celles-ci contribuent à la concurrence et améliorent la qualité ou la sécurité.

Il est vrai que nous utilisons des produits normalisés sans le savoir. En effet, certaines grandes réussites de la normalisation internationale font partie de notre univers quotidien.

EXEMPLE Les dimensions du papier, la dimension des cartes de crédits, le filetage métrique des boulons et des écrous.

Les normes peuvent avoir un double rôle dans les échanges de biens : « *elles sont à la fois un formidable instrument de facilitation des échanges mais peuvent également, selon le cadre dans lequel elles sont réalisées, constituer des barrières aussi efficaces que des droits de douane ou des contingentements* ».

EXEMPLE Dans chaque pays, la normalisation nationale des prises permet le raccordement aisé au réseau électrique et des appareils entre eux. Toutefois, la normalisation européenne ou la normalisation internationale n'ont pas réussi à définir un type unique de prise.

2. *L'activité normative de la Cour de justice des Communautés européennes*

a. Les bases du raisonnement

Les bases du raisonnement de la Cour ont été posées dans l'arrêt Dassonville (CJUE, 11 juillet 1974, *aff.* 8/74, *Rec.*, p. 837).

Dans cette affaire est en cause une réglementation nationale qui interdit l'importation d'une marchandise portant une appellation d'origine, lorsque cette marchandise n'est pas accompagnée d'une pièce officielle délivrée par l'État exportateur et attestant son droit à cette appellation.

La référence à cette réglementation nationale est faite dans le cadre d'une action pénale engagée en Belgique contre des commerçants. Les commerçants ont régulièrement acquis un lot de scotch whisky en libre pratique [1] en France et l'ont importé en Belgique sans être en possession d'un certificat d'origine de la douane britannique, en infraction à la réglementation nationale.

Selon le dossier de l'affaire, un commerçant, désirant importer en Belgique du scotch whisky déjà en libre pratique en France, ne peut se procurer un tel certificat qu'au prix de sérieuses difficultés, à la différence de l'importateur qui importe directement de l'État producteur.

La Cour se prononce pour la première fois sur la notion de « mesure d'effet équivalent à des restrictions quantitatives », même s'il s'agit d'une définition vague :

> « *toute réglementation commerciale des États membres susceptible d'entraver directement ou indirectement, actuellement ou potentiellement le commerce intracommunautaire est à considérer comme mesure d'effet équivalent à des restrictions quantitatives* ».

Par la suite, la Cour accepte qu'un État membre puisse prendre des mesures pour prévenir des pratiques déloyales concernant l'authenticité de l'appellation d'origine d'un produit (à l'époque, il n'existe pas de régime communautaire qui garantit l'authenticité aux consommateurs). Toutefois, ces mesures doivent être raisonnables. Les moyens de preuve exigés ne doivent pas avoir pour effet d'entraver le commerce entre les États membres. Ils doivent donc être accessibles à tous leurs ressortissants.

La Cour conclut que :

> « *dès lors, l'exigence par un État membre d'un certificat d'authenticité plus difficilement accessible aux importateurs d'un produit authentique régulièrement en libre pratique dans un autre État membre, qu'aux importateurs du même produit en provenance directe du pays d'origine constitue une mesure d'effet équivalent à une restriction quantitative incompatible avec le traité* ».

---

1. Produits en libre pratique : produits en provenance de pays tiers « *pour lesquels les formalités d'importation ont été accomplies et les droits de douane exigibles [ceux du tarif douanier commun de l'Union] perçus* ».

b. L'arrêt « Cassis de Dijon »

La Cour complète son raisonnement dans un arrêt de principe, l'arrêt « Cassis de Dijon » (CJUE, 20 février 1979, Rewe-Zentral AG c/ Bundesmonopolverwaltung für Branntwein, *aff.* 120/78, *Rec.*, p. 649).

Dans cette affaire, la société requérante a l'intention d'importer un lot de « Cassis de Dijon » originaire de France, en vue de le commercialiser dans la République Fédérale d'Allemagne. Pour obtenir l'autorisation d'importer le produit en question, la société s'est adressée à l'administration du monopole des alcools. L'administration lui a fait savoir que celui-ci n'a pas les qualités requises pour être commercialisé dans la RFA, en raison de l'insuffisance de son titre alcoométrique. En effet, la réglementation nationale fixe des teneurs minimales en alcool pour des catégories déterminées de liqueurs et d'autres boissons alcoolisées.

Le problème est qu'une teneur alcoolique minimale de 25 degrés est exigée pour la commercialisation de liqueurs de fruits, telles que le cassis de Dijon. En revanche, le titre du produit en question, commercialisé librement comme tel en France, se situe entre 15 degrés et 20 degrés d'alcool. En conséquence, la détermination d'une teneur minimale en alcool par la réglementation allemande empêche les produits alcoolisés connus, originaires d'autres États membres de la Communauté, d'être écoulés dans la RFA. La société requérante soutient que cette disposition constitue une restriction à la libre circulation des marchandises entre les États membres.

La Cour souligne que :

> « *[...] les prescriptions relatives à la teneur alcoolique minimum des boissons spiritueuses ne poursuivent pas un but d'intérêt général de nature à primer les exigences de la libre circulation des marchandises, qui constitue l'une des règles fondamentales de la Communauté ;*
> *[...] l'effet pratique de prescriptions de ce genre consiste principalement à assurer un avantage aux boissons spiritueuses à forte teneur alcoolique, en éloignant du marché national les produits d'autres États membres ne répondant pas à cette spécification ; [...] il apparaît dès lors, que l'exigence unilatérale, imposée par la réglementation d'un État membre, d'une teneur alcoométrique minimum pour la commercialisation de boissons spiritueuses constitue un obstacle aux échanges incompatible avec les dispositions de l'article 30*[1] *du traité [34 TFUE] ;* »

La Cour aboutit aux deux passages suivants qui constituent l'apport essentiel de l'arrêt :

- Le premier passage concerne les « **exigences impératives** » :

> « *[...] en l'absence d'une réglementation commune de la production et de la commercialisation de l'alcool [...], il appartient aux États membres de régler, chacun sur son territoire, tout ce qui concerne la production et la commercialisation de l'alcool et des boissons spiritueuses ;*
> *[...] les obstacles à la circulation intracommunautaire résultant des disparités des législations nationales relatives à la commercialisation des produits en cause doivent être acceptés dans la mesure où ces prescriptions peuvent être reconnues comme étant nécessaires pour satisfaire à des exigences impératives tenant, notamment, à l'efficacité des contrôles fiscaux, à la protection de la santé publique, à la loyauté des transactions commerciales et à la défense des consommateurs ; [...]* ».

1. L'article 34 TFUE prohibe les restrictions quantitatives et les mesures d'effet équivalent.

Ainsi, les **disparités de réglementations nationales** peuvent être justifiées par une « *exigence impérative* » au sens de l'arrêt Cassis de Dijon. Toutefois, ces disparités ont une incidence directe sur le bon fonctionnement du marché intérieur. La Cour se prononce plusieurs fois de la manière suivante :

> « *il appartient aux États membres de fixer le niveau auquel ils entendent assurer la sauvegarde d'intérêts essentiels tels que la protection de la santé ou la vie des personnes, la défense et l'amélioration de l'environnement, l'ordre public, la moralité publique, etc.* »

Or, il est manifeste que dans de tels cas, la **libre circulation des marchandises** est entravée. Le fabricant étranger doit conformer sa production aux règles du pays de destination, dès lors que le niveau de protection auquel répondent les produits qu'il fabrique ne correspond pas à celui, conforme au droit communautaire, qui est exigé par l'État membre importateur.

• Le deuxième passage extrait de l'arrêt Cassis de Dijon concerne le **principe de la reconnaissance mutuelle** :

> « *Il n'y a donc aucun motif valable d'empêcher que des boissons alcoolisées, à condition qu'elles soient légalement produites et commercialisées dans l'un des États membres, soient introduits dans tout État membre sans que puisse être opposée, à l'écoulement de ces produits, une prohibition légale de commercialiser des boissons comportant un degré d'alcoolisation inférieur à la limite déterminée par la réglementation nationale* ».

Par conséquent, les marchandises doivent pouvoir être introduites dans tout État membre, à condition qu'elles soient légalement produites et commercialisées dans un État membre.

EXEMPLE Les contrôles (vétérinaires, phytosanitaires, etc.) dans l'État d'importation ne peuvent pas avoir un caractère systématique : ils doivent être effectués par sondages, en cours de transport ou au lieu de destination de la marchandise. « *Les contrôles ont donc été déplacés, principalement en amont, accessoirement en aval, des anciennes frontières intérieures tandis que, par le biais de leur reconnaissance mutuelle, leur duplication se trouve évitée* ».

c. La communication interprétative sur les suites de l'arrêt Cassis de Dijon

La Commission souligne dans sa communication :

> « *[…] Les États membres, lors de l'élaboration de réglementations commerciales ou techniques susceptibles d'avoir une incidence sur le bon fonctionnement de la libre circulation des marchandises, ne sauraient se situer dans une perspective exclusivement nationale et ne tenir compte que d'exigences propres aux seuls produits nationaux. Le bon fonctionnement du marché commun exige que chaque État membre tienne compte également des exigences légitimes des autres États membres* ».
> « *L'application des principes dégagés par la Cour implique qu'un État membre ne saurait en principe interdire la vente sur son territoire d'un produit légalement fabriqué et commercialisé*

dans un autre État membre, même si ce produit est fabriqué selon des prescriptions techniques ou qualitatives différentes de celles imposées à ses propres produits. En effet, dans la mesure où le produit en cause répond "de façon convenable et satisfaisante" à l'objectif légitime visé par sa réglementation (sécurité, protection de consommateur, environnement, etc.), l'État membre importateur ne saurait, pour justifier l'interdiction de vente sur son territoire, invoquer le fait que les moyens utilisés pour atteindre cet objectif sont différentes de ceux imposés aux produits nationaux.

Dans un pareil cas, une interdiction absolue de vente ne pourrait être considérée comme "nécessaire" pour satisfaire à une "exigence impérative" car elle n'en constituerait pas la "garantie essentielle" au sens précisé par l'arrêt de la Cour ».

Jusqu'à nos jours, la Commission a traité des nombreux dossiers de plaintes et d'infractions. Elle a mené des enquêtes auprès des États membres afin de connaître pour chacun d'entre eux les **conditions d'accès et de commercialisation des produits** importés des autres pays de la Communauté.

EXEMPLES La Commission a examiné les principales difficultés que rencontre la commercialisation de produits alimentaires. Celles-ci sont liées à leur fabrication, à leur composition et à leur présentation (dénomination, étiquetage, conditionnement, etc.).
Ces difficultés résultent de la divergence des réglementations nationales. Toutefois, les réglementations nationales sont souvent sources d'entraves. La Commission a remarqué que, souvent, des argumentations ayant trait aux diverses caractéristiques qualitatives d'un produit sont fondées sur des conceptions subjectives et parfois arbitraires de la notion de « qualité ».

• C'est pourquoi, dans sa Communication interprétative du 24 octobre 1989 (*JOUE*, C 271 du 24 octobre 1989), la Commission s'exprime de la manière suivante, afin d'orienter les États membres :

« Il ressort de la jurisprudence de la Cour que seule la nécessité de protéger la santé et la vie des personnes et des animaux ou de protéger les végétaux est susceptible de justifier une interdiction absolue de commercialiser une denrée alimentaire. C'est pourquoi, la Commission s'efforce en priorité de réglementer sur le plan communautaire les questions relatives à la protection de la santé. S'il appartient en principe aux États membres, en l'absence d'une réglementation commune ou harmonisée, de régler, chacun sur son territoire, tout ce qui concerne la production, la commercialisation, la consommation, l'étiquetage et la dénomination des produits, c'est cependant à la condition que les mesures adoptées ne fassent pas obstacle au commerce intracommunautaire. Les États membres sont donc tenus de respecter certaines exigences de la libre circulation des marchandises, découlant du Traité [...] lui même [...]. Quant à la protection des consommateurs contre les tromperies et quant à la loyauté des transactions commerciales, qui constituent des exigences impératives au sens de la jurisprudence de la Cour, elles peuvent être assurées par des moyens moins entravants pour les échanges qu'une interdiction de commercialiser, et en particulier par l'apposition d'une étiquette garantissant une information correcte des consommateurs et évitant tout risque de confusion : en cette matière, l'essentiel consiste donc de garantir que les denrées alimentaires fassent l'objet d'un étiquetage adéquat et que leur libre circulation n'est pas entravée indûment ».

d. L'application du principe de la reconnaissance mutuelle dans la jurisprudence

La Cour de justice a appliqué le principe de la reconnaissance mutuelle dans une abondante jurisprudence.

EXEMPLES • Dans l'affaire de l'homologation des machines à travailler le bois (CJUE, 28 janvier 1986, *aff.* 188/84, *Rec.*, p. 419), la Cour s'est prononcée ainsi :

> *« un État membre n'est pas en droit d'empêcher la commercialisation d'un produit provenant d'un autre État membre qui équivaut, quant au niveau de protection de la santé et de la vie des personnes, à celui que la réglementation entend assurer ou établir. Il serait dès lors contraire au principe de proportionnalité qu'une réglementation nationale exige que lesdits produits importés doivent satisfaire littéralement et exactement aux mêmes dispositions ou caractéristiques techniques prescrites pour les produits fabriqués dans l'État membre en cause, alors que ces produits importés garantissent le même niveau de protection pour les utilisateurs ».*

• Dans un autre arrêt concernant un domaine différent (CJUE, 17 décembre 1981, Biologische produkten, *aff.* 272/80, *Rec.*, p. 3287), la Cour souligne :

> *« si un État membre est libre de soumettre un produit du type de celui en cause ayant déjà fait l'objet d'une agréation dans un autre État membre à une nouvelle procédure d'examen ou d'agréation, les autorités des États membres sont néanmoins tenues de contribuer à un allégement des contrôles dans le commerce intracommunautaire. Il en résulte qu'elles ne sont pas en droit d'exiger sans nécessité des analyses techniques ou chimiques ou des essais de laboratoires lorsque les mêmes analyses et essais ont déjà été effectués dans un autre État membre et que leurs résultats sont à la disposition de ces autorités ou peuvent sur leur demande être mis à leur disposition [...], l'État membre qui procède à une agréation doit veiller à ne pas provoquer des frais de contrôle inutiles si les résultats du contrôle opéré dans l'État membre d'origine satisfont aux besoins de protection de la santé dans l'État membre importateur ».*

Cette jurisprudence a confirmé le bien-fondé des orientations tracées par la Commission dans sa Communication. En plus, elle a donné une nouvelle impulsion aux travaux pour l'élaboration d'une nouvelle approche.

B - Une nouvelle politique

1. *La politique de la « Nouvelle Approche »*

a. Les premières démarches européennes

Les premières démarches européennes de réglementation technique se sont attachées à définir de façon « thématique » des spécifications techniques et détaillées.

EXEMPLES Les tondeuses à gazon, les engins de chantiers, etc.

C'est pourquoi des difficultés se sont présentées :

- les délais d'adoption se sont avérés trop longs ;
- les divergences entre les États membres ralentissaient le processus ;
- les progrès techniques rendaient les dispositions obsolètes.

b. L'adoption d'une nouvelle approche

Pour éviter les longues procédures décisionnelles, la Commission a décidé, en 1985, d'adopter une nouvelle approche en matière d'harmonisation technique et de l'utilisation de la normalisation. Ainsi, le processus de rapprochement des législations nationales serait accéléré. Les objectifs de cette démarche sont :

En premier lieu, de limiter l'intervention du législateur européen aux règles essentielles de sécurité.

En deuxième lieu, de laisser aux entreprises le choix des moyens techniques pour les appliquer dans la fabrication de leurs produits.

• Le premier objectif : la limitation de l'harmonisation communautaire

Elle se traduit par des directives intéressant autant que possible de larges catégories de produits. Les directives énoncent des « exigences essentielles » d'intérêt collectif. Si les produits mis sur le marché correspondent à ces exigences, ils bénéficient de la liberté de circulation.

EXEMPLES Exigences de santé, de sécurité, de protection de l'environnement.

Plus spécifiquement, on peut citer la directive du Conseil 89/106/CEE du 21 décembre 1988 (*JOUE*, L 40 du 11 février 1989), relative au rapprochement des dispositions législatives, réglementaires et administratives des États membres concernant les matériaux de construction. Elle se fixe pour objectif d'assurer la libre circulation des produits de construction à l'intérieur de la Communauté, c'est-à-dire de tout produit qui est fabriqué en vue d'être incorporé de façon durable dans des ouvrages de construction. La libre circulation de ces produits est assurée à condition qu'ils ne compromettent pas la sécurité des personnes, des animaux domestiques et des biens.

• Le deuxième objectif : le choix des moyens techniques par les entreprises

Le producteur se trouve devant le choix suivant : ou bien il fabrique les produits conformément aux normes établies par les organismes de normalisation technique ; par conséquent, il bénéficie d'une présomption de conformité aux exigences essentielles établies par les directives communautaires. Ou bien il ne fabrique pas les produits conformément aux normes ; par conséquent, il supporte la charge de la preuve de leur conformité aux exigences essentielles des directives.

En conséquence, les États membres se sont engagés à examiner de manière constante les règles techniques. Si celles-ci sont jugées dépassées ou superflues, elles doivent être abrogées.

Le principe de reconnaissance mutuelle est essentiel : les États membres se sont engagés d'assurer la reconnaissance réciproque des résultats d'essais.

c. Les quatre principes fondamentaux

Il y a quatre principes fondamentaux établis par les institutions européennes relativement à la « Nouvelle Approche » :

- *l'harmonisation législative se limite à des exigences essentielles de sécurité. Les produits mis sur le marché doivent correspondre à ces exigences. De ce fait, ils bénéficieront de la libre circulation dans l'Union européenne ;*
- *les organes compétents en matière de normalisation industrielle sont responsables pour élaborer les spécifications techniques de fabrication. Ils tiennent compte de l'état de la technologie ;*

• *ces spécifications techniques n'ont pas de caractère obligatoire. Elles conservent leur statut de normes volontaires ;*

• *les administrations sont obligées de reconnaître aux produits fabriqués conformément aux normes harmonisées une présomption de conformité aux exigences essentielles établies par la directive. Dans les cas où le producteur ne fabrique pas selon ces normes, la charge de la conformité de ses produits avec les exigences essentielles lui incombe*

L'harmonisation opérée par les instances communautaires peut être totale ou optionnelle, pour n'évoquer que les méthodes les plus importantes.

En ce qui concerne l'harmonisation totale, elle est difficile à manier et aboutit souvent à figer les situations juridiques. Pour des raisons techniques, institutionnelles et politiques, cette méthode est longue.

En revanche, la méthode optionnelle reste une méthode efficace et fait application de la jurisprudence Cassis de Dijon.

Définition

Il s'agit d'une **harmonisation totale** « *lorsqu'une directive impose des règles qui se substituent entièrement aux règles nationales existantes en la matière, si bien que seul peut être commercialisé sur tout le territoire de la Communauté le produit conforme aux exigences fixées par la directive communautaire* ».

EXEMPLE Les directives adoptées dans les domaines des « produits de la cristallerie », du « cacao », de la « biodégradabilité des détergents », des « textiles », des « unités de mesures », etc.

Définition

Il s'agit d'une **harmonisation optionnelle** lorsque « *la directive, tout en prescrivant les règles communautaires de commercialisation ou d'utilisation d'un produit donné, autorise néanmoins les États membres à maintenir les dispositions nationales existantes en la matière* ».

EXEMPLE Adoption des directives dans le domaine industriel.

En conséquence :

Le principe de la « Nouvelle Approche » est une méthode d'élaboration des directives européennes visant à :

• assurer la libre circulation des produits industriels au sein du marché intérieur de l'Union européenne ;

• garantir la sécurité des consommateurs et utilisateurs européens de ces produits.

Les deux grandes idées les directives « Nouvelle Approche » :

• l'obligation de respecter des exigences essentielles de sécurité identiques pour toute l'Union européenne et l'Espace Économique Européen ;

• le renvoi à des normes européennes harmonisées pour les spécifications techniques du produit.

d. Un volet complémentaire : « l'Approche Globale »

Il y a un volet complémentaire de la « Nouvelle Approche » : « l'**Approche Globale** ». Elle repose sur le principe de reconnaissance mutuelle des essais et contrôles réalisés sur le territoire communautaire. L'objectif est d'éviter qu'un industriel ne soit contraint de multiplier les évaluations et, donc, les coûts, et certifications s'il souhaite vendre son produit dans plusieurs États européens. Ainsi, « l'Approche Globale » définit les modalités générales de preuve de la conformité des produits.

Toutes les activités d'évaluation de conformité ont pour but de tester et de faire la preuve que le produit, procédé ou service concerné est en accord avec les exigences essentielles légales. L'approche globale a été spécifiée par l'approche modulaire concernant l'évaluation de conformité en accord avec les Directives de la Nouvelle Approche. Ce sont des modules indépendants, indivisibles et complémentaires. Les modules sont désignés par des lettres de A à H. Une procédure d'évaluation de conformité dans le cadre des Directives de la Nouvelle Approche est nécessaire pour que les autorités publiques s'assurent que les produits placés sur le marché communautaire sont en conformité avec les exigences essentielles de la ou des Directive(s) qui les concerne. Le choix du module est laissé à la discrétion du producteur. Le législateur communautaire peut choisir entre les différents modules existants. La complexité et la contrainte des modules à appliquer dépendent du risque que peut faire encourir le produit. Quand la Directive n'indique pas le module auquel il faut recourir, le producteur a le libre choix du type d'évaluation de conformité. Le module le plus souvent utilisé est le module A.

« L'Approche Globale » résulte de la décision 90/683/CEE du Conseil (modifiée par la décision 93/465/CEE).

2. *Les organisations européennes de normalisation*

Il y a trois grandes organisations européennes de normalisation qui collaborent étroitement. Toutefois, elles ont leur propre méthodologie et leur propre domaine de compétence.

a. Le Comité européen de normalisation (CEN)

Le **CEN** a été crée en 1961. Il s'agit d'une association internationale privée de droit belge à but non lucratif. Son siège est à Bruxelles. Les organes directeurs du CEN sont une assemblée générale et un conseil d'administration. Leurs membres sont des organismes nationaux de normalisation.

Il y a également les membres associés. Il s'agit des organisations représentatives au niveau européen des intérêts économiques et sociaux ayant un intérêt légitime dans la normalisation européenne.

EXEMPLES La Fédération de l'industrie de la construction (FIEC), l'Association européenne pour la coordination de la représentation des consommateurs dans la normalisation (ANEC), etc.

Plusieurs objectifs sont atteints au sein du CEN, par le biais de ses organes et de ses structures d'organisation :

- fournir un soutien aux instances politiques et stratégiques ;
- suivre l'avancement des travaux ;
- assurer la gestion administrative de la procédure d'adoption ;
- représenter les intérêts nationaux dans les instances techniques ;
- organiser la procédure de validation nationale au travers de l'enquête publique.

b. Le Comité européen de normalisation électrotechnique (CENELEC)

Le **CENELEC** a été créé en 1959. Comme le CEN, c'est une organisation internationale de droit belge à but non lucratif. Son siège est à Bruxelles.

Son organisation et ses procédures sont identiques à celles du CEN. La différence concerne son activité, qui est réduite au domaine électrotechnique.

c. L'Institut européen de normalisation des télécommunications (ETSI)

L'**ETSI** a été créé en 1988. L'initiative de son création appartient à la Conférence européenne des postes et télécommunications (CEPT). L'ETSI est une association française sans but lucratif basée à Sophia Antipolis en France.

Il est composé de membres provenant de pays couverts par la CEPT et repartis en cinq catégories :

• fabricants
• opérateurs de réseau public
• administrations
• utilisateurs
• fournisseurs de service privés, organismes de recherche et autres.

L'association est administrée par une Assemblée générale et un Conseil d'administration.

Les trois organisations européennes sont compétentes pour élaborer des normes européennes harmonisées sur mandat de la Commission européenne. Le mandat établit un calendrier et un cahier des charges. Les règlements intérieurs de chaque organisation prévoient la procédure de l'élaboration de la norme. Une fois adoptée, la norme est transmise officiellement par les organisations européennes de normalisation à la Commission européenne. Cette dernière publie les références de la norme au Journal officiel de l'Union européenne. Les autorités nationales publient ensuite ces références dans les journaux officiels nationaux.

Il y a également des organismes de normalisation nationaux dans les pays européens.

d. L'Association française de normalisation (AFNOR)

L'**AFNOR** est une association de la loi de 1901 reconnue d'utilité publique. Elle a été créée en 1926. Son conseil d'administration regroupe tous les partenaires intéressés à la normalisation : industriels, distributeurs, consommateurs, pouvoirs publics, organismes d'évaluation de la conformité. Elle a en charge les étapes clés du processus de normalisation :

• elle établit le programme français de normalisation ;
• elle conduit l'enquête probatoire ;
• elle a le monopole de l'homologation des normes.

e. Le *Deutsches Institut für Normung – Allemagne* (DIN)

Le **DIN** est une association scientifique et technique dont le siège est à Berlin. Elle est liée au gouvernement fédéral pour ses activités de normalisation et de représentation des intérêts allemands au niveau européen et international.

f. La *British Standard Institution – Royaume-Uni* (BSI)

La **BSI** bénéficie d'une Charte royale reconnaissant sa vocation à élaborer des normes britanniques. Elle possède également des activités commerciales très développées telles que la certification des systèmes d'assurance qualité ISO.

Il y a aussi l'organisme italien **UNI** et celui des Pays-Bas **NNI**.

3. *Les secteurs harmonisés*

a. Les secteurs harmonisés selon « l'Ancienne Approche »

• véhicules à moteur
• construction
• denrées alimentaires
• produits pharmaceutiques
• produits chimiques
• cosmétiques

b. Les secteurs harmonisés selon la « Nouvelle Approche »

- jouets
- machines
- équipements sous pression
- dispositifs médicaux
- appareils électriques, électroniques et à gaz
- technologies de l'information et des télécommunications
- transports
- métrologie
- autres (la liste complète figure sur le site http ://europa.eu.int)

Plus que 20 directives reposent sur la « Nouvelle Approche ». Elles couvrent une grande partie des produits industriels mis sur le marché. Selon la Commission, la « Nouvelle Approche » s'avère être un instrument performant pour le fonctionnement du marché intérieur. Elle fournit également une base solide pour les négociations avec les pays tiers. Elle porte sur diverses mesures destinées à réduire les entraves techniques aux échanges.

4. *La distinction entre normes et réglementations techniques*

a. Les normes

Définition

Elles sont des **spécifications techniques volontaires**, c'est-à-dire qu'elles sont approuvées par un organisme reconnu à activité normative pour application répétée ou continue, mais leur observation n'est pas obligatoire.

Il y a de différentes catégories de **normes** :

- les **normes internationales** sont les normes adoptées par une organisation internationale de normalisation qui sont mises à la disposition du public ;
- les **normes européennes** sont les normes adoptées par un organisme européen de normalisation qui sont mises à la disposition du public ;
- les **normes nationales** sont les normes adoptées par un organisme national de normalisation qui sont mises à la disposition du public.

Les normes sont largement utilisées par des secteurs entiers de l'économie. Les produits doivent être souvent conformes aux spécifications des normes pour que les clients acceptent de les acheter.

b. Les réglementations techniques

Définition

Les réglementations techniques sont des **spécifications techniques obligatoires**, c'est-à-dire que leur observation est obligatoire pour la commercialisation, la prestation de services ou l'établissement d'un opérateur de services. Il s'agit également des dispositions législatives, réglementaires et administratives des États membres qui interdisent la fabrication, l'importation, la commercialisation ou l'utilisation d'un produit ou qui interdisent de fournir ou d'utiliser un service ou de s'établir comme prestataire de services.

EXEMPLE Dimensions du produit, sécurité, niveaux de qualité ou de propriété d'emploi, prescriptions applicables au produit en ce qui concerne la terminologie, les symboles, les essais et méthodes d'essai, l'emballage, le marquage et l'étiquetage.

Les réglementations techniques peuvent constituer des obstacles aux échanges. En effet, elles peuvent contraindre à fabriquer des produits différents pour chaque pays et éventuellement à les soumettre à des procédures d'approbation ou de certification parfois longues et coûteuses.

c. La norme européenne : « EN »

La **norme européenne « EN »** comporte le degré d'obligation le plus élevé. Cela veut dire que quand elle est adoptée, tous les pays membres doivent la transposer sans en modifier le texte. Ils sont également obligés de retirer les normes nationales qui existent sur le même sujet. Même les pays membres qui ont voté contre la « EN » doivent agir de la même façon.

d. La norme dans le guide ISO/CEI

Définition

« Document établi par consensus et approuvé par un organisme reconnu, qui fournit, pour des usages connus et répétés, des règles, des lignes directrices ou des caractéristiques, pour des activités ou leurs résultats, garantissant un niveau d'ordre optimal dans un contexte donné ».

Ainsi, on peut déduire les caractéristiques principales des normes :
- les normes sont des documents ;
- elles résultent d'un consensus qui constitue la valeur centrale de la normalisation ;
- elles garantissent un niveau d'ordre optimal dans un contexte donné ;
- elles sont approuvées par un organisme connu.

Le consensus ne signifie pas que les participants sont unanimes mais que le processus est ouvert à toutes les parties intéressées et la décision est prise à la majorité renforcée. De cette manière, nous pouvons éliminer les oppositions fondamentales.

5. *La directive 83/189/CEE prévoyant une procédure d'information mutuelle dans le domaine des normes et des réglementations techniques*

Les États membres doivent notifier à la Commission tous les projets de réglementation technique. Pendant un certain délai, l'État à l'origine du projet ne peut adopter le texte de façon définitive.

La Commission européenne considère que :

> *« […] si un État membre adopte une règle technique tombant sous le coup des dispositions de la directive 83/189/CEE sans communiquer le projet à la Commission et sans respecter l'obligation de statu quo, la règle ainsi adoptée ne peut pas être rendue exécutoire à l'égard de tiers en vertu du système législatif de l'État membre considéré. La Commission estime donc que les parties en litige ont le droit d'attendre des tribunaux nationaux qu'ils refusent la mise en application de règles techniques nationales qui n'ont pas été communiquées comme l'exige la législation communautaire ».*

La CJUE s'est prononcée dans un arrêt du 30 avril 1996 (CJUE, 30 avril 1996, CIA Security International, *aff.* 194/94, *Rec.*, p. 2201) concernant l'inopposabilité aux tiers de réglementations techniques non notifiées :

> *« les articles 8 et 9 de la directive 83/189/CEE doivent être interprétées en ce sens que les personnes peuvent s'en prévaloir devant le juge national auquel il incombe de refuser d'appliquer une règles technique nationale qui n'a pas été notifiée conformément à la directive ».*

La Cour fonde son analyse sur la clarté des dispositions des articles 8 et 9 de la directive, sur « *leur objectif de prévention d'apparition de nouveaux obstacles aux échanges et la mise en place d'un processus de contrôle communautaire* ».

Le Conseil et le Parlement européen, sur proposition de la Commission, ont adopté la décision n° 3052/95/CE du 13 décembre 1995 (*JOUE*, n° L 321, 30 décembre 1995, p. 1). Cette décision institue une procédure d'information mutuelle sur les mesures nationales dérogeant au principe de libre circulation des marchandises à l'intérieur de la Communauté.

L'expérience acquise au cours de toutes ces années montre que « *la restriction des entraves aux échanges dès leur origine, à un stade antérieur à l'adoption des textes, rend leur suppression plus aisée, car on évite ainsi des procédures d'amendement souvent lourdes* ».

6. *La procédure d'information dans le domaine des normes et des règles techniques*

La directive 98/34/CE du Parlement européen et du Conseil, du 22 juin 1998, codifie et abroge à ce titre, la directive 83/189/CEE. Elle prévoit 2 procédures d'information, l'une dans le domaine des normes (spécifications techniques volontaires) et l'autre dans celui des réglementations techniques (spécifications techniques obligatoires) relatives aux produits industriels, agricoles et de la pêche.

a. La procédure d'information dans le domaine des normes (directive 98/34/CE)

Organismes nationaux de normalisation
→ projets de normes ou de modification de normes existantes

↓

Ils doivent en informer la Commission + tous les autres organismes de normalisation européens et nationaux

↓

Ceux-ci font des commentaires aux projets des normes + participation des organismes nationaux de normalisation aux travaux de normalisation des autres États membres

b. La procédure d'information dans le domaine des règles techniques (directive 98/34/CE)

États membres → I. i. projets de règles techniques ou de modification de règles techniques / ii. raisons qui justifient les projets / iii. textes des dispositions législatives et réglementaires de base

→ II. précisions sur les caractéristiques, effets et risques du produit (si le projet restreint la commercialisation ou l'utilisation d'une substance chimique pour des motifs de santé publique, de protection des consommateurs ou environnementales)

↓

Notification à la Commission

↓

La Commission informera tous les autres États membres du projet notifié

7. *Et quand il n'y a pas d'harmonisation ? La procédure d'information mutuelle sur les mesures nationales restrictives*

La décision 3052/95/CE (13.12.1995) institue une **procédure d'information mutuelle** :

• Pour quelle raison ?	• Pour mieux connaître la mise en œuvre de la libre circulation des marchandises
• Dans quels secteurs ?	• Dans les secteurs non harmonisés
• Quelle est la procédure ?	• Les autorités désignées par les États membres notifient à la Commission toute mesure faisant obstacle à la libre circulation ou à la mise sur le marché d'un certain modèle ou d'un certain type de produit légalement fabriqué et commercialisé dans un autre État membre
• Quels sont les effets de la mesure nationale notifiée ?	• La mesure nationale notifiée a comme effets : – soit une interdiction générale – soit un refus d'autorisation de mise sur le marché – soit la modification du modèle ou du type de produit en cause (en vue de sa mise ou de son maintien sur le marché) – soit un retrait du marché
• Quel est le délai de la notification ?	• 45 jours à compter de la date à laquelle la mesure est prise
• Est-ce qu'il y a des exceptions à l'obligation de notification ?	• Ne doivent pas être notifiées : – les décisions judiciaires – les mesures prises en application de dispositions communautaires d'harmonisation – les mesures notifiées à la Commission en vertu de dispositions spécifiques – les mesures notifiées à l'état de projet – les mesures relevant de la protection de la moralité ou de l'ordre public

8. *Le marquage CE*

a. Qu'est-ce que c'est le marquage CE ?

Il s'agit d'un label apposé sur les produits industriels. Il a un graphisme unique. Il est constitué :
- d'un symbole graphique, le sigle « CE » ;
- du numéro d'identification de l'organisme notifié qui intervient dans la phase de contrôle de la production.

Il est apposé sur le produit lui-même, sur l'emballage ou le document d'accompagnement et permet au produit industriel concerné d'être mis sur le marché communautaire, d'y circuler librement et d'y être utilisé.

b. Quels sont les produits concernés ?

Les catégories de produits devant obligatoirement satisfaire aux exigences essentielles de l'Union européenne, tels les appareils électriques ou les jouets, sont listées dans une série de textes appelés « directives Nouvelle Approche ».

c. Le marquage CE est-il obligatoire ?

L'apposition du **marquage CE** est obligatoire quand les directives le prévoient et reflète une conformité à 100 % des produits concernés aux exigences de toutes les directives communautaires « Nouvelle Approche ». Le marquage CE est exigé pour toute mise sur le marché communautaire, même si la vente s'effectue sur le territoire d'un seul État membre. C'est un « passeport européen ».

d. À qui s'adresse le marquage CE ?

Il s'adresse aux autorités nationales de surveillance de la sécurité des produits : douanes, directions gouvernementales de la concurrence, de la consommation et de la répression des fraudes.

Ces organismes peuvent exiger la production de déclaration de conformité et du dossier technique afin de vérifier la validité du marquage.

Si une marchandise est soumise à une directive et elle est distribuée en Europe sans marquage CE ou si la marque est apposée sans que les démarches nécessaires n'aient été effectuées, le fabricant pourrait subir des sanctions administratives, voire pénales. Le produit peut être consigné ou même retiré du marché.

En revanche, le marquage CE n'est ni un signe de valorisation du produit sur le marché ni une aide pour le choix des consommateurs.

9. *L'évaluation de la conformité du produit*

1er étape :
→ consulter les directives afin de vérifier si le produit fabriqué ou exporté est soumis à l'obligation de marquage CE

↓

2e étape :
→ respecter les exigences des directives
Les directives renvoient : aux normes européennes harmonisées ou aux normes nationales

↓

3e étape :
→ déterminer si le produit respecte les exigences essentielles
= Évaluation faite par le fabricant ou les « **organismes habilités** »

↓

4e étape :
→ apposer le marquage CE = preuve visuelle de la conformité du produit aux exigences essentielles des directives applicables

↓

5e étape :
→ (fabricant) rédiger une déclaration écrite de conformité et monter un dossier technique

« **organismes habilités** » = ils s'appellent également « organismes notifiés ». Ce sont les organismes de contrôle qui réaliseront des essais ou un processus de certification : laboratoires, organismes certificateurs et organismes d'inspection. Ces organismes n'existent qu'en Europe. Leur principale tâche consiste à aider les fabricants désirant commercialiser leurs produits dans l'Union européenne à évaluer la conformité de leurs produits aux directives « Nouvelle Approche ». La Commission européenne veille à ce que la liste des organismes notifiés soit régulièrement mise à jour et publiée dans le Journal officiel de l'Union européenne. Par conséquent, le marquage CE :

- « n'est pas un label de sécurité du produit » ni une marque de qualité commerciale mais « un label de conformité » : il indique que le produit est conforme à toutes les dispositions harmonisées applicables ;
- « est le passeport technique dans un marché unique sans frontières » ;
- « stipule des normes à haut niveau de sécurité technique » ;
- « impliquera, si les différents États membres respectent un rigoureux contrôle de marque, des produits avec un niveau de sécurité nettement amélioré » ;
- « apporte pour les producteurs une réduction des coûts dans le développement/ conception ainsi que dans la production du produit » ;
- apporte « pour les consommateurs une amélioration de la sécurité du produit à un niveau de prix assez bas ».

◆ Bibliographie

Crignou T., *Normalisation*, Joly Communautaire, 2002.

Demers J., *La réglementation manufacturière*, magazine « Management », CMA Canada, avril 2005.

Fourcans A., *L'entreprise et l'Europe*, Clés pour le décideur, InterEditions, Paris, 1993.

Gambelli F., Leclerc R., *La réglementation européenne des produits*, CETIM, Fédération des industries mécaniques, 2000.

Mattera A., *Le marché unique européen : ses règles, son fonctionnement*, Paris, Jupiter, 1990.

Euro Info Centre – Luxembourg PME/PMI – Chambre de Commerce.

http ://europa.eu.int

◆ Textes et jurisprudence

Communication de la Commission sur les suites de l'arrêt rendu par la CJUE dans l'affaire 120/78, « Cassis de Dijon », *JOUE*, C 256 du 3 octobre 1980, p. 2.

Communication de la Commission du 24 octobre 1989, *JOUE*, n° C 271 du 24 octobre 1989.

Directive 89/106/CEE du Conseil du 21 décembre 1988, *JOUE*, L 40 du 11 février 1989.

Décision n° 3052/95/CE du 13 décembre 1995, *JOUE*, n° L 321, 30 décembre 1995.

Directive 98/34/CE du Parlement européen et du Conseil du 22 juin 1998 prévoyant une procédure d'information dans le domaine des normes et réglementations techniques, *Journal officiel*, n° L 204 du 21/07/1998.

Directive 98/48/CE du Parlement européen et du Conseil du 20 juillet 1998 portant modification de la directive 98/34/CE prévoyant une procédure d'information dans le domaine des normes et réglementations techniques, *Journal officiel*, n° L 217 du 05/08/1998.
CJUE, 11 juillet 1974, Dassonville, *aff.* 8/74, *Rec.*, p. 837.
CJUE, 20 février 1979, Rewe-Zentral AG c/ Bundesmonopolverwaltung für Branntwein (« Cassis de Dijon »), *aff.* 120/78, *Rec.*, p. 649.
CJUE, 17 décembre 1981, Biologische produkten, *aff.* 272/80, *Rec.*, p. 3287.
CJUE, 28 janvier 1986, « homologation des machines à travailler le bois », *aff.* 188/84, *Rec.*, p. 419.
CJUE, 30 avril 1996, CIA Security International, *aff.* 194/94, *Rec.*, p. 2201.

Index

Table des matières

NOTES

NOTES

Composition : Exegraph
Éditions Foucher – Vanves – décembre 2011 – 02 – MV-MCS/EP

Imprimé en france par Normandie Roto Impression s.a.s. - 61250 Lonrai - N° d'impression : 114617